大学生
自我管理教育与实践

- 主　编：何　兴　　李小荣　　张　弥
- 副主编：梁美玲　　钟珮庭　　龚新雯
- 参　编：赖怡昕　　黄山俊　　王　倩
  　　　　黄红蓉　　骆晓江　　郑鑫旺
  　　　　张晓飞　　宋馨怡　　陈佑贵

重庆大学出版社

图书在版编目(CIP)数据

大学生自我管理教育与实践 / 何兴,李小荣,张弥主编. -- 重庆：重庆大学出版社,2024.7(2025.8 重印). -- ISBN 978-7-5689-4659-9

Ⅰ. G645.5

中国国家版本馆 CIP 数据核字第 2024XA3152 号

大学生自我管理教育与实践

主　编　何　兴　李小荣　张　弥
副主编　梁美玲　钟珮庭　龚新雯
责任编辑:杨育彪　　版式设计:杨育彪
责任校对:谢　芳　责任印制:殷　勤

*

重庆大学出版社出版发行

社址:重庆市沙坪坝区大学城西路 21 号

邮编:401331

电话:(023)88617190　88617185(中小学)

传真:(023)88617186　88617166

网址:http://www.cqup.com.cn

邮箱:fxk@ cqup.com.cn(营销中心)

全国新华书店经销

重庆正文印务有限公司印刷

*

开本:787mm×1092mm　1/16　印张:15　字数:330 千

2024 年 7 月第 1 版　　2025 年 8 月第 4 次印刷

印数:9 701—10 000

ISBN 978-7-5689-4659-9　定价:46.00 元

前　言

人才,犹如国之瑰宝,是衡量一个国家综合国力的重要标杆。在国家发展的波澜壮阔的历程中,人才始终扮演着不可或缺的角色,他们是民族振兴的基石,是推动社会进步的强大动力。改革开放40多载,中国特色社会主义在风雨兼程中迎来了新时代,我国经济发展也迈入了新的历史阶段。在这一时代背景下,对人才的需求已然发生了深刻变化,赋予了新的时代内涵。

曾经,我们的人才观念更多地聚焦于专业知识与技能的掌握,而在新时代的洪流中,这一观念已然不足以应对时代的挑战。新时代呼唤的,是一种全新的、复合型的人才形象,他们不仅应具备扎实的专业知识,更应拥有德智体美劳全面发展的素质,展现出卓越的自我管理能力。他们能够自主协调学习、工作与生活的关系,并将个人的多元特质与能力有机融合,成为新时代的建设者与引领者。

高等学校,作为人才的摇篮与智库,肩负着为国家输送优秀人才的重大使命。在新时代背景下,党和国家对高校人才培养与学生管理工作提出了更高的要求与期待。依据中华人民共和国教育部令第41号《普通高等学校学生管理规定》,高校需以更加科学、规范的方式管理学生,不断完善管理制度,实现管理与育人的有机结合,推动管理与服务水平的持续提升。同时,高校应鼓励学生积极参与自我管理、自我服务、自我教育与自我监督,激发他们的主体意识与创造力,培养他们的综合素质与能力。

在我国高等教育改革发展的征途中,教育工作者在大学生自我管理领域倾注了大量的心血与智慧。他们不断探索与创新,采取了一系列有效措施,推动大学生自我管理工作的深入开展。然而,受环境、观念、资源及投入等多重因素的制约,这些努力往往未能取得预期的效果。若未能充分激发大学生的主观能动性,未能有效发挥他们在自我管理中的主体作用,那么大学生的自我认知教育将缺失,自我调控能力将不足,进而导致各项教育措施的效果大打折扣。

绵阳城市学院在推进教育综合改革的过程中,深刻认识到大学生自我管理的重要性与紧迫性。绵阳城市学院高度重视大学生自我管理能力的培养,将其视为提升人才培养质量的关键环节。在培养学生自我管理的过程中,绵阳城市学院精心设计了一系列具有特色的自我管理、自我服务、自我价值实现教育课程。这些课程以"教中做""做中学""学中悟"为教学理念,通过丰富多彩的实践活动与深入的理论探讨,引导学生在切身实践中体验自我管理的魅力与意义,培养他们的自我管理能力与综合素质。

《大学生自我管理教育与实践》一书的编写,正是为了回应这一时代命题,引导大学生更好地实现自我管理、自我教育、自我服务的目标。本书围绕校园活动、特色社团和岗位体验三大板块展开,通过深入的理论阐述与丰富的实践案例,为学生提供了一套系统的自我管理教育方案。本书旨在通过厚实而富有洞见的理论指导,帮助学生掌握自我管理的核心理念与方法技巧;同时,通过生动鲜活的实践案例,引导学生在实践中不断磨砺自我、提升自我,最终实现自我价值与社会价值的有机统一。

本书由何兴、李小荣、张弥担任主编,梁美玲、钟珮庭、龚新雯担任副主编,赖怡昕、黄山俊、王倩、黄红蓉指导,骆晓江、郑鑫旺、张晓飞、宋馨怡、陈佑贵等参与了全书各章节的修订工作。另外,参与本书上一版编写工作的还有张珊珊、何畅、罗强、于洁、刘红媛、任惠、张宇婷、李可、黎青虹、贾秀蓉等,在此向全体参与本书编写工作的老师和同学表示感谢。

本书在编写过程中,广泛查阅了各类报纸、专著、论文等文献资料,汲取了其中的有益成果与智慧结晶。同时,也深入实际、深入基层,与一线教育工作者和学生进行了广泛而深入的交流与探讨,听取了他们的意见与建议。在此基础上,本书力求做到理论与实践相结合、知识与技能相融通,为大学生提供一本既具有理论深度又具有实践指导意义的自我管理教育读物。

由于编者水平有限,本书难免存在不足或疏漏之处。我们真诚地希望广大读者能够给予批评指正,共同推动大学生自我管理教育事业的不断发展与进步。

李小荣

2024 年 3 月

目 录 / CONTENTS

第一章 大学生自我管理现状

　　教育部统计,2020—2023 年我国大学生毕业人数分别约为 874 万人、909 万人、1076 万人、1158 万人,未来一个时期,我国仍将面对巨大的就业压力。在大学生毕业人数众多的背景下,大学生面临着前所未有的激烈竞争,如何提升自身的综合能力? 如何从竞争者中脱颖而出? 希望大家能从本章找到答案。本章将对大学生自我管理进行系统的介绍和探究。

　　大学生自我管理是指大学生为了实现高等教育的培养目标以及满足社会日益发展对个人素质的要求,充分调动自身的主观能动性,卓有成效地利用和整合自我资源(身体、心理、时间、信息、思想和行为等),运用科学管理方法而开展的自我认知、自我计划与组织、自我监控、自我开发与自我教育等一系列的活动。①

第一节　自我管理的基本内涵

　　自我管理(self-management)又称自我控制,是利用个人内在力量改变行为的策略,普遍运用于减少不良行为与增加良好行为。自我管理注重的是一个人的自我教导及自我控制,即行为是受自己的内控力量制约,而非教师、家长等传统的外在力量制约。自我管理涉及对时间、任务、情绪和行为等的有效管理。它要求个体具备良好的自律性、目标设定能力、时间管理技巧、情绪调控能力等,以便更好地应对挑战和压力,实现个人成长和成功。

　　当今学术界主要从心理学、管理学和哲学等范畴对自我管理进行探讨和研究。

一、心理学范畴的自我管理

　　自我管理是个体通过自我控制、自我调节和自我激励等方式有效地管理自己的行为、情绪和思维,以达到个人目标的过程。

　　以弗洛伊德为代表的精神心理学派认为自我管理是自我对于"本我"和"超我"的协调,自我管理的目的是使用社会更能接受的方式,满足人的生物本能,从而有效避免内疚。

　　心理学家斯滕伯格(Sternberg)和瓦格纳(Wagner)在研究中发现,有效的自我管理技能可以使他们在生活的各个方面取得成功,从而强调自我管理的重要性。这种自我管理需要人为发现或创设良好的外部环境,方能获得有效的自我知识,提升自我意识,最终提高自我

---

① 李满林.大学生自我管理的内容及类型[J].辽宁教育行政学院学报,2007(5):175-176.

管理水平。①

二、管理学范畴的自我管理

美国管理学家彼得·杜拉克在《21 世纪的管理挑战》中论述了自我管理问题。他认为,随着知识经济的兴盛,知识工作者成为社会的主导阶层,对知识工作者的管理必须顺应他们的特点,使他们从管理的客体变成管理的主体。②

我国学者郭海龙认为,自我管理是一个管理过程,即由自我认识、自我设计、自我学习、自我协调和自我控制等步骤连贯而成的管理过程。③

三、哲学范畴的自我管理

哲学领域研究的自我管理,是对传统管理理论和实践进行深刻反省后的产物,它将管理的对象由外部移到内部,转到人自身,将管理主体与客体融为一体。自我管理是指个体在社会活动中,主体自我能动地对客体自我进行体察和反思、调整和改造,处理自我矛盾,实现自我协调与自我发展以及与组织和社会良性互动关系的实践方式。④

综上所述,自我管理是心理学、管理学、哲学等多领域的重要研究内容。通过对当下自我管理相关内容进行综合分析,笔者认为,自我管理是个人以自己合理的价值观为基础,提出目标,并整合时间、知识、技能、信息、情绪、情感等方面的资源,调节、控制自己的心理活动和行为,实现个人目标的过程。

第二节　大学生自我管理困境与改进策略

笔者在前期的研究工作中,对 3 所高校的学生、教职工开展大学生自我管理现状问卷调查。本次调查共发放问卷 3667 份,其中,参与调查的教职工 201 名,大学生 3466 名。

本次调查结果显示:45.33% 的大学生表示已经参与大学生自我管理工作中,43.25% 的大学生认为目前大学生自我管理重管理、轻服务,26.57% 的大学生认为目前大学生自我管理模式不健全,82.54% 的大学生希望学校推行大学生自我管理并愿意参与自我管理的工作中,81.59% 的教职工同样希望学校推行大学生自我管理。

一、大学生自我管理困境

结合调研成果、问卷采集数据、相关理论研究和实际工作经验,笔者对大学生自我管理

① 李晨园.自我管理视角下的研究生奖助制度研究[J].社会科学,2020(1):13.
② 杜拉克.21 世纪的管理挑战[M].刘毓玲,译.北京:生活·读书·新知三联书店,2000.
③ 郭海龙.国内自我管理研究存在的问题及出路探讨.[J].重庆社会科学,2005,12(1):93-96.
④ 李方,刘金亮.当代视阈下的大学生自我管理研究[M].北京:中国书籍出版社,2016.

现状得出如下结论。

（一）当前大学生自我管理能力不足

大学生在进入大学前，很多事情皆受学校和家长双方的严格管理和约束，长时间处于被管理的地位，没有自我管理经历，导致他们在学习、就业、生活方面等的自我管理中存在明显的行动力不够、能力不足问题。[①] 这些问题主要体现在行为习惯管理、学习管理、时间管理、职业规划管理、情绪管理、自我认知、目标管理等方面。

（二）大学生自我管理理念缺乏创新、管理手段落后

部分高校学生管理理念陈旧、管理手段落后，缺乏创新精神。石智生认为出现该现象的原因之一是高校过于重视教育，对于管理存在轻视现象。[②] 传统的大学生管理已无法满足新时代教育事业发展的需求。

（三）大学生自我管理体系混乱

高校学生管理工作范围广、管理内容复杂，导致学生在开展自我管理时会涉及多部门；而各部门之间交叉运行时规章制度不统一或缺乏强有力的沟通和协作，易导致学生自我管理工作开展得困难。大学生自我管理体系混乱，不利于大学生自我管理工作的开展。大学生自我管理需建立更为宽松的自我管理环境，充分发挥大学生个体主观能动性。

（四）缺乏大学生自我管理评价体系

高校在学生自我管理实施过程中，对自我管理成效的评价制度不够完善，评价体系的主体单一，评价方式单一，多采用"单向度的教师评价"形式对学生自我管理进行评价，忽视了学生主体的评价，制约了评价主体与评价客体的交流互动。大学生自我管理成效考核应由学校、教师、学生、家长意见共同组成，才能体现评价体系的客观公正性。

（五）缺乏以大学生终身发展为目标的长效机制

大学生自我管理应发挥高等教育终身育人特殊属性。目前大多数大学生自我管理只局限于学生在校时间段，没有以学生终身发展为目标，忽视了学生毕业后对自身发展的需求。

（六）大学生自律性参差不齐

自律是自我管理的关键要素。一些大学生展现了良好的自律性，能够自我约束和激励，按照计划推进工作。然而，还有一些大学生自律性不够，或者欠缺自律，容易受到外部干扰或放松对自己的要求。

二、大学生自我管理改进策略

新时代，大学生自我管理应以创新学生自我管理工作理念和自我管理手段为途径，以优化调整学生管理为突破口，以大学生十年职业生涯规划为指导，以管理人员专业化、职业化

① 席仪琳,徐红,张欣柳,等. 新时代背景下大学生自我管理情况研究.［J］. 长江丛刊,2021(8):50-51.
② 石智生.民办高校学生管理工作的特点和对策研究［J］.广西科技师范学院学报,2017(2):28-30.

建设及学生价值观培养为抓手,以科学公正的大学生自我管理评价体系为保障,增强大学生自我管理能力,促进大学生综合素质养成,切实提高高校人才培养质量。

(一)创新大学生自我管理工作理念和自我管理手段

大学生自我管理的对象是学生,因此大学生自我管理工作理念和自我管理手段要符合大学生的特点,有针对性地管理。随着社会、经济的发展,新一代大学生的思想、性格都发生了变化,如果大学生自我管理仍聚焦于传统的单向"教育"理念及手段,必然难以适应新的状况。

(二)构建大学生自我管理新体系

目前大多数高校学生自我管理存在漏洞,管理机构分级不明确,经常出现多方参与管理一项事务或某一事务无人管理等现象。大学生自我管理涉及学生、辅导员、学生处、教务处、学院、学校等层面。新时代大学生自我管理必须优化调整学生管理机构,细化各个管理层的责任和义务,构建大学生自我管理新体系,以消除现有高校学生管理服务机构存在的弊端。

(三)实施大学生十年职业生涯规划

职业生涯规划对激发大学生自我管理内在动力和实现其人生价值有着举足轻重的作用,各高校必须充分重视大学生职业生涯规划教育,积极探索开展大学生职业生涯规划的有效途径,引导大学生实现自己的职业理想。新时代,高校应建立大学生十年职业生涯规划制度,采取"4+3+3"模式:大学四年的学习计划、职业准备规划,毕业后的三年人生规划和三年毕业生服务。

(四)加强管理人员专业化、职业化建设,将学生价值观培养应用在大学生自我管理中

传统的高校学生管理工作是教师管学生;而新时代的大学生自我管理打破了传统观念,是教师带领、指导学生管学生、管自己,扩大了大学生自我管理参与面,形成了大学生是管理者和被管理者的局面。这也对管理人员提出了新要求。高校应通过人才培养、专业技能培训、管理人员个人能力提升、管理人员职级制等措施,建立专业化、职业化的管理队伍,为大学生自我管理提供专业人才保障。一是提升教师队伍能力,保证自我管理指导有力;二是培养学生正确的价值观,保证大学生自我管理在社会主义办学道路上顺利开展;三是落实"为党育人、为国育才"的教育教学任务。

(五)建立科学公正的大学生自我管理评价体系

引导大学生建立科学公正的自我管理评价体系,确立大学生评价主体地位,使大学生评价主体多元化,让评价从外部转到内在、从形式转向实质、从被动转向主动,从而真正成为促进大学生全面发展的动力。学校、教师、学生、家长等各方面的评价结果,"劳动教育""课外阅读""专业社团"等"第二课堂"的成绩,学生各项考核数据(上课出勤率、寝室卫生情况、考试成绩、活动参与及获奖)等内容共同组成大学生自我管理评价体系数据库,并作为大学生自我管理成效考核依据,以保证评价体系科学公正。

"荣耀绵城"颁奖盛典

"荣耀绵城"颁奖盛典是绵阳城市学院为全面贯彻落实党的二十大精神,落实立德树人根本任务,进一步推进学生自我管理,巩固"三全"育人工作成效,把以"自我教育、自我管理、自我价值体现"为主题的"三自"教育管理体系贯穿于学生管理中,总结每学年学生工作取得的成绩,表彰先进,树立典范,调动全校学生比学赶超的积极性,推动学生自我管理建设工作全面深入可持续发展而举办的大学活动。

2023年6月6日和8日晚上,绵阳城市学院分别在游仙和安州两个校区举行了2022—2023学年"荣耀绵城"颁奖盛典。颁奖盛典由校党委主办,学工服务中心、校团委承办,行政服务中心、教学服务中心协办。"荣耀绵城"共设12类奖项。其中自治先锋评选标准如下。

一、思想素质方面

坚决拥护中国共产党的领导,理想信念坚定,道德品质高尚,具有较强的社会责任感。

二、自治管理方面

(1)积极参与学生自治管理,坚守学生自治管理岗位;

(2)至少主导组织过1场具有影响力的活动(线下参与活动的人数达500人次以上);

(3)自觉性高,工作能力强,在学生自治管理方面起到模范带头作用。

三、学习成绩方面

(1)学习态度端正,积极向上;

(2)加权平均绩点排名占全年级前50%,无挂科。

第三节　大学生自我管理的内容

如何有效提高大学生的自我管理能力?首先要对大学生自我管理的内容有一个基本的了解和认识。本节将对大学生自我管理的内容进行归纳总结,然后对如何有效提高大学生的自我管理能力进行研究和探讨。

我们把大学生的日常生活分为两部分:物质生活和精神生活。物质生活主要包括衣食住行。精神生活主要包括世界观、人生观、价值观的确立和改造,理想的选择,思想品德的修养,知识的追求和探索,文艺欣赏和娱乐,以及人际社交等。

结合大学生生活现状我们将大学生自我管理进行如下划分。

一、思想政治方面

思想政治方面的自我管理具体包括理想与志向的自我管理、思想品德的自我管理。

理想与志向是解决大学生困惑的重要力量，能引导大学生摆脱现实生活中带来的各种困扰，在精神上给予大学生强大的支撑，让他们能够坚定不移地朝着理想前进。大学生理想与志向的自我管理应该从以下几个方面做起。

（1）养成科学的理性思维方式；

（2）确立理性、现实、崇高、健全的人生信仰；

（3）积极实践，发扬艰苦奋斗的精神。

培养大学生养成优良的思想品德是思想政治教育工作的重要任务，是学校、学工部门、辅导员的重要日常工作，也是大学生形成正确的世界观、人生观、价值观的迫切需求。

大学生思想品德的自我管理，需要通过具体活动实施。除常见的党团组织活动、主题班会、主题教育等外，学生还可以参加校内自行组织开展的其他校园活动，这对大学生的思想品德自我管理具有一定帮助。大学生思想品德的自我管理应该从以下几个方面做起。

（1）传承、弘扬、践行社会主义核心价值观；

（2）培养积极的价值取向和人生追求；

（3）树立统一、和谐、利他的人生价值观；

（4）尊重劳动、崇尚劳动、热爱劳动，脚踏实地、艰苦奋斗。

二、纪律方面

纪律方面的自我管理具体包括上课出勤、课堂表现、考试诚信、行为习惯。

纪律是保障高校正常教学活动的必要条件之一，是学生能够安心学习的基础条件。纪律也是大学生自控能力、综合素质方面的重要体现。良好的纪律依赖自控能力，自控能力能够帮助学生及时发现和反馈自己在学习和生活方面是否符合当代大学生的要求。自我控制的机制一旦形成，大学生自身的自我管理效果、教育成效就会大幅提升。

三、学习方面

学习方面的自我管理具体包括学习目标的制订、学习计划的实施、学习任务的完成、学习成果的总结、学习习惯的养成。

学习是一个需要用脑谋划、用心学习、身体力行的过程，离不开个体的主观能动性。首先，大学生结合专业特点、兴趣爱好、自身特长、实际情况等要素量身制订学习目标；其次，根据目标制订详细的短、中、长期学习计划；再次，将计划分为具体的某些任务；最后，按计划对自己进行考核评价和归纳总结，形成经验和教训，鞭策自己不断成长。

四、行为习惯方面

大学生自我管理的重点应是养成良好的行为习惯,包括穿着习惯、饮食习惯、作息习惯等。良好的行为习惯会使大学生终身受益,是个体走向成功的必备条件之一。

穿着习惯方面。穿着是展现大学生风貌的重要手段,在一定程度上体现一个人的审美水平和综合素养。男生穿着要干净利落,女生穿着要端庄大方,展示出大学生的青春朝气。

饮食习惯方面。要以身体健康为目的,不暴饮暴食、不酗酒,按时就餐,均衡膳食。

作息习惯方面。大学生宿舍是一个集体空间,需要大家共同维护形成一个良好的学习、生活场所。其关键在于作息规律,按时熄灯睡觉、按时起床。

五、人际交往方面

人际交往是指"人们运用语言或非语言符号交换意见、传达思想、表达感情和需要等的交流过程,包括物质交往和精神交往"。[①]

人际交往的主要理论包括社会交换理论、自我表露理论、交往分析理论、需要层次理论。

人际交往的过程包括定向阶段、情感探索阶段、感情交流阶段、稳定交往阶段。

大学生的人际交往具有感情色彩浓、富于理想色彩、交往范围大、平等意识和自主意识强等特点,主要关系有同学关系、师生关系,主要形式包含学习、文娱活动、上网、沙龙聚会、社会实践等,受自身因素、家庭因素、学校因素、社会因素、网络因素等影响。人际交往是个人社会化的必经之路,是获取知识的重要手段,是培养良好个性的需要,是认识自我的途径,是维持心理健康的基本需要,是联系社会的桥梁,也是事业成功的重要条件。目前,大学生人际交往主要存在社交自卑、社交自负、社交恐惧、社交封闭、沟通不良、交往功利心过强、对交往过度投入、忌妒心过强、失去原则等问题。

综合上述情况,大学生在人际交往方面的自我管理需要从提高对人际交往的认识、遵守人际交往的基本原则、塑造良好的自我形象、注意人际交往过程中的礼仪、掌握人际交往技巧等方面着手。

案例分享

大学生自我管理案例

小张是绵阳城市学院专升本的一名新生,新学期从专科转入本科学习的过程中,他不仅在学习中体会到了本科课程的难度,更在自我管理方面遇到了极大的挑战。小张就读专科大三时,因为大三一整年无课,加上成功考入本科,也没有去校外实习,因此大三一整

---

① 许德宽,朱俊梅.大学生心理健康教育[M].北京:清华大学出版社,2009.

年的学习和生活都非常懒散以及缺乏规律。由此导致在新学期开始上课时,经常出现迟到、早退、作业拖欠等现象。这样的学生群体不在少数,为了迅速帮这些新同学适应新学校、新生活,绵阳城市学院给每位新生都配备了人生导师。小张也找到了自己专属的人生导师,和人生导师一起仔细规划,制订自我管理方案,从而提高了自我管理能力。

通过与人生导师的交流,小张之所以在自我管理方面存在问题,主要有以下几个原因:缺乏明确的目标和计划、时间管理能力差、没有形成良好的学习和生活习惯、自我约束能力不足。

针对以上这些问题,小张和人生导师一起制订了专属的自我管理方案。

第一,树立明确的目标和计划。引导小张积极思考自己的未来,明确自己的学业规划、职业规划,并将其分解为短期、中期和长期目标。同时,帮助小张制订详细的学习和生活计划,以确保目标的实现。

第二,提高小张的时间管理能力。人生导师向小张传授时间管理的方法和技巧,如优先级排序、制订时间表等,并要求他每天记录自己的时间使用情况。此外,定期检查小张的时间管理情况,及时给予反馈和指导。

第三,培养小张良好的学习和生活习惯。小张坚持每天按时起床、按时上课、按时完成作业,并养成良好的作息规律。同时,人生导师也鼓励小张参加各类社团活动,培养他的团队协作能力和人际交往能力。

第四,强化小张的自我约束能力。人生导师定期与小张进行交流,了解他在学习和生活中遇到的困难和挑战,并指导他如何自我调适和解决问题。此外,小张也定期对自己的行为进行反思,以提高自我约束能力。

经过人生导师的辅导和小张的自我坚持,小张在自我管理方面取得了显著的进步。他的学习和生活逐渐规律,迟到、早退等现象明显减少,作业完成质量也有了很大提高。此外,小张的人际交往能力也得到了提升,他开始主动参加社团活动,与同学们建立了良好的关系。

通过这个案例,我们深刻认识到了大学生自我管理能力培养在大学生涯中的重要作用。每个人的情况不同,我们也应该学习不同的方法,找到适合自己的专属自我管理方案,提高自身的自我管理能力,提升自己的综合素质。

第四节　大学生自我管理的作用

一直以来,许多大学生存在厌学、逃课、作息不规律、生活能力差、自控能力差、缺乏斗志、理想信念缺失、职业规划不清、同学关系紧张等各类问题。随着新时代大学生对个性的追求,问题学生所占比例不断提高。如何有效解决各类问题,降低问题学生比例?除学校的日常管理和思想政治教育外,最重要的是大学生必须学会对自己负责、学会自我管理。

自我管理起源于临床医学领域,慢性疾病患者通过自我管理逐步实现身体和心理的康复。随后因其强大的应用价值,被其他领域学者窥见,从而被引入教育学、心理学、管理学领域,并在这些领域蓬勃发展。大学生自我管理的重要意义主要体现在个人全面发展、社会发展、现代高校学生管理工作等方面。

一、大学生自我管理对个人全面发展的重要性

自我管理贯穿个人全面发展的全过程,通过自我管理,个体能在不断的创造性活动中体现个人的优势,培养和造就自我的各种能力,最终实现自我价值,使个人全面发展。

目标是大学生成长的根本方向,实现个人全面发展的关键策略是目标导向。大学生应通过提升自我认知、制订个人发展计划等方式确定合理的个人全面发展目标;分析自身优势与劣势,明确个人发展的关键性问题,围绕个人全面发展的最终目的合理地进行自我设计,制订出个人全面发展的总体目标和阶段性目标。

(一)完善自我需要

个体在不断解决自我矛盾的过程中完善自己。大学生的自我管理过程正是个体自我完善的过程。人的自我意识由物质自我、社会自我、精神自我组成。自我意识分为主体自我、客体自我、理想自我、现实自我等形式。主体自我不断认识和改造客体自我,理想自我不断评价和塑造现实自我。

(二)创造自我价值需要

大学生的价值集中体现在自身具有的知识、能力,以及能够凝聚、启动并发挥这些知识和能力作用的、为社会创造价值的良好心理素质、道德素质、思想素质、政治素质和身体素质。[①] 就大学生而言,可以通过有效的自我管理活动,科学地分配自己的时间、知识、信息、能力、特长等资源,形成自身价值并付诸实施,最终使自身的素质得到提高。

(三)自我实现需要

马斯洛认为自我实现需要是人的根本需求。一个完整的人性,需要满足基本需要和超越性需要。"只有在为我们所缺乏的事情而奋斗时,在希望得到我们所没有的东西时,在我们将自己的力量积蓄起来以便为满足这种愿望而奋斗时,才会把自己的各种本领都最大限度地施展开来。"[②]综上所述,大学生自我实现需要离不开自我管理的过程。

从本质上讲,大学生全面发展的要素不仅仅包括智力、情绪、性格、知识等某个指标,关键在于各指标之间的相互融合、有机结合。这种超强融会贯通能力,依赖个人的自我管理水平。所以大学生必须具有较强的自我管理能力,该能力能帮助他们高效合理地安排各项学

---

① 叶宁.大学生自我管理能力影响机制评价[M].北京:知识产权出版社,2015.

② 马斯洛.人格和动机[M].许金声,程朝翔,译.北京:华夏出版社,1987.

习、工作、生活任务;也能帮助他们养成良好的基本素养,实现口中有德、目中有人、行中有爱的目标。

二、大学生自我管理对社会发展的重要性

以技术革命为背景,人类社会正在经历从工业社会向知识经济社会的转变。知识经济社会以科学技术为内涵,以高新产业为特征。从 20 世纪 90 年代开始,作为科学技术载体的人才成为经济知识社会国际竞争的焦点,推进人才强国和实施科教兴国成为中国发展社会主义市场经济、增强国际竞争力的战略抉择。

知识经济社会的特点是以知识的生产、分配、使用为特点的可持续发展,劳动力结构、生产要素、管理模式等都发生了变化。这些变化迫使大学生需要掌握提升自我认知、学会时间管理、制订职业规划、加强自我学习、合理自我控制等众多自我管理能力。

(一)满足社会劳动力及其结构变化的新需求

知识经济社会的主要特点包括资源利用智力化、资产投入无形化、知识利用产业化、经济发展可持续化。这些特点导致劳动力及其结构发生重大变化,由以体力劳动者为主转变为以知识劳动者为主,科学劳动、管理劳动在社会生产和经济生活中起着越来越重要的作用。

知识劳动者具有拥有重要的生产资料(存于自身的知识)、成就动机强、劳动过程监控难等特点。在此基础上,大学生要想更好地发展,就必须通过自我管理激发自己的潜能,正确认识自我,合理规划自我,将自己的知识资源转化为生产力,提高个人劳动生产率,才能在激烈的知识经济社会中取得优势。

大学生是知识劳动者的代表,应当做自己的主人,发挥主观能动性,通过自我约束、自我激励、自我控制使自己具备胜任工作的能力。

(二)有效应对社会企业形式的变革

知识经济时代企业的组织结构体现为三个新的特征:有助于企业捕捉市场机会,降低交易成本;有助于企业的信息交流,实现知识的创新与深化;有助于增强企业员工的创造性、主动性和合作精神。企业形式变革的主要方向:组织结构的边界由封闭状态变为半渗透边界、组织结构扁平化、组织结构团队化、组织结构网络化。

传统组织结构是封闭的,管理的范围主要限定在企业边界之内。而随着经济发展,外部环境的巨变,大规模组织的局限性加强与信息传递速度的加快,合作伙伴关系成为一种集中力量、共担风险、迅速决策的柔性模式,企业联盟、虚拟性企业、转包等复杂性组织形式开始出现。

组织结构的一个重要内容就是管理层次和管理幅度,知识经济时代的变革方向概括起来就是缩小规模、减少层次、实现扁平化。这是因为,一是随着信息网络和计算机网络的发展,企业内部信息的搜集、传递、分析与处理大部分将被计算机取代,原来需要多层中间管理

者完成的工作现在完全可以由计算机完成。二是随着产品科技含量的不断提高,产品生命周期的缩短,竞争越来越激烈,高效运行机制显得尤为重要。三是企业员工素质的普遍提高,独立自主解决问题的能力较强,使管理者与下属之间可以更快、更好地沟通,使得管理者管理幅度加宽。[①]

这是知识经济时代企业组织结构的一般发展趋势,不同的组织形式各有其特点。大学生应根据自身的特点、优势,提升个人的专业知识和素质能力,以应对企业形式的变革。

(三)适应企业管理及工作制度的变化

知识经济时代,企业管理的重心从"机器"转变为"人力",只有把人的潜力发挥出来,企业才能获得更多的收益,也才能具有更强的生命力。企业管理的目标是个人,主要体现为被管理和自我管理,但最终的管理成效体现为员工的个人管理,这是由个体的主观能动性决定的。所以对于当代大学生而言,自我管理的能力决定了未来你在企业的发展高度。

三、大学生自我管理是现代高校学生管理工作的必然要求

高校学生自我管理是高校整个管理工作的重要组成部分,是高校学生管理工作的终极目标。可以说高校学生自我管理状态的优劣是衡量高校学生管理工作水平高低的有效尺度。传统的高校学生管理工作多是学校或管理者对大学生进行由上而下、由外向内的一种管理方式。这往往缺乏管理者与被管理者之间的双向互动、沟通与交流。由于社会环境和教育对象特征的改变,这种管理方式的效果不是很理想。

笔者认为,对人的管理特别是对大学生的管理,应以自我教育、自我管理为主;以自律为主,辅以他律,使他律与自律有机结合、统一起来;由被动管理变为主动管理,发动学生的主动管理是推动学生主动参与到管理工作中的重要方式。大学生自我管理提高了高校和谐校园建设工作中学生的积极性和创造性,也为其他各项工作的完成提供了服务与保障。[②]

新时代对育人工作提出了新的要求,我们需要运用更多现代化的管理手段,将学生自身的主观能动作用发挥到学生的管理工作中来,提升学生自我管理效率,增强学生自我成才意识,实现大学生自我管理。

自我管理需要时间和实践,考验自律和坚持,持之以恒才能取得良好的效果。良好的自我管理能力有助于提高学习效率和工作效率,帮助大学生成长成才。

① 孔宁宁.知识经济下企业组织结构的变革[J].商场现代化,2007(23):78-79.
② 陈光军.和谐校园建设与大学生自我教育自我管理[J].安徽电气工程职业技术学院学报,2008,13(4):110-114.

案例分享

绵阳城市学院共青团第二课堂成绩单制度
实施办法（2023 版）
第一章 总 则

第一条 为全面贯彻落实《关于加强和改进新形势下高校思想政治工作的意见》《关于深化教育体制机制改革的意见》及《高校共青团改革实施方案》有关精神，着力提高人才培养质量，深入推进我校"三自"管理改革，切实促进学生成人成才成功。

本办法以教育部、团中央有关文件精神为指导，根据学工服务中心《绵阳城市学院评估指标项目建设工作组规划（2023—2026 学年）》文件要求做好学校本科教学合格评估涉及的学风建设与学生指导工作，结合我校实际，特制订《绵阳城市学院共青团"第二课堂成绩单"制度实施办法（2023 版）》。

第二条 我校"第二课堂成绩单"制度实施以培养应用型人才为宗旨，以"教中做""做中学""学中悟"为理念，以培养"有理想、多专多能、会创造"的大学生为目标，实现"三自"管理与应用型人才培养相融合、"三自"管理与综合素质养成相融合、"三自"管理与学生创造能力培养相融合。通过"第二课堂成绩单"制度，激励学生广泛参与各类活动，促进能力素质的均衡发展，提升就业竞争力。

第三条 我校"第二课堂成绩单"制度主要任务是：构建与我校人才培养计划相适应的课程体系；开发"活动项目化、项目课程化、课程特色化"的"第二课堂"系列课程；完善激励和评价机制，保障"第二课堂"教育成效。

第二章 课程与学分

第四条 我校"第二课堂"课程项目体系按照《团中央学校部关于推广实施高校共青团"第二课堂"制度的通知》文件精神和要求将课程项目体系分为 5 个类别：思政素养、品格素养、专业素养、实践能力、创造能力。按课程内容分为两大模块，即必修课程、选修课程。通过两大模块培养学生的三大素养和两种能力。

（一）必修课程。共设置 5 门课程，包含"入党启蒙教育""大学生劳动教育""大学生社会实践""课外阅读""三自管理指导系统应用与实践"。

（二）选修课程。共设置 3 门课程，包含"大学生自我管理教育与实践"（校园活动）、"大学生自我管理教育与实践"（特色社团）、"大学生自我管理教育与实践"（岗位体验）。

各项课程（活动）对应学分、学时情况详见附件 1、附件 2。

第五条 我校"第二课堂"学分为必修学分。本科学生必须在毕业前修满 8 学分，认证获取至少 120 学时；两年制专升本学生根据实际情况，对修读课程不作要求，须在毕业前提交相应成果认证，认证成功达到 96 学时后方能毕业。

第六条　因身体疾病等特殊原因而修不满"第二课堂"学分的，经本人申请、专业学院（社区）审核、学生处审批，可视情况给予相应模块的学分减免。

第七条　每年6月、12月"到梦空间"网络管理系统学时申请功能开放，"第二课堂"认证中心将组织各级进行审核、认定工作；每年6月、12月底完成该学期"第二课堂"课程学时认定工作。

第三章　工作机构

第八条　学生"第二课堂"成绩单制度实施组织机构主要由校、院（社区）组成，分别负责各级"第二课堂"成绩单制度工作的指导、规划、实施和活动学分认证。

第九条　学校成立"第二课堂"成绩单制度实施工作领导小组，詹廷君担任主任，何兴担任副主任；教研工作处、学生工作处、社区管理处、校团委、学生会及各专业学院学工负责人（社区区长）为成员。领导小组负责"第二课堂"成绩单制度实施方案的制订，统筹教育教学资源、部门协同，监督"第二课堂"成绩单制度实施，裁决学生对"第二课堂"成绩单制度相关活动结果的申诉。

第十条　各专业学院（社区）成立"第二课堂"成绩单制度实施工作组，由专业学院学生工作负责人（社区区长）任组长，辅导员（人生导师助理）、学生干部为成员，负责组织本学院（社区）"第二课堂"成绩单制度实施认定工作。内容主要为支持"第二课堂"成绩单制度开展、审核本学院（社区）"第二课堂"成绩单制度学时认定结果并在学院（社区）网站统一公示、相关课程在教务系统进行成绩录入等工作。

第四章　组织实施

第十一条　校、院（社区）按要求做好"第二课堂"成绩单制度的项目规划、组织实施、活动指导、活动认证，强化活动保障，严格考核标准，努力构建学生主动参与、教师热心指导、体系科学合理的组织管理和评价激励机制。

第十二条　科学编制活动规划，每年统一规划全校"第二课堂"成绩单制度课程活动，分别形成校、院（社区）"第二课堂"成绩单制度课程活动规划，具体规划原则如下：

（一）分类计分。"第二课堂"成绩单制度相关活动分为学时类活动和非学时类活动，学时类活动是指纳入校、院（社区）规划的活动，学生参与此类活动认证学时；非学时类活动是指未纳入校、院（社区）规划的活动，此类活动不再认证学时。

（二）分层规划。"第二课堂"成绩单制度相关活动分校、院（社区）两个层次进行规划，校级活动重在拓展学生综合素质，院（社区）级活动重在拓展学生专业素质；社团活动根据其挂靠单位情况纳入相应的校级规划或院（社区）级规划；其他组织可在校、院（社区）规划活动外，根据班级实际另行设计活动，但该活动不纳入"第二课堂"成绩单制度学时认证，全校形成"学校规定活动+学院（社区）特色活动+其他任选活动"的活动体系。

（三）分级设计。"第二课堂"成绩单制度活动针对不同年级、专业的学生进行设计，一年级学生重专业学业导航，二年级学生重专业素质拓展，三年级学生重就业创业导航，四年级学生一般不再统一规划活动，学生可根据"第二课堂"成绩单制度学分完成情况自主安排。

第十三条 "第二课堂"成绩单制度相关活动实行分级管理，按校、院（社区）二级组织实施，主办单位应按以下程序开展活动：

（一）活动审批：主办单位须在每学年初按要求填写附件3"绵阳城市学院共青团'第二课堂'活动审批表"和附件4"绵阳城市学院共青团'第二课堂'活动规划一览表"，并报学校审批。未纳入规划的临时性活动由各专业学院（社区）审批后报学校备案。

（二）活动公告：主办单位要在相对固定的地方和学生工作网页内设置绵阳城市学院共青团"第二课堂"专栏或"到梦空间"，及时发布活动通知、活动学时等相关信息。

（三）活动组织：活动举办单位要科学制定活动方案，在规定的时间、地点和范围内精心组织活动，确保活动安全有序、质量可控、取得实效。除学校统一组织的社会实践、志愿服务等活动外，学生未经批准不得在校外组织活动。

（四）活动总结：活动结束后，主办单位及时做好活动宣传报道、材料归档、学时认证、书面总结等工作。

第十四条 活动主办单位要选派相关领域热心学生工作的专家、教师担任指导老师，指导学生制订活动方案并组织实施。

第十五条 各部门、各学院（社区）均应创造条件，支持学生参加"第二课堂"相关活动，在时间、场地、经费等方面提供保障，确保"第二课堂"相关活动的顺利进行。

（一）时间保障：学校安排固定时间，专门用于学生开展"第二课堂"相关活动，以保证活动的正常有序开展。

（二）场地保障：各单位要为学生开展"第二课堂"相关活动提供必要场所，及时做好学生活动场所各种设施的维护工作。

（三）经费保障："第二课堂"相关活动经费由活动组织相关部门负责落实。

第五章 学分管理

第十六条 根据人才培养计划，学生按教学相关要求完成各课程的学习，获得相应学分。

第六章 学时认证

第十七条 按照"谁主办、谁认证"的原则，主办单位应在活动结束后，按标准及时对参加活动的学生认定学时。学期结束前，各主办单位要将本学期活动学时认证情况汇总并报学生处存档备案。

第十八条 "第二课堂"相关活动分为国家级、省级、校级、院级(社区)、其他五个级别,每个级别根据活动的规模、时间、难易等分为三类。同类别下一级活动分值原则上不能高于上一级,活动不重复计分,逐级选拔的活动只计最高分。具体分值以活动通知为准。

第十九条 "第二课堂"学时录入使用"到梦空间"网络管理系统认证管理。主要针对学生参与活动的情况,建立系统的记录、审核、评价机制,包括6个层面的评价方式。

1. 级别评价:学生参与活动或项目属国家级、省部级、校级、院级(社区)及其他等。

2. 学时评价:学生参加活动或项目经相关部门认证后的学时,一般以参与次数计时。

3. 奖项评价:学生参加活动或项目获得的等级类的成绩,一般用特/一/二/三等/优秀奖或冠/亚/季军等表示。

4. 角色评价:学生参加活动或项目所承担的任务分工,一般分为发起者、组织者、参与者三种角色。如果是团队参与,还要通过排序先后确定贡献程度大小。

5. 荣誉评价:学生参加活动或项目获得的荣誉称号,如各类"先进个人/优秀标兵"评选。

6. 考核评价:学生参与"第二课堂"的评价,一般以一学期为时间段,根据综合表现给予优秀、良好、及格、不及格分级评价。

第七章 附 则

第二十条 各学院(社区)要结合实际,制订切实可行的实施细则。新生入学时,要组织新生认真学习本方案和校、院(社区)有关规定,帮助学生明确有关要求,指导学生积极参与"第二课堂"相关活动。

第二十一条 对违反校纪或在学时认证中弄虚作假的学生,学校将取消该生本学年"第二课堂"相应模块的学时;对徇私舞弊和不负责任的单位和个人,学校将视情节给予通报批评直至纪律处分。

第二十二条 学生参加"第二课堂"相关活动情况纳入学生学年综合测评和评优评先,相关办法由学生处另行制定。

第二十三条 本方案实施对象为2023级及以后全日制在校生。

第二十四条 本方案最终解释权归学工服务中心教研工作处。

附件1:绵阳城市学院共青团"第二课堂"课程安排计划表

序号	课程名称	课程类别	学分	开课学期	开课单位	协作单位	考核办法
1	入党启蒙教育	必修	1	1	马克思主义学院	教研工作处	考查
2	大学生劳动教育	必修	2	1~2	教研工作处	社区管理处	考查
3	课外阅读	必修	0.5	1~8	教研工作处	图书馆	考查

续表

序号	课程名称	课程类别	学分	开课学期	开课单位	协作单位	考核办法
4	大学生社会实践	必修	2	2	教研工作处	校团委	考查
5	"三自"管理指导系统应用与实践	必修	0.5	2	教研工作处	社区管理处	考查
6	大学生自我管理教育与实践(校园活动)	限选	2	1~4	教研工作处	校团委	考查
7	大学生自我管理教育与实践(特色社团)	限选	2	1~4	教研工作处	校团委	考查
8	大学生自我管理教育与实践(岗位体验)	限选	2	1~4	教研工作处	校团委	考查

备注:本课程对两年制专升本学生不作要求,专升本学生自愿选修课程。

附件2:绵阳城市学院共青团"第二课堂"学时认定标准

序号	活动大类		活动名称	学时	证明方式	备注
1	思政素养	1	学生骨干培训或团校学习	8	结业证书或证明	校级单位组织的培训
		2	团组织生活	2	团支部考勤	每学期上限4次
2	品格素养	3	志愿服务	2	证明	每学期上限4次
		4	无偿献血	8	证明	每学期上限2次
		5	好人好事被国家级单位表彰	128	证明	
		6	好人好事被省级单位表彰	64	证明	
		7	好人好事被市级单位表彰	32	证明	
		8	好人好事被校级单位表彰	16	证明	
		9	优秀团员、优秀干事	4	证书或证明	
		10	先进个人、社会实践先进个人、党校优秀学员、优秀信息员、优秀班导、优秀青年志愿者等	8	证书或证明	
		11	优秀团干部、三好学生、学习标兵、优秀学生干部、校园励志之星、优秀毕业生、优秀党员	8	证书或证明	

序号	活动大类		活动名称	学时	证明方式	备注
3	专业素养	12	参加社团	8	主管部门提供考勤名单	参加满一学年，满足社团管理要求
		13	参加讲座	2	主管部门提供考勤名单	每学期上限8次
		14	计算机一级、二级及以上合格证书	8学时/项	证书或证明	同一考试，不可累加
		15	英语四级、六级及以上合格证书	8学时/项	证书或证明	同一考试，不可累加
		16	教师、会计、文秘、物流师、施工员、造价员等职业资格证书	16学时/项	证书或证明	同一考试，不可累加
		17	研学项目、考研培训班、考公培训班、自考（网教、成教）、教师资格证等培训	16学时/项	证书或证明	同一考试，不可累加
		18	辅修	16学时/项	证书或证明	同一考试，不可累加
4	实践能力	19	班导	16	聘书	
		20	教师助理	16	主管部门提供名单	期满一学期
		21	助理岗（初级、高级）	16/32	主管部门提供名单	期满一学年
		22	应征入伍	96	退伍通知书	
		23	校园文化体育活动	2	活动签到或主办方名单	每学期上限4次
		24	学生在校期间举办个人艺术作品展览或演出	24	展览或演出证明及作品	每学期上限2次
		25	校、院（社区）两级团委书记处、学生会主席团成员、校卫队大队长、副队长	32	证书或证明	所有干部必须担任满一年，可叠加，第一职务算最高分，剩下职务减半；限两项
		26	校、院（社区）两级学生组织各部门干部、团支书、班长、学习委员、公寓长、楼层长、校卫队中队长和指导员	16	证书或证明	

序号	活动大类		活动名称	学时	证明方式	备注
4	实践能力	27	其他班委,校、院(社区)两级学生组织各部门干事,校卫队队员,寝室长	8	证书或证明	所有干部必须担任满一年,可叠加,第一职务算最高分,剩下职务减半;限两项
		28	荣耀绵城	16	证书或证明	
		29	绵城精英	24	证书或证明	
		30	所在班级获院(社区)级集体表彰	8	证书或证明	
		31	所在班级获校级集体表彰	16	证书或证明	
		32	所在班级获省级集体表彰	32	证书或证明	
		33	所在班级获国家级集体表彰	64	证书或证明	
5	创造能力	34	各类竞赛获国际级一等奖	80	荣誉证书或表彰文件	
		35	各类竞赛获国际级二等奖	72	荣誉证书或表彰文件	
		36	各类竞赛获国际级三等奖	64	荣誉证书或表彰文件	
		37	各类竞赛获国家级一等奖	64	荣誉证书或表彰文件	
		38	各类竞赛获国家级二等奖	56	荣誉证书或表彰文件	
		39	各类竞赛获国家级三等奖	48	荣誉证书或表彰文件	
		40	各类竞赛获省级一等奖	48	荣誉证书或表彰文件	
		41	各类竞赛获省级二等奖	40	荣誉证书或表彰文件	
		42	各类竞赛获省级三等奖	32	荣誉证书或表彰文件	
		43	各类竞赛获校级一等奖	32	荣誉证书或表彰文件	
		44	各类竞赛获校级二等奖	24	荣誉证书或表彰文件	

序号	活动大类	活动名称	学时	证明方式	备注
5	创造能力	45	各类竞赛获校级三等奖	16	荣誉证书或表彰文件	
		46	各类竞赛获院（社区）级一等奖	16	荣誉证书或表彰文件	
		47	各类竞赛获院（社区）级二等奖	8	荣誉证书或表彰文件	
		48	各类竞赛获院（社区）级三等奖	4	荣誉证书或表彰文件	
		49	出版专著	96	专著复印件	除第一作者外的其他作者学时减半
		50	国际核心刊物	96	期刊复印件	除第一作者外的其他作者学时减半
		51	国际一般刊物	64	期刊复印件	除第一作者外的其他作者学时减半
		52	国内核心刊物	64	期刊复印件	除第一作者外的其他作者学时减半
		53	国内一般刊物	16	期刊复印件	除第一作者外的其他作者学时减半，上限3次
		54	发明专利	96	专利证书	除第一发明人外的其他发明人学时减半
		55	实用新型	64	专利证书	除第一发明人外的其他发明人学时减半
		56	外观设计	40	专利证书	除第一发明人外的其他发明人学时减半
		57	获得国家级科技成果奖项一等奖	128	荣誉证书或表彰文件	除第一主持人外的其他主持人学时减半
		58	获得国家级科技成果奖项二等奖	96	荣誉证书或表彰文件	除第一主持人外的其他主持人学时减半
		59	获得国家级科技成果奖项三等奖	80	荣誉证书或表彰文件	除第一主持人外的其他主持人学时减半

附件3:绵阳城市学院共青团"第二课堂"活动审批表

活动名称及类别	
活动主办单位	
活动承办单位	
活动(拟)实施时间	

活动负责人		联系方式	

活动简介	
活动预算	
预期成效	

专业学院学工中心 (社区区长)意见	签章: 年　　月　　日
学生处意见	签章: 年　　月　　日

备注:1.该审批表一式两份,一份由专业学院(社区)备案,另一份由学生处存档。

2.上交此申请表时,需附详细的活动策划书和安全预案。

附件4:绵阳城市学院共青团"第二课堂"活动规划一览表

序号	活动名称	活动类别	活动(拟)实施时间	举办部门
1				
2				
3				
4				
5				
6				
7				
8				
9				
10				
11				
12				
13				
14				
15				
16				
17				
18				
19				
20				
21				
22				
23				

第二章　大学生自我管理实践

大学生自我管理是当今及未来社会对新时代人才素质的必然选择,是高等院校学生管理体制改革的实际要求,是高等院校学生管理工作的终极目标。结合我国目前大学生自我管理现状、自我管理内容等,本章就大学生自我管理实践做一些初步的探讨。

第一节　树立自我管理理念

大学是学生成长发展的重要阶段,有更加灵活的成长环境和相对自由的可分配时间,自我管理也就成为大学生最重要的能力。因此,如何利用好大学生涯,培养学生自我管理能力成为高校急需研究和解决的问题。而学生更应树立自我管理理念,发展自我管理能力,把自律和他律相结合,自省自立,提高自我,为步入社会和适应社会做准备。

一、加强自我认知,树立自我管理意识先导

彼得·杜拉克曾说:人类在 21 世纪面临的最大挑战就是自我管理;学会自我管理首先要明白"我是谁"……而最重要也是最难的是"认识自己"。自我认知,简单来说就是我们对自己内心的观念、想法、情绪、态度及由此引发的日常行为的觉察程度。自我认知程度越高的人,越可能在清醒接纳自我局限、内在限制等基础上不断扩展自我能力边界、持续寻求自我改善和自我突破;而自我认知程度较低的人,对内在自我观念、想法、情绪及由此引发的行动往往缺乏自我觉察,而这将导致僵硬固化的下意识生活与工作。这个世界我们最熟悉而又最陌生的人是自己,对自我意识状态的点滴觉察和充分觉知有助于我们有的放矢增强自我管理能力,自省自强、自动自发地干好工作、取得成绩。[①] 因此,大学生应当对自己进行深入的认知和了解,了解自己的性格、价值观、优点和缺点等,从而找到适合自己的管理方式。

二、设定个人目标,强化自我管理意识

为强化自我管理意识,大学生应当设立可衡量的个人目标,包括学业目标、职业目标和个人成长目标。例如,在学业方面设置可实现的达成目标,从课业水平及科研成就两方面约束自己,根据设定的目标,制订详细的计划,将大目标分解成小目标,并为每个目标设定具体

---

① 党建锋.觉知自我意识　强化自我管理:浅论员工自我意识与团队管理[J].衡器,2016,45(6):47-48,51.

的行动步骤和时间表。大学生应通过使用时间日程表或时间管理工具来帮助管理时间,同时设定优先级,合理安排每天的任务和活动。高效利用时间就要学会合理分配时间,避免时间的浪费和拖延。

大学生应培养自律意识,养成良好的行为习惯和生活习惯,包括早起、按时学习和工作、养成健康的饮食习惯和运动习惯等。大学生的主要任务是学习,养成良好的学习习惯对自我管理至关重要,养成定期复习、及时完成作业和项目、积极参与课堂讨论等良好的学习习惯,可以提高学习效率和成绩。大学生应在学习生活中面对困难时应不退缩,保持坚忍内心。自我管理也并非意味着独自面对一切,而是要学会主动寻求支持和协助,寻找适合自己的学习小组,向教师和同学请教、寻求辅导和指导等,可以帮助解决问题和提高自我管理的能力。同时,大学生要学会正确面对压力、控制情绪,可以通过锻炼、休息、找人倾诉和寻求帮助等方式来实现。此外,大学生还应定期进行阶段性反思和策略调整,通过自我反思,了解自己的成长和进步,及时调整自己的工作学习方法和策略以适应不同的变化情况。

大学生在校园生活中,往往会面临各种任务和活动,应学会根据重要性和紧急性对任务进行排序,将精力和时间集中在最重要和紧急的任务上,避免被琐碎的事务分散注意力。自我管理是一个不断学习和成长的过程,是一个长期的过程,需要不懈努力。大学生应主动学习自我管理的相关知识和技巧,最大限度利用学校、社会资源,参加培训和研讨会,向身边的人和榜样学习,不断反思和改进自己的管理方法,以不断成长和提高自我管理的能力。

综上所述,大学生建立正确的自我管理理念,实现个人的成长和发展除了通过自我认知、目标制订、计划管理、时间管理、自律和坚持、管理压力和情绪,以及自我反思和调整等方法,更重要的是,要有耐心和恒心。大学生要坚持并依靠这些正确的自我管理理念,以实现个人的成就和全面发展。

三、创建自我管理平台,培养正确的自我管理理念

新一代学生,特别是"00后"学生,在全球化时代下,知识储备更丰富,知识获取途径更多元,具有思想开放、个性鲜明、理想远大、自信张扬等特点。新时代的大学生在政治上具有从简单的政治热情走向冷静慎重的思考,从表面显露的政治关注走向较为隐蔽的内心关注的特点,[①]但他们的政治理论较为薄弱,容易受到错误信息的影响,不过智力活跃,对新奇事物充满好奇心,也有一定的洞察力来弥补遗漏;在行为上,他们敢于表现自己,同时自我控制能力弱,如果遇到问题和矛盾冲突,容易失去理智;在心理上,他们自信、热情,但抗压能力弱,是充满希望和矛盾的一代。在新时代,高校必须坚持立德树人的根本任务,找到大学生自我管理的最佳途径。肖姆林斯基说,真正的教育是自我修养,只有不断鼓励新时代的大学

---

① 梅晓芳,杨智强. 新时代大学生自主管理的重要意义与实现路径[J]. 经济师,2020(7):182-184.

生自我学习、自我管理、自我服务,才能实现有效的管理。

学校要把立德树人的根本任务落在实处,就需要把立德树人的根本理念与学生自我管理理念有机融合在一起,处理好二者之间的关系,确保教育改革沿着正确的方向发展,从而为中国特色社会主义建设培养更多合格的人才。立德树人的目的是培养德智体美劳全面发展,并具有一定创造性人格的时代新人。这要求立德树人目标主体也就是大学生不仅要有丰富的专业知识,还要有不断提升自身的综合素养,充分发挥自身的聪明才干,发挥主观能动性,努力使自己在立德树人教育中成为"自我树立"主力军。

要实现上述目标,首先,学校管理工作者要帮助大学生树立主体观念,明确并落实大学生的主体地位,激发大学生内在"主体目标"概念,使大学生在形成自我意识的基础上实现"自我树立"。其次,学校管理工作者要遵循以人为本的理念,激发大学生"自我树立"的内生原动力,培养学生自我管理的能力。在大学阶段,大学生除了获取专业理论知识,更多的是寻找和发现事物的规律以及获取知识的方式和方法。最后,在日常的学生教育管理中,学校管理工作者应该把已经模式化、程序化、刻板化的老套过时的训导方式转化为学生喜闻乐见的个性化、创新化、多样化的激励方式,提升学生自我管理的主体性和"自我树立"的积极性,从而激发大学生认真学习、努力提高自身综合素质的内生学习原动力,为培养德智体美劳全面发展的时代新人打下坚实的基础。

大学生自我管理是大学生群体为提升自身素质、实现自我价值而开展的管理活动,自我并不代表我行我素、放任自我,而是有约束、有方向、有价值的管理活动,而思想政治教育就是引领正确前进方向的灯塔。特别是在新时代"大思政"理念下,高校需要构建课程思政、日常思政、网络思政等协同育人格局,为大学生自我管理保驾护航。大学生自我管理过程要建立从上至下的制度,从学校层面来讲,需要建立畅通的信息沟通制度,如书记信箱、校长接待日、月度座谈会等,营造浓厚的自我管理氛围;从二级学院层面来讲,需要让学生参与学院教育教学、服务管理等评价,并形成相应的制度,同时在学院内成立由学生组成的各种自律管理委员会,如纪律管理委员会、早晚查委员会、卫生监督委员会等,增强学生自我管理意识,搭建学生自我管理平台;从学生自我管理队伍层面来讲,需要形成规范化的日常运作制度,如周例会制度、分类培训制度、期末述职制度等,加强学生自我管理队伍建设。在搭建学生自我管理平台时以实践活动为抓手,每月设定主题,让学生能够做到规范开展自我管理。如定期组织全体学生参与志愿服务,学生以班级为单位形成志愿服务互助小组,开展养老院爱老敬老、社区服务、文明交通疏导等活动;每年9月迎新季,由学生骨干组成迎新队伍,对新生在入学手续、住宿餐饮、校园安全、社团活动、专业规划等方面给予全方位的指导;每年6月、12月考试季来临前组织每位同学签署《学生诚信考试承诺书》,充分调动每位同学的学习、备考主动性和积极性;每年9月,充分发挥退伍复学大学生的专长,专门组织其参与到大学生军事训练课程的理论教学与实践教学中。这一系列的实践活动有助于大学生把自我管理落实落细。

第二节 培育自我管理品质

大学阶段是大学生在初级社会化的基础上继续深入社会化的一个关键阶段。在这个特殊阶段,大学生要完成人生的一次蜕变,"要成为一个什么样的人"是在校大学生和学生工作者应当时刻思考和关注的重要问题。在这次蜕变的过程中,要努力培养现代大学生的自我管理意识,使大学生养成自我管理的良好品质。

一、自律与自控力的培养

在新时代背景下,大学生的管理模式逐渐从"他律"走向"自律",自控力就是自我约束能力,这种能力能够帮助学生及时发现和反馈学习和生活中的各种问题,并能根据目标要求及时做出调整。成功学将自我约束力作为一个人成功的基本要素之一,而缺少自我约束力是一个人成功路上最大的障碍。培根说:"幸运所需要的美德是节制,而厄运所需要的美德是坚忍。"[①]只有养成良好的自律与自控力,大学生才能真正成为自己情绪的主人,才能更加理性地思考问题、处理问题。

(1)设定明确的目标:确保知道自己想要实现什么,并设置具体、实际可行的目标。这将帮助大学生集中精力并明确方向。

(2)制订计划:制订详细的计划,包括每天、每周或每月的具体行动步骤。将计划分解成小的任务,以简化任务的完成过程。

(3)培养良好的习惯:通过反复的实践来养成良好的习惯。例如,每天在固定的时间起床和睡觉,每天锻炼一定的时间,等等。坚持这些习惯会增强大学生的自律和自控力。

(4)增强意志力:通过锻炼意志力来增强自己的自控力。可以从一些简单的事情开始,例如控制自己的饮食习惯或克服拖延症。

(5)建立支持系统:与身边的人分享自己的目标和计划,并寻求他们的支持和鼓励。大家可以一起努力,互相监督和激励。

(6)处理诱惑:学会识别和应对诱惑,避免陷入诱惑的陷阱。可以尝试采用一些技巧,如远离诱惑源、转移注意力、使用时间管理工具等。

(7)坚持不懈:在培养自律和自控力的过程中,可能会遇到困难和挫折。重要的是保持坚持不懈的态度,相信自己并继续努力。

二、时间管理的技巧与策略

当今社会,"时间就是金钱,效率就是生命"越来越被人们认识和接受,并成为现代人的

---

① 弗兰西斯·培根.培根论人生[M].何新,译.上海:上海人民出版社,1985.

座右铭。社会的发展和科技的进步,要求人们具有强烈的时间观念,从而自觉、有效地利用时间。因此,对于当代大学生来说,实施时间的自我管理并开发时间自我管理的技能就成为其学习活动中的重要任务之一。① 以下是一些常用的时间管理技巧和策略,可以帮助我们合理安排时间、提高工作效率。

(1)制定优先级:对任务进行分类和评估,将它们按照优先级排序。将重要且紧急的任务放在首位,其次是重要但不紧急的任务,然后是不重要但紧急的任务,最后是不重要且不紧急的任务。

(2)制订日程表:根据任务的优先级和时间要求,制订一张日程表。将任务合理地分配在不同的时间段,确保每个任务都有充足的时间。

(3)集中注意力:在处理任务时,尽量避免分心和干扰。保持专注,集中精力完成当前任务,然后再转到下一个任务。

(4)学会委托和下放:将一些低优先级或不重要的任务委托给其他人或下放给团队成员。这样可以解放自己,让自己专注于更重要的任务。

(5)学会说不:学会拒绝那些对自己的时间和计划有负面影响的请求。只承诺和参与自己能够合理完成的任务和活动。

(6)利用工具和技术:利用各种时间管理工具和技术来帮助自己更好地管理时间。如使用日历应用程序、待办事项列表、时间追踪应用程序等。

(7)休息和放松:合理安排休息和放松时间,避免过度劳累。休息和放松可以提高工作效率和专注度。

(8)不要拖延:尽量避免拖延,立即处理任务,不要将它们推迟到最后时刻。使用一些拖延战胜策略,如番茄工作法或时间块技术。

(9)随时调整计划:随时根据工作情况和优先级的变化进行调整。不仅要制订计划,还要适应变化和调整计划。

采用这些时间管理技巧和策略,可以帮助大学生更好地管理时间,提高工作效率,取得更大的成就。

三、目标设立

1.目标设立的内涵

目标设立是指着眼于将来,设立方向和效果,是为自己实现目标合理组织时间和管理时间提供方向的一种技能。没有方向和目标,所有的活动项目和取得的结果都可以说有效或者无效,因为缺少了衡量效果的标准。如果没有提前设置目标,再好的学习方法都是不起作

---

① 严中华.大学生自我管理技能开发:21世纪大学生素质教育图书[M].广州:华南理工大学出版社,2000.

用的。

2. 目标设立原则

设立目标必须遵守以下 5 个原则,才会对时间自我管理起到导向作用;否则,所设目标将成为海市蜃楼,可望而不可即。

(1)目标表述必须具体;

(2)目标必须有量化标准;

(3)目标要具有可实现性;

(4)目标必须合理;

(5)目标的结果必须有时间限度。

3. 目标设置的分类

目标设置与目标实现的时间间隔相联系,按时间实现的长短来分类,目标可以分为长期目标、中期目标、短期目标;按照实施计划包括的范围大小分类,目标可以分为总体目标、阶段性目标、子目标;按照活动项目分类,目标可以分为学习目标、身体保健目标、社会实践目标、综合素质目标;等等。每个分类下还可以做进一步细分,例如学习目标又可以分为各科目目标。

4. 目标设置的步骤

无论哪种目标的设置,都要遵循下列步骤。

(1)多问自己几个为什么。在设置具体目标之前,不妨问自己这样几个问题:我为什么到这里学习?我想学到什么东西?毕业后我将从事什么工作或者我将选择什么性质的职业?进入了大学校园就意味着开始了一次"旅行",但这次旅行是一次时间上的旅行。在时间之旅中,大学生将逐步实现自己的目标。每个人的将来都依赖今天的计划和行为,对将来的考虑越具体、越清晰,目标的设置就越切合实际。

(2)设置总体目标,对总体目标分类。首先,大学生应考虑清楚某些与自己学习有关的问题,然后设置总体目标。总体目标在某种程度上是和长期目标相对应的,但又不完全相同。总体目标范围较大,是一系列目标的总体,既可以是长期目标的总体,也可以是中期目标、短期目标的总体,也可以是各个项目目标的总体。因此,它的最基本特征是它的可分解性。总体目标的设立又是相对的,它可能是较大范围目标的一个分解部分,我们给分解的目标定义为子目标。例如,小李在大学期间的总体目标是成为三好学生,但这一目标对整个人生来说不过是一个子目标。每个人都有多个总体目标,因此,我们要将若干个总体目标分类。例如,某位同学在入学以后确立了一系列目标:通过大学英语四级考试、通过计算机程序员考试,其他科目成绩达到 85 分以上,提高自己的阅读水平,锻炼好身体,交几个好朋友,参加各类学校社团活动提高自己的综合素质,等等。我们可以将以上目标分成更为综合的大类:学习类、课外生活类、社交类、素质提高类等。这样,总体目标不至于过于繁杂,也便于学生对时间进行合理分配。

（3）将每类总体目标分解,逐步落实。每类总体目标都是相对于整个大学阶段将达到什么水平而设定的,对于每学年来讲,每类总体目标就有了阶段性目标,将阶段性目标进一步分解成子目标,然后逐步落实子目标。如何分解总体目标呢? 我们通过下列案例来加以分析。假如小廖是数媒专业一年级的学生,传播学课程达到 90 分是他总体学习目标中的一个阶段性目标。为实现这一阶段性目标,他的下一步工作就是将这一目标分解成逻辑性强、分割的子目标体系,具体可以做如下的目标分解:完成课程笔记的复习,完成课程作业的复习,完成平时阶段性测验的复习工作。子目标的落实意味着阶段性目标已经实现,每个阶段性目标实现都意味着总体目标的实现。将目标分解得越细致、越详细、越具体,计划实施起来就越容易。

四、增强决策能力和抗压能力

决策能力是指一个人在面对复杂情境或问题时能够做出明智、理性且有效的选择的能力。它包括以下几个方面:能够准确地识别和定义问题或情境,理解所涉及的各个方面和因素;能够收集相关的信息,并使用适当的工具和方法对信息进行分析和综合,以获得全面的背景知识和清晰的认识;能够设定明确的目标和优先顺序,以便在决策过程中有清晰的方向;能够产生多个备选的解决方案或行动方案,并评估每个方案的优劣和风险;能够对备选方案进行客观的评估和比较,考虑到可能的结果、影响和约束条件;能够在评估和比较的基础上,选择最佳方案,并做出明确的决策;能够有效地执行决策,并监督实施过程,及时调整和纠正。

抗压能力是指个体或组织在面对压力、挑战和困难时的应对和适应能力。它包括以下几个方面:能够辨别和认识压力的来源和性质,了解其对个体或组织的影响;能够有效地管理和调控自己的情绪,避免情绪过度激动或消极情绪的产生,保持冷静和积极的心态;能够有效地应对和解决问题,找到可行的解决办法,并采取积极的行动;能够灵活地适应变化和调整,抵御外界的压力和挑战,并找到新的应对方式;具备积极的社交能力,能够获得他人的支持和帮助,建立健康的人际关系网络;能够自我调节和关注健康:能够合理安排时间和任务,保持适当的工作与休息,关注自己的身体和心理健康。

决策能力和抗压能力是两项重要的个人技能,不仅能够帮助个体应对工作、学习和生活中的挑战,还有助于提高效率和质量。同时,决策能力和抗压能力也可以通过学习、训练和实践不断提高和发展。重要的是要认识到每个个体在应对压力上的独特性,因此个人可能对不同的压力源和应对策略有不同的反应。

(一)增强决策能力

（1）收集信息:在做决策之前,收集尽可能全面和准确的信息,包括调查研究、咨询专家或参考相关的数据和报告。

（2）分析和评估:仔细分析和评估各种选择和可能的结果。权衡利弊,考虑长期和短期影响,并基于事实和逻辑进行决策。

（3）制订计划：制订详细的行动计划,包括目标、时间表和资源需求。确保计划合理,并为潜在的风险和挑战做好准备。

（4）深思熟虑：对于重要的决策,给自己充足的时间。避免仓促决策,必要时征求他人的意见和建议。

（5）学会从失败中学习：不要害怕失败,而是将失败视为学习和成长的机会。分析失败的原因,并从中吸取教训,以便在下次做决策时更加明智。

（二）增强抗压能力

（1）健康的生活方式：保持身体健康对于应对压力非常重要。在日常生活中注重健康饮食、充足睡眠和适度运动,以增强身体的抗压能力。

（2）找到情绪管理的方法：掌握情绪管理技巧,如深呼吸、冥想和放松练习。这些方法可以帮助人们冷静下来、控制情绪,并减少因压力带来的负面影响。

（3）改变思维方式：积极乐观的思维方式能够提高抗压能力。尝试寻找积极的方面,培养应对挑战和困难的韧性。

（4）分解任务并设定优先级：将大的任务分解成小的可管理的部分,并根据优先级进行安排。按照先后顺序逐一处理任务,这样可以减少压力的累积。

（5）建立支持系统：与家人、朋友同学或今后的同事建立良好的支持和沟通关系。分担困扰和压力,寻求帮助和支持。

（6）寻找平衡：学会平衡学习（工作）和个人生活之间的需求。合理安排时间,给自己充足的休息和放松的机会。

（7）接受事实：接受有些事情超出自己的控制范围,不能完全控制一切。学会接受事实,并专注于自己可以控制和改变的事情。

通过实践和坚持,大学生可以逐渐提升自己的决策能力和抗压能力,成为更加果断和坚忍的个体。

第三节　提升自我管理能力

大学生自我管理能力对学生的学习进步、个人成长、事业发展具有重大的影响。大学生自我管理能力培养应该作为学生培养的一项重要工作。学术界在大学生自我管理现状调查的基础上,综合分析大学生自我管理的影响因素,并提出促进大学生自我管理能力的实现路径。[1]

---

[1]　纪同娟,李魁明.大学生自我管理能力培养的探索与实践[J].现代职业教育,2020(44):4-5.

一、学习方法的改进与学习效果的提升

大学阶段是人生教育的一个关键时期,对人一生的发展意义重大。同时,21世纪的大学生肩负着这一时代所赋予的角色和使命,对未来科技进步承担重大的责任,所以每个大学生都应该根据自己的实际情况,制订适合自己的学习方法。而想要找到正确的学习方法需要做到以下几点。

(一)把握差异

与中学阶段的学习相比,大学阶段的学习少了教师和父母的监督和管教,学习氛围逐渐变得宽松,学生自我支配时间充裕,这种由"硬"变"软"的学习环境,使得部分大学生没有了学习目标和方向,缺乏学习的动力和压力,迷茫和无助成为他们的普遍心态。[①] 此外,大学学习在学习内容、学习方式、学习方法上也发生了较大变化。

1.学习内容广、课程多、难度大

中学阶段,学生一般只学习10门左右的课程,内容为一般性的基础知识。而大学里开设的课程分公共课、基础课、专业基础课、专业课四个层次,每个层次又由许多门课程综合而成,内容量大,因而大学阶段的学习任务比中学阶段的重得多。

2.学习方式不同

在学习方式上,中学阶段主要是课堂讲授,教学过程中的每一天、每一节课,教师都安排得非常具体。频繁的作业和课堂提问、大量而紧凑的课堂教学是中学教学常态。而在大学里,课堂讲授相对减少,自学时间大量增加。大学为学生学习提供了非常好的环境,如大学有藏书丰富的图书馆,有设备先进的实验室,有丰富多彩的课外科研活动。同时,大学的教学计划还安排了大量的教学实验、实习、社会调查、毕业设计等教学环节。这都需要大学生自主学习和走出课堂。

3.学习方法变化明显

在学习方法上,中学阶段,教师教学生是"手拉手"领着教,教师对课程安排得详细周到,不少学生养成了依赖教师、只会记忆和背诵的习惯。而大学阶段是"教师在前,学生在后",教师引着教,提倡学生自主学习,使大学生逐渐地从"要我学"向"我要学"转变;提倡生动活泼地学习;提倡勤于思考。

(二)明确学习动机

在学习中,学习动机占了很大的比例,学习目的、自身学习需要及学习诱因是其主要的组成部分。学习目的作为产生和保持学习动机的内部因素,在学习行为中起着重要的指导作用。自身学习需要,包括个体的成就欲望,对学习对象的兴趣、爱好,好奇心、求知欲、探索

---

① 杨琨,王祥灵,李在吉.加强大学生自我管理能力的探索与实践[J].学理论,2013(17):324-325.

愿望等,是个体的内部动机。学习诱因,也就是通常说的外部动机,是指激发学习行为的外部环境,如学习成绩、考试分数、奖学金、优秀学生表彰等。

大量研究显示,当学习动机适中时学习的效果达到最佳。大学生主要有四类学习动机:报答性和附属性学习动机、自我实现和自我提高的学习动机、谋求职业和保障生活的学习动机、事业成就的学习动机。多元的学习动机带来多元的学习动力,一个有明确学习动机的人更有可能在学习中获得成功,并在个人和职业生涯中取得成就。

(三)掌握学习方法

1. 高效的学习方法

通用的高效的学习方法包括 SQ3R 学习法和 PQ4R 学习法。SQ3R 学习法指按"浏览、发问、阅读、复述、复习"五个步骤进行学习;PQ4R 学习法是一种能有效帮助学生理解和记忆的学习方法,PQ4R 分别代表预览、设问、阅读、反思、背诵和回顾六个阶段。还有根据记忆的艾宾浩斯曲线确定记忆时间点(20 分钟、1 小时、8 小时、1 天、2 天、6 天、31 天),将短期记忆转变成长期记忆;利用记忆的"全盘利用"等学习方法和一些记忆手段(如关联法、字母法)记忆具体事物,即借助感官、运动、幽默、想象、数字编号、符号、颜色、顺序、积极的形象来进行记忆等学习方法。

2. 个性化的学习方法

个性就是个别性、个人性,就是一个人在思想、性格、品质、意志、情感、态度等方面不同于其他人的特质,这个特质表现于外就是他的言语方式、行为方式和情感方式等。任何人都是有个性的,每个人都应该找到属于自己的个性化的学习方法。

二、解决问题的思维模式

思维模式是指解题者根据问题的条件、性质及自身的个性特点,在解题过程中长期形成的相对稳定的思维类型。

(一)直觉式

直觉式是指在解决问题过程中,不经过自觉的、有意识的逻辑推理,而是凭直觉做出判断的解决问题的思维模式。其特点是速度快、正确性较高。直觉式解决问题的思维模式并非神秘莫测。其过程中的许多中间环节都省略了,所以能对问题做出快速的反应和观测。其基础是个人丰富的经验和渊博的知识,以及由此而产生的果断的意志品质。执行公务的公安刑警、抢救病人的医生等善于运用直觉式思维模式。

(二)分析式

分析式是指在解决问题过程中,对事实材料做充分分析,并进行严格的逻辑推理,最后使问题得到解决的思维模式。其特点是分析周细,推理严格,结论科学。但有时该思维模式的步骤显得繁杂,耗费时间太多,于是在实际运用中,人们往往给以适当的简化,以提高时效。

（三）试误式

试误式是尝试错误式的简称,是指在解决问题中,不对解决问题的原则、方法等做周密的思考,而用尝试去解决问题的思维模式。其缺点是耗时多、成效低、盲目性大、弯路长。不过在对解决问题的方式方法进行大致的分析之后的高层次的试误,会克服以上缺点。

（四）顿悟式

顿悟是指突然醒悟明白。顿悟式是指在积累了大量材料之后,经过分析、比较、推理而无法解决问题时,经受偶然的刺激,突然明白了解决问题的途径和方法的思维模式。其特点有不可预测性、自发性、科学性。其赖以产生的前提一是大量材料的积累,二是艰苦卓绝的思考。

在复杂的社会生产实践中,人们往往对以上几种思维模式进行综合运用,随着问题的改变而分别有所侧重。教师在教学中应引导学生正确评价每种思维模式的优缺点,逐步分析自己的思维模式,灵活地综合运用各种思维模式,从而培养自己解决问题的能力,提高学习效率。

三、成长型人格的培养

（一）人格的基本特性

1. 整体性

人格是由多种成分构成的一个有机整体,具有内在统一的一致性,受自我意识的调控。人格整体性是心理健康的重要指标。当一个人的人格结构在各方面彼此和谐统一时,他的人格就是健康的;否则,可能会出现适应困难,甚至人格分裂。

2. 稳定性

人格具有稳定性。个体在行为中偶然表现出来的心理倾向和心理特征并不能表征他的人格。俗话说,"江山易改,本性难移",这里的"本性"就是指人格。当然,强调人格的稳定性并不意味着它在人的一生中是一成不变的,随着生理的成熟和环境的变化,人格也有可能产生或多或少的变化,这是人格可塑性的一面,正因为人格具有可塑性,才能培养和发展人格。人格是稳定性与可塑性的统一。

3. 独特性

一个人的人格是在遗传、环境、教育等因素的交互作用下形成的。不同的遗传、生存及教育环境,形成了各自独特的心理特征。人与人之间没有完全一样的人格特点。所谓"人心不同,各有其面",这就是人格的独特性。但是,人格的独特性并不意味着人与人之间的个性毫无相同之处。在人格的形成与发展中,既有生物因素的制约作用,也有社会因素的作用。人格作为一个人的整体特质,既包括每个人与其他人不同的心理特点,也包括人与人之间在心理、面貌上相同的方面,如每个民族、阶级和集团的人都有共同的心理特点。人格是共同性与差别性的统一,是生物性与社会性的统一。

4.功能性

人格决定一个人的生活方式,甚至决定一个人的命运,因而是人生成败的根源之一。当面对挫折与失败时,坚强者能发奋拼搏,懦弱者会一蹶不振,这就是人格功能的表现。

(二)弗洛伊德的人格"三我"结构

弗洛伊德的人格理论包含了"三我"结构,这是指人格的三个组成部分,分别是本我(id)、自我(ego)和超我(superego)。弗洛伊德认为,这三个部分相互作用,共同决定了个体的行为和性格特征。在理想的情况下,自我能够平衡并调解本我和超我之间的冲突,在满足个体需求的同时与社会保持和谐。然而,如果这种平衡失调,可能会导致焦虑、冲突和人格问题的出现。

(1)本我:本我是人格结构中最原始的部分,代表着本能和欲望。它是人类生存本能的储存库,追求满足基本生理和心理需求的快乐感。本我是无意识和冲动驱动的,不受现实界的限制。它主要受生理冲动、原始欲望和无意识渴求的控制。

(2)自我:自我在人格结构中处于中间地带,是一个对现实感知和判断的出发点。它的作用是调解本我和超我之间的冲突,同时考虑现实界的限制与因素。自我是有意识和理性的,它通过合理的决策和行动来满足本我的需求,同时遵守社会准则和道德规范。

(3)超我:超我是人格结构中的道德和规范部分。它存储着个体的道德价值观、规范和社会规则。超我是通过社会化和道德教育形成的,代表着个体的理想自我形象和道德意识。超我监督和约束本我的冲动和欲望,通过道德标准来评价和规范自我行为。

四、自我评估与反思

培养自我评估与自我反思的习惯是一种积极的生活方式,可以帮助大学生了解自己的优点和缺点,发现自己的潜能和不足,提高自我认知和自我发展的能力。

(一)知识、技能的自我评估与反思

(1)课堂教学中的自我评估与反思。在课堂上个人对问题进行充分探索、讨论以后,对自己探索出的解决问题的方案做自我评价:成功的原因是什么?得到了什么学习经验?失败的原因是什么?应如何改进?我的探索方法优势是什么,弱点是什么?应汲取别人的哪些成功经验?以此来培养自我评价的方法。

(2)在学习进程中进行自我评价。在学习的各个不同阶段,经常回顾自己的学习历程,进行自我评价:自己在学习上投入了多少?收获了多少?学得好的时候的原因是什么?学得差的时候的原因又是什么?从中得到了什么启示?在以后的学习中应该做哪些努力?如何采用适合自己的学习方法进行学习?如何面对学习的成功?又如何面对学习的失败?应该树立什么样的学习观?以此来培养自我评价的能力。

(3)在知识技能考查之后进行自我评价。大学生应该在每次的基础知识考查之后,进行自我总结、自我评价:总结失败的原因,找到成功的学习经验,应吸取什么教训?在以后的学

习中应注意什么问题？如何改进自己的学习方法？如何端正自己的学习态度？以此来培养自我评价的能力。

(二)情感、态度的自我评估与反思

情感、态度的自我评估与反思是一种有益的方法，可以帮助大学生了解自己的情感状态和态度，并对其进行调整和改进。以下是一些可以用于情感和态度自我评估与反思的方法。

(1)自省与观察：停下来，静心观察自己的情感和态度。思考自己在不同情境下的情绪体验，对事物的看法、态度和反应。

(2)识别与记录：识别并记录下自己的情感和态度。可以通过写日记或记录情绪的方式来帮助自己感知和了解内心的情感状态。

(3)分析与探索：分析与探索情感和态度背后的原因及影响因素。思考是什么导致了这种情感或态度，是受内在因素影响还是受外部环境影响。

(4)评估与判断：客观评估自己的情感和态度是否合理、积极，是否适应当前情况。考虑它们对自己的影响以及对他人和环境的影响。

(5)反思与调整：进行反思，思考如何调整和改进自己的情感与态度。思考如何更积极地应对情感，以及如何养成更健康和积极的态度。

(6)行动与实施：制订具体行动计划，积极地实践调整和改进自己的情感与态度。通过行动来增强积极情感和培养良好的态度。

(7)持续反馈与调整：定期回顾和反馈自己的情感和态度的改变。通过不断反馈和调整，进一步完善自己的情感和态度。

情感和态度是个体内心的表达，对个体的情绪、心理和行为有重要影响。通过自我评估与反思，我们可以更好地认识自己、理解自己的情感和态度，从而更好地应对挑战、调整心态、改善人际关系和助力个人成长。

第四节　大学生自我管理技巧

多年来，我国高校积极探索培养大学生自我管理能力和提高大学生自我管理水平的有效方法，积累了丰富的经验。大学生可以通过目标管理、时间规划来加强自我管理。本节主要介绍四种管理方法。

一、利用 SMART 原则进行目标管理

(一)什么是 SMART 原则

SMART 由 Specific（具体的）、Measurable（可衡量的）、Attainable（可实现的）、Relevant

（相关的）和 Time-based（时限明确的）首字母组成。① SMART 原则以初期设定组织目标为导向，以最终实现的结果为评判标准，通过对目标层级自上而下的设立来达到过程管理中的自我控制与监督，最终实现其目标。将 SMART 原则运用于大学生自我管理的实践中，能帮助大学生制订具体的、可衡量的、可实现的、相关的和时限明确的目标，以便更有效地实现自己的目标。

具体性是 SMART 原则的核心，它要求目标清晰明确，具有可操作性；可衡量性要求目标能够用数据来衡量，以便检查进度；可实现性要求目标在实施者的能力范围内，确保方案可行；相关性要求目标与其他目标具有关联性，能够促进整体目标的实现；时限明确则要求为目标设定一个明确的完成时间，以便推进计划的实施。

使用 SMART 原则，大学生可以更加清晰地了解目标，更加有效地实现它们。例如，将"考取教师资格证"这一目标转化为"在一年内每天进行定量课程学习、刷题练习考取教师资格证"，这样目标更加具体、可衡量，并设定了明确的时限，有助于更好地实现目标。对于长远的目标，大学生也有必要进行细化。

（二）SMART 原则使用方法分析

首先，大学生需要学会给自己定目标，如学习技术、语言，阅读书籍等，但对于目标的考核更为重要。在使用 SMART 原则分析问题时，任务一定要清晰明确，目标不宜过高也不宜过低，如将考取教师资格证目标改为教师资格证笔试"综合素质""教育知识与能力"每科达到 90 分以上，确定一个具体的数值或数值范围，到时候完成得怎么样就很好衡量了。

其次，大学生需要确定时间计划，如3—8月备考，9月通过笔试。但这个目标还是比较大，具体如何执行呢？需要对目标继续拆分，可以采用目标与关键成果法（Objectives and Key Results, OKR）法（一套明确和跟踪目标及其完成情况的管理工具和方法）把大目标拆分为多个子任务：学习"综合素质""教育知识与能力"及专业课知识，熟练掌握大纲考点，完成对应练习。

比较大的目标一定要拆分为多个子目标、子任务，可以从上往下多个层级拆分，最终的一个子任务要控制在合理范围内（如一周内），方便执行和跟进。在这个过程中，大学生也可以为自己适当制订一些激励措施，如旅游、吃大餐、看电影等，确保能更好地坚持下去。

二、SWOT 分析法

（一）SWOT 分析法的提出

20 世纪 80 年代初，美国旧金山大学海因茨·韦里克教授提出了 SWOT 战略分析方法②

① 夏丹.基于 SMART 原则的高校预算绩效目标管理机制：以 F 高校为例［J］.商业会计，2021（16）：68-71.
② 孟玥辛，王延臣.基于 SWOT-PEST 矩阵的叮咚买菜发展状况分析与对策研究［J］.投资与创业，2022，33（20）：51-53.

（以下简称 SWOT 分析法）。SWOT 分析法是基于内外部竞争环境和竞争条件下的态势分析，综合选择最佳战略的方法。其中，S 是指自身的内部竞争优势（Strengths），W 是指自身的内部竞争劣势（Weaknesses），O 是指外部环境的竞争机会（Opportunities），T 是指外部环境的竞争威胁（Threats）。[①] SWOT 分析法包含内部的优势和劣势、外部的机会和威胁四个分析维度，包含 SO（优势+机会）、WT（劣势+风险）、WO（劣势+机会）、ST（优势+风险）四种组合策略。

SO（优势+机会）：增长型战略。其是最理想的战略模式。当事物发展具有某方面特定优势，而外部环境恰好为发挥这种优势提供了有利机会时，采取该战略模式为最佳选择。

WT（劣势+风险）：防御型战略。需要警惕外部环境的威胁，减少自身存在的弱点，从而谋求生存性发展。

WO（劣势+机会）：扭转型战略。既有内部劣势带来的挑战，也有外部环境带来的机遇，需要面对挑战思考应对措施，从而扭转格局，取得发展。

ST（优势+风险）：警惕型战略。面临较大外部风险，虽然内部优势可以冲抵外部风险带来的挑战，但是仍需要谨慎考虑，需要充分利用自身优势，SWOT 分析法，在企业发展战略制定、竞争对手分析、商品市场定位，以及个人职业规划等领域得到了极大应用，取得了较好的应用效果，也逐渐发展成为现代管理学中制订战略计划的重要方法。

当代大学生同样可以利用 SWOT 分析法对自我管理发展进行分析，以期加强自我管理能力，实现既定目标。在完成目标任务时可借助 SWOT 分析法，分析完成已设定目标任务的机遇、优势、劣势，以及面临的挑战，进而有效分析目标完成的可行性。基于分析结果，优化实现目标任务的策略。

（二）SWOT 分析法的具体实施

1. 下面以大学生创业为例进行 SWOT 分析

（1）大学生创业优势分析。新时代大学生普遍具有如下优点。在信息时代，信息差成为成功的关键因素，而大学生拥有较强的信息搜集能力，他们能从各种渠道搜集到海量的创业资讯，并能从中分析、评估、筛选有效信息，从而寻找适合自己的创业方向。大学生思维较为敏捷，思维模式前卫，接受新鲜事物快，会提出新颖的看法，具有很强的创新能力。大学生作为高素质社会阶层，自主学习知识的能力强，能积极主动地学习和掌握创业所需要的知识、专业技能、组织技巧和人际沟通技巧，能在丰富的社会实践活动中，了解创业所要经历的基本流程，并通过创业来培养自己的管理能力。除此之外，大学生还具有积极的精神，且有一定的创新能力，这些特质有助于他们在创新创业中快速接受新鲜事物，不断寻求"突破点"，从而形成自身独有的优势。

（2）大学生创业劣势分析。创业是将个人创造力、理论知识和实践活动有机结合的一种

---

① 张扬，张新民. 独立学院师资队伍建设的 SWOT 分析［J］. 世界教育信息，2009（1）：46-48.

实践活动,是"知行合一"的具体体现。毋庸讳言,大学生由于社会经验匮乏,尽管掌握了一定的理论知识,但是在实践素质和职业技能上与社会创业者相比不具备太大优势。他们对社会环境的认知不够,所做的商业项目缺乏最精准的商机,经不起市场的检验,常处理不好对创业风险的预测和规避等问题。更有一些高校不愿投入大量的人力和物力来开展大学生创业教育,存在教师队伍薄弱、大学生创业方向选择困难等问题,导致部分大学生缺乏创业动力,并且部分大学生面对创业困境,缺乏实际经验,容易出现焦虑、恐惧、退缩等心理问题,缺乏良好的创业心态,心理承受能力差,这不但会影响他们创业,更会给他们的人生带来消极影响。

(3)大学生创业面临的机遇。近年来,国家在财政支持、税收、项目申请、创业技术支持等方面出台了一系列扶持大学生自主创业的政策。例如:放宽创业注册条件,放宽创业经营场地租买条件,降低行政管理费用,为大学生提供优质、高效、便捷的创业服务;推出税收优惠、创业助学金,奖励成功创业企业等优惠政策,为大学生创业提供良好机会。同时,大学生创业培训的科研经费逐年增多,为大学生创业能力发展搭建了良好的平台,为高校创业型人才培养营造了良好氛围。促进大学生创业举措的推出,有利于培养具有较高专业素质的创业型人才,可以使大学生更好地学习如何创业,对自主创业有更全面的认识。

(4)大学生创业面临的风险。面对不断变化的市场,创业的早期决策往往会产生偏差,这些都会使大学生的创业活动更加困难,从而造成大学生创业失败,给大学生造成经济上的损失和心理上的负担。因此,大学生要学会如何解决创业过程中的问题。同时,社会和高校应该给予大学生帮助和引导。现实情况是,部分高校的创业教育课程体系还不健全,主要集中在课堂上教授基础知识,缺乏企业、社会组织的参与,导致大学生缺乏创业实践能力。此外,创新创业教育是一个综合性的教学过程,目前一些高校教师的知识结构、职业能力与创业教育的实际需求并不适应,难以持续引导学生创业。

2. 基于以上 SWOT 分析结果,笔者对大学生创业能力培养提出以下对策

(1)通过 SO 战略发挥优势,利用机会。大学生要充分利用大学生创业的外在机会进行创业,认真了解政府、高校为大学生创业提供的优惠政策,发挥大学生创业的内在优势,提升创业自我效能感和创业能力。通过 SO 战略,大学生应学会利用自身优势,把握机遇进行创业,以适应经济发展的需要,积极投身到创业的大环境中。高校也应该为学生提供创业技能方面的实际支持和培训,为大学生提供前沿的市场信息、良好的实践平台、系统的创业教育体系,整合社会各方面的创业力量,提升大学生创业能力。

(2)通过 WO 战略克服劣势,抓住机会。在创业初期,针对创业资金短缺、社会资源匮乏、实践能力不足等问题,大学生应积极落实当地政府的扶持政策,结合政策弥补创业初期的劣势。通过 WO 战略,大学生应时刻保持危机意识,努力克服自身不足,把握创业机会,争取把大学生创业的劣势变成创业优势。例如,大学生应积极参与创业教育和创业技能培训,弥补自身社会实践经验不足和解决心理承受能力弱的问题。此外,大学生还要深入开展市场调研,了解行业发展的方向,清晰地认识到市场真正的需求,以更好地通过创业实践提升自身的创业能力。

(3)通过 ST 战略利用优势,规避威胁。大学生创业可能会受到来自市场变化的威胁,他们需要利用自己的优势,选择有效的方式来提高自己的核心竞争力;发挥自己的智慧,利用内部优势来避免或减轻外部威胁的影响。高校更应该注重培养学生的创业能力,引导学生学会利用自身优势挖掘创业机会,理性选择创业方向,通过实践活动探寻创业的可行性,在创业中锻炼自己。

(4)通过 WT 战略减少劣势,规避威胁。为了真正实现创业,学生需要克服自己的劣势,应对创业时面临的不同挑战,可通过 WT 战略克服弱点,消除威胁,不断学习创业知识,提高自身素质和能力。创业是不断获得不同类型知识与技能的过程,大学生应从实际出发,制衡不利因素的负面影响,扬长避短,科学创业,以便能从多个角度分析创业方向的优劣并做出整体决策,在多变的市场环境中做出明智的选择。同时,大学生要顺应时代发展趋势,充分利用各方资源,不断提高创业能力,在实践中做出合理的判断,将创业失败的概率降到最低。

通过以上案例学习,大学生可将 SWOT 分析法运用到日常学习生活中的各个方面,全面准确的策略分析能够帮助我们更快实现目标。

三、番茄工作法则

(一)什么是番茄工作法则

番茄工作法则是一种简单易行的时间管理方法,也是一种更加微观的时间管理方法。正确使用番茄工作法则,选择一项待完成的任务,设定一个番茄时间,在番茄时间内专注工作,中途不允许做任何与该任务无关的事,直到番茄钟响起,然后在纸上画一个记号,记录下来,接着设定一个番茄休息时间,短暂休息一下。结束一天的工作后,根据记录对当日的工作学习情况进行复盘,同时可以对第二天的时间进行规划。

使用番茄工作法则能够帮助我们更好地实现自我管理,减轻时间焦虑,完成任务的过程中集中注意力,减少中断,增强决策意识,唤醒激励和持久激励。当我们成功地使用番茄工作法则完成目标任务后,能够巩固我们达成目标的决心,同时也能完善预估流程,针对有缺陷的步骤进行改进,强化自身决断力,确保下一次保质保量地完成任务。

(二)番茄工作法则的原则

(1)一个番茄时间(25 分钟)不可分割,不存在半个或一个半番茄时间。

(2)一个番茄时间内如果做了与任务无关的事情,则该番茄时间作废。

(3)不要拿自己的番茄数据与他人的番茄数据进行比较。

(4)番茄的数量不能决定任务最终的成败。

(5)必须有一份适合自己的作息时间表。

（三）番茄工作法则的使用流程

（1）每天开始的时候规划这一天要完成的几项任务，将任务逐项写在列表里（或记在软件的清单里）。

（2）设定你的番茄时间（定时器、软件、闹钟等），一个番茄时间是 25 分钟。

（3）开始进行第一项任务，直到番茄钟响铃或提醒（25 分钟后时间到）。

（4）停止工作，并在列表里该项任务后画×。

（5）休息 3~5 分钟，活动、喝水、方便等。

（6）开始下一个番茄时间，继续该任务。一直循环下去，直到完成该任务，并在列表里将该任务划掉。

（7）每四个番茄时间后，休息 25 分钟。在某个番茄时间，如果突然想起要做什么事情，且这件事必须马上做，则停止这个番茄时间并宣告它作废（哪怕还剩 5 分钟就结束了），去完成这件事情，之后再重新开始这个番茄时间；如果这件事不是必须马上去做，则在列表里该项任务后面标记一个逗号（表示打扰），并将这件事记在另一个列表里（备注为计划外事件），然后接着完成这个番茄时间。

（四）番茄工作法则的使用案例

以这样的时间表为例：8：30—13：00/14：00—17：30。

8：30，小林启动了这天的第一个番茄时间。他可以用这个番茄时间回顾此前一天他做的全部工作，过一遍活动清单，并填写今日待办表格，也填上当前这个规划活动，在同一个组织管理番茄时间内，小林还应检查书案上是否一切就绪，并做一些整理，番茄钟铃响，记×，休息。

下一个番茄时间开始，这是第一个实务番茄时间。这样进行三个实务番茄时间，一组四个番茄时间过去了，接下来就是一段较长时间的休息。尽管小林还愿意继续工作，他还是决定休息一下，以面对后续的紧张工作。过了 20 分钟左右，他启动一个新的番茄钟。四个番茄时间后，小林看了看表，12：53 了，刚够时间让他整理一下书案，他收起四散的文件，并检查今日待办表格的消息和填写无误后去吃午饭。

14：00，小林回到书案，启动番茄时间继续工作。在相邻两个番茄时间之间，他的休息时间不长。四个番茄时间后，他累了，但仍然还有几个番茄时间要做。他觉得需要好好休息一下，于是出去溜达。30 分钟后，小林开始一个新的番茄时间。番茄钟铃响，记×，休息。最后，小林把预留的番茄时间用来回顾当天的工作，填写记录表格，就可能改进记下一些意见，为明天的待办表格加一些说明，并清理书案。番茄钟铃响，短暂休息。小林看了看表，17：27了。他整理好位置上凌乱的文件，排好活动表格的顺序。17：30，空闲时间开始。

对上面场景有两条说明：第一，实务番茄时间与工时/学时并不一致。8 小时的工作/学习中，有两个番茄时间是专门用于组织管理，有两个番茄时间用于实务操作。第二，时间的推移永远是番茄工作法则中的次要因素。如果没有不可控的中断，上午和下午于何时结束，由连续的番茄时间决定，作为工作、学习结束指标的是番茄时间序列及其中间的休息。

四、时间四象限法则①

时间四象限法则是由美国管理学家史蒂芬·柯维在其《要事第一》一书中提出的。② 四象限法则主要用于时间管理,该法则的主要含义是把紧急性和重要性这两个维度变量划分成四个区间,然后按照四个区间的定义将计划事项对号入座(图2-1),通过象限划分对目标事项进行有效管理。

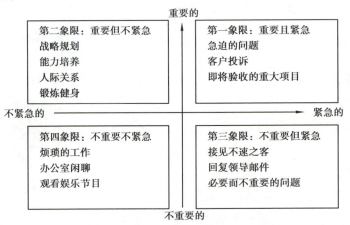

图 2-1　时间四象限法则

第一象限:重要且紧急。该象限的事务要立刻马上做,包括急迫的问题、即将到期的任务等。第二象限:重要但不紧急。该象限的事务是最需要做的事,也是最易被忽略的,经常出现一拖再拖的现象。需要制订计划,按时完成,进入良性循环。第三象限:不重要但紧急。该象限事务因为紧急,具有较大的欺骗性,会产生"这事很重要"的错觉,实际上对自己并不重要,只是满足别人的期望与标准。第四象限:不重要不紧急。该象限的事情大多是琐碎的杂事,没有任何重要性,基本属于浪费时间。

时间四象限法则基于两个维度:事项和时间。随着时间维度的推移,事项性质会随之发生变化。四象限事务的时间分配需要充分考虑时间分配的合理性,保证事务分配在合理的象限,做好事项和时间两个维度的动态调整,确保在有限的时间内让工作效率最大化。四个象限的时间分配,一般可以按照 20∶50∶25∶5 的比例进行。根据"二八定律",20%的事项起决定性作用,其余80%的事项起辅助性作用。也就是说,第一象限重要且紧急的事务所占时间比例为20%,确保有20%的关键性事务稳定在第一象限,保证有足够的精力和时间去完成重要且紧急的事务;第二象限为重要但不紧急的事。

① 谢冬子.时间四象限法则[J].今日教育(幼教金刊),2022(4):31.
② 史蒂芬·柯维,罗杰·梅里尔,丽贝卡·梅里尔.要事第一[M].刘宗亚,王丙飞,陈允明,译.4版.北京:中国青年出版社,2016.

第三章　大学生自我管理主要实践形式

经过多年的积累,中国高校已经形成了系统的大学生自我管理实践形式。大学生自我管理实践形式多样,贯穿于校园文化活动建设、特色社团开展和各类岗位体验等活动中。大学生通过参与自我管理实践,提升综合素养、锻炼实践能力,从而超越自身,形成自我特色,在学习生活之余养成自我管理习惯,培养独立思考与团队合作能力,并形成有效的实践方法,深切体悟社会化过程,顺利成长。本章将从大学生自我管理的几种主要实践形式展开论述,以此挖掘大学生自我管理实践的可操作性和现实意义。

第一节　校园活动

一、大学校园文化活动的内涵

(一)大学校园文化

什么是大学校园文化? 广义上讲,大学校园文化作为一个有机的系统,是高校全体成员在学校生活、工作、学习过程中共同创造的物质文化、制度文化、行为文化和精神文化的总和;狭义上讲,校园文化是指以学生为主体、教师为主导,在学校这个空间逐渐形成的文化形态,包括校园精神、校园风貌,师生的价值观念、伦理道德、行为规范、生活方式、人际关系等。大学校园文化的主体是在大学工作和学习的全体人员。

北京师范大学教授张东娇曾表示:"学校文化的内涵是由精神文化、制度文化、行为文化和物质文化四个方面构成的,其结构并不是金字塔式的,而是一种'鼎结构',其精神文化起着统领的作用。"

大学校园精神文化的形成主要包括校风、教风、学风、班风的建设,学生逻辑思维模式的培养、学生情绪情感表达方式的塑造,以及学生思想道德的教育等。大学校园制度文化是大学校园精神文化在制度上的具体表现,包含学校的各种规章制度、行为规范与道德准则的要求,是校园的正常秩序,是学生学习生活的有力保障,如校训、校纪、校规、班规、学生守则等。大学校园行为文化是一种特殊的文化形式,是大学校园精神文化的人格化,是学校教师和学生表现于外的行为习惯和行为方式等,是学校教师和学生在教学、科研、学术交流、管理、学习以及生活娱乐等实践活动中产生的文化。大学校园物质文化是大学校园文化的空间物态形式,是大学校园精神文化的物质载体,包括教学楼、实验楼、图书馆、文娱体育活动设施,以及优美的环境等。大学校园文化是高校大学生进行活动的一项必不可少的组成部分,代表的是一所高校的实力和灵魂,是向社会各方面展示高校的魅力,凝聚师生并提高学校文明程度的一项重要体现。

《中共中央 国务院关于进一步加强和改进大学生思想政治教育的意见》(中发〔2004〕16号)明确指出高等学校校园文化是社会主义先进文化的重要组成部分。加强校园文化建设对于推进高等教育改革发展、加强和改进大学生思想政治教育、全面提高大学生综合素质,具有十分重要的意义。

每所大学都有属于自己的校园文化,蕴含着高校的特色基因,积淀着高校丰厚的历史底蕴,是高校全体成员普遍认同的精神价值。涵盖学校办学思想、教育理念的校园文化一旦成为全校师生的共同信念,就会体现在每个师生的价值取向、期望、态度、行为中,体现在学校的各项活动中。

(二)大学校园文化活动

大学校园文化活动,是校园文化的载体和主要表现形式。大学校园文化活动是以学生为主体,以课外活动为主要内容,以校园为主要空间,以校园精神为主要特征的一种群体性文化活动。① 它包括文化节、校运会、文艺会演、歌手赛、各类竞赛(作文、书法、写作、演讲、辩论等)、读书活动、知识讲座、法律讲座等。大学校园文化活动作为高校育人环节当中不可或缺的一部分,对培养大学生的学业功底、道德情操、理想信念、发展后劲都有着重大意义。大学校园文化活动因外显性、易参与、易交流等特点成为大学校园文化中最为活跃的因素。

大学校园文化活动兼具社会文化和校园文化的基本特征,以铸造学生灵魂、养成良好气质为核心的社会文化和以弘扬科学人文精神、造就高素质人才为核心的校园文化,在大学校园文化活动中形成有机整体,为培养全面发展的社会有用人才起到潜移默化的作用。

《中共中央 国务院关于进一步加强和改进大学生思想政治教育的意见》(中发〔2004〕16号)指出要精心设计和组织开展内容丰富、形式新颖、吸引力强的思想政治、学术科技、文娱体育等校园文化活动,把德育、智育、体育、美育渗透到校园文化活动之中,使大学生在活动参与中受到潜移默化的影响,思想感情得到熏陶、精神生活得到充实、道德境界得到升华。要充分利用重大节庆日和纪念日,开展主题教育,唱响爱国主义、集体主义、社会主义主旋律。要深入开展"创建文明校园、文明班级、文明宿舍、做文明大学生"的道德实践活动,把思想道德教育的要求和任务融入大学生的学习生活之中,引导大学生从具体事情抓起,从一言一行做起,养成文明行为,培养良好的道德情操。要全面实施"大学生素质拓展计划",通过办好大学生科技文化节、大学生"挑战杯"(全国大学生系列科技学术竞赛的简称)、大学生艺术节、大学生运动会和深入开展大学生社会实践活动,不断提高大学生的综合素质。

《国家中长期教育改革和发展规划纲要(2010—2020 年)》指出,充分利用社会教育资源,开展各种课外及校外活动。

---

① 祁海芹,林楠.怎样组织校园文化活动[J].辽宁广播电视大学学报,2003(2):26-27.

（三）举办大学校园文化活动的目的

大学校园文化活动的举办旨在丰富大学生的课余生活,提高身心素质,促进全面发展。

首先,举办校园文化活动的主要目的之一是创造丰富多彩的学习和交流平台。可以通过邀请专家学者、企业家、名人等来校做讲座或学术论坛,让大学生能够接触到各个领域的前沿知识,拓宽自己的眼界。同时,大学生也可以通过参加文化节、展览、影评讨论等活动,了解和学习不同形式的艺术和文化,提高自己的人文素养和审美能力。这些活动不仅可满足大学生的学术需求,还可促进大学生的知识交流和学习成长。

其次,举办校园文化活动的目的之一是培养学生的创新意识和创意能力。通过参与文化艺术团体表演、读书分享会等活动,大学生有机会展示自己的才艺,培养自己的表演能力和创作能力。这些活动能够激发大学生的创新思维,培养他们的艺术感知力和审美鉴赏力,进一步提升他们的综合素质。

再次,举办校园文化活动还有助于促进大学生的身心健康。通过组织体育比赛、健身锻炼、健康跑等活动,大学生可以锻炼身体,提高身体素质。这些活动不仅有助于大学生保持身体健康,还能培养他们的团队合作精神和竞争意识。此外,大学生还可以参加户外探险和旅行活动,亲近大自然,享受运动的乐趣,放松心情,减轻学业压力。

最后,举办校园文化活动还可以促进大学生的社交互动和团队合作。大学生可以通过参与文化艺术团体、体育社团,结识志同道合的朋友,相互交流、切磋,共同提高。此外,大学生还可以通过参加各种各样的社团活动、比赛等,培养自己的领导能力、组织能力和团队精神。这些社交互动和团队合作的经历将有助于大学生的人际关系、沟通能力和合作意识的培养,为他们的未来发展打下坚实的基础。

二、大学校园文化活动的基本特征与应用技术型大学校园文化活动

（一）大学校园文化活动的基本特征

大学校园文化活动存在于高校校园这个特定的环境中,以广大的青年学生为主体,以各种形式的第二课堂活动和课外活动为主体。多专业、多类别的普遍交流和特殊的生活节律是其基本样式和形态。就时间而言,不同时期的大学校园文化活动有不同的特点;就地域而言,各国、各地区高校的校园文化活动也各不相同,但它们又有共同的特点。

1. 范围的特定性

无论是在什么地区,还是属于什么层次、类型和规模的高校,它的文化都是在校园这个特定范围体现的,是一种在高校内产生的特殊文化现象。因此,参与文化建设的人员也局限在高校的学生、教师以及校内各类行政管理人员中。大学校园文化通过对校园内相关人员的行为约束、活动规范以及思维的塑造来影响他们。

2. 鲜明的时代性

大学校园文化是高等教育在发展过程中,达到一定程度之后逐渐形成的。因此随着高

等教育处于不同的发展阶段,与之对应的大学校园文化活动呈现不一样的态势,其影响范围也发生改变。随着时代的发展,高等教育不断地调整其教育的侧重点。在农业经济时代,高等教育开设了宗教、医学和法律等科目,此时的校园文化涉及的人员非常有限。在工业经济时代,高等教育的重点转移到了与各个工业部门生产有关的工业学科,校园文化也随之有了进一步发展,其影响范围也由校园内部扩展到了社会人群,因此,大学校园文化具有鲜明的时代性。

3. 继承性和发展性

大学校园文化作为大众文化的一种特殊存在,其本身具有文化的共性,在社会的发展中受到社会经济的影响而不断革新。此外,大学校园文化在自身的发展过程中也有一个去伪存真、去粗取精、不断淘汰、不断积淀的过程。大学校园文化既要反映社会主义的时代精神,又要继承本民族的、本地区的、本学校的优良文化传统,并有所发展和创新,从而具有独特持久的历史效应。校风、教风、学风、学术传统、思维方式的形成,不是一代人,而是几代人或数代人自觉或不自觉地缔造的,而且代代相传,相沿成习。在长期的发展中,优秀的校园文化一直被继承发展下来,成为源远流长的厚重积淀。

4. 互动性

一所大学在长期的教育教学实践过程中会慢慢积累和沉淀它的教风、学风和校风。这"三风"其实就能体现出一个学校的气骨和风貌,而学校的这种气骨和风貌反过来会影响教师的教风、教态及学术精神,也会影响学生的学风和治学的态度。因此大学校园文化不是学校或者教师能去主导和改变的,而是教师、学生、学校三方相互作用的产物,因此说校园文化具有互动性。

5. 交融性

大学校园文化具有鲜明的时代性。大学校园文化在时代发展的过程中继承了传统的文化,与社会文化之间相互影响、相互制约。在世界范围来看,不同的高校在文化的发展方面存在较大的差异。但是随着社会的进步,如同经济的发展一样,各个国家的高校之间也会就文化进行相互交流,比如中国的高校与国外的高校进行文化交流与交融、相互借鉴和学习等。

6. 多元性与主导性相结合

当前经济成分和经济利益多元化导致的社会文化多元化,以及各大学校园文化主体的价值取向、文化修养、知识结构、志趣追求的差异,使得大学校园文化呈现多元性。无论校园文化在形式和内容上如何具有多元性,我国高校的性质以及根本任务都决定了校园文化必须具有主导性,即要导向培养社会主义事业的建设者和接班人,导向集体主义价值观的确立,导向爱国主义高尚情操的陶冶。

7. 科学性与思想性相结合

高校有一个科学和学术空气较浓的氛围,高校的校园文化极富知识与智慧,有较强的科学性。同时,校园文化的主体还具有精神境界较高、思想敏锐的特点,因此又使校园文化的构建具有较强的思想性。

8.稳定性与可塑性相结合

大学校园文化必然带有一所高校特定条件下的历史积淀,是高校精神、传统、作风的综合体现,具有一定的稳定性。同时,因为大学生的思想活跃、价值取向和人格都具有可变性,以及校园文化要受高校培养目标和教育职能的影响,所以校园文化具有较大、较强的可塑性。

9.独立性与开放性相结合

大学校园文化因其特定的创造环境、创造主体、创造途径以及创造成果,形成了区别于社会文化和其他亚文化的独立的体系。同时,大学校园文化不是"经院文化",不可能脱离社会和社会文化孤立地生存与发展。

这些特点决定了大学校园文化与一般社会主流文化有不同之处,也决定了它的形式多彩多样。传统观点认为校园文化主要分为以下几种形式:一是宣传教育,即以形势政策、爱国主义主旋律教育为主要内容的各种报告、讲座、媒体宣传等。二是各种文化活动,即知识讲座、辩论赛、讲演赛、各种征文比赛、读书活动、体育节、知识讲座等。三是社会实践,即社会调查、社会服务等。四是社团活动,即根据学生兴趣爱好自愿组成的社团组织,在学校有关部门指导下开展活动。五是社区文化活动,即以社区为单位组织的各种文化活动,包括学生社区文化活动、宿舍文化活动等。六是心理辅导,即心理测试、心理咨询等。由此可以看出,校园文化是一种融学术性、知识性、团体性、趣味性、群体性和个性为一体的活动,可充分发挥大学生青春的热情和张扬的个性,对每个学生都具有强大的吸引力。

(二)应用技术型大学校园文化活动

随着工业化、城镇化进程的加快,我国正处于经济结构调整、产业结构升级的伟大变革时期,需要大量的技术技能人才作为人力资源支撑现代社会的转型发展。建设应用技术型大学是符合我国经济社会发展及现代化建设的客观需要。从当今高等教育发展的趋势来看,现代职业教育体系的建立有着十分重要的现实意义。《国务院关于加快发展现代职业教育的决定》《现代职业教育体系建设规划(2014—2020年)》明确提出加快构建我国现代职业教育体系,建设一大批服务于经济社会发展的应用技术型大学的需求。随着应用技术型大学数量的增加、在校师生人数的迅速扩大,应用技术型大学的校园文化活动也出现了独特的魅力,展示了新的特点。

应用技术型大学校园文化活动,是指以校园文化建设为依据而开展的各种科技节、学术活动、职业技能活动及文娱体育活动,是校园文化建设的重要载体。应用技术型大学因其人才培养的特殊性,其校园文化活动的举行既要有普通大学校园文化活动的共性,又要有自身独有的特性。

1. 职业导向性

应用技术型大学教育是为了培养生产与服务第一线需要的具有高技能的人才的教育，与普通高等教育相比具有明确的职业导向。为保证学生以后能更好地上岗就业，学生在离校之前一般要通过本专业的职业技能鉴定证书考试。学校的课程设定基本上是边学习边实践，以社会化的要求来要求学生有严明的纪律、熟练的职业技能。这样的教育方式必然产生极具职业特色的校园文化。

2. 社会化程度

应用技术型大学是在社会经济发展的大背景下应运而生的，与行业的动态紧密相关，与企业之间也有着广泛而深刻的联系。为培养学生良好的职业素养，校企联合办学模式就非常有必要，这种模式也非常普遍。在校企合作中，有的企业为加强对学生的教育，培养他们的企业忠诚度和归属感，把自己的企业文化带进了校园，而学生到合作的企业进行工学交替或者顶岗实习，又将专业知识运用到了实际工作岗位上。这个过程能培养学生的职业素养，帮助学生养成良好的职业习惯，全面提升学生的综合能力。学生若有工学交替或者顶岗实习的经历，将来也能更快地找到适合自己的工作岗位，更好地适应社会。

3. 有明显的地方特色

高校办学一方面要依托地方经济，另一方面要服务地方经济，所以在专业设置上会随当地产业结构的调整、人才需求的变化而进行相应的调整。这就是高校办学与地方经济的一个良性循环的过程。因此应用型本科大学校园文化活动的建设也会具有浓郁的地方特色。将当地的风俗、人情与校园文化结合起来，不断融合改进，就形成了地区化的、特色化的应用技术型大学校园文化活动。

三、大学校园文化活动的功能

大学校园文化活动主要是指依附于高等学校这个载体，由大学生参加和创造的各种文化现象。

大学校园文化活动是高校教育教学和人才培养的有效途径和重要阵地，是大学人文精神建设和校园文化内涵建设的重要措施，是培养学生综合素质、提高学生社会能力的有效平台。作为学校第一课堂的延续和补充，大学校园文化活动是校园文化建设的一个重要方面，其功能是多方面的，包括文化育人功能、陶冶功能、激励功能、凝聚功能、认识整合功能、心理健康教育功能等。大学生更应该在校园文化活动中积极实践，在活动中培养德行、提高修养、磨砺品质、提升综合素质。

（一）文化育人功能

高等教育是我国国民教育的重要环节。大学阶段是人生发展的重要时期，是大学生世界观、人生观、价值观形成的关键时期，大学校园文化在这一过程中起着重要的作用。大学校园文化首先表现为一种育人文化，文化的育人功能特指文化对人产生的积极影响。而大学校园文化活动，又是高校育人环节当中不可或缺的一部分。丰富多彩的大学校园文化活动可以满足大学生探索新知、提升技能、扩大交际、彰显自我的心理需求，促使其在德智体美劳等诸方面得到全面发展。

融合了青年大学生的思想、心理及行为特点的大学校园文化活动显示出蓬勃向上的活力。大学校园文化活动中蕴含的价值观念、规章制度、校风校训、人际关系等潜移默化地影响和提升着大学生及教职员工的文化素养及培养他们的道德情操。大学生的思想素质、业务素质、身体素质及心理素质也会在参与大学校园文化活动中得到不断的提高；他们的学习能力、展现自我的能力、人际交往的能力也会得到很大的锻炼。如高校开学仪式就是一种特殊的文化活动，文化内涵十分深刻，反映了大学校园文化环境和师生的精神风貌，发挥着思政教育的重要功能。

大学校园文化活动的开展应发挥大学生的主观能动性、着眼大学生的需求、培养大学生的社会责任感，从而进一步丰富校园文化活动的育人功能，以达到提高大学生文化素质、促进大学生全面发展的目的。

大学校园文化育人功能的发挥是文化引导与大学生自我教育相结合的过程，除了通过文化的浸润、感染、激励、体验、约束外，大学生的自我教育也是很重要的方法。

自我教育法，是指受教育者根据自身发展的需要，通过自学理论、自我修养、自我调控等方式提高和完善自我的方法。大学校园文化育人依赖学生对育人的积极接纳与感悟内化。大学生通过一定文化环境的浸润、感染，以及各种文化活动的实践体验，在接受文化熏陶的过程中，逐渐促进自身思想观点、价值观念、行为习惯等的改变，不断提升自我。从这个意义上讲，大学生对文化育人内容的主动学习和内化是大学校园文化育人功能发挥的关键环节。

（二）陶冶功能

大学教育本是传递文化的活动，使大学生通过文化的摄取获得人生的全面体验，进而陶冶自己的人格和灵魂。在这方面，大学校园文化活动比起正规的教育更具特殊功能。

重视学习、重视教育、重视能力、重视知识结构的合理与完整，是新时期社会发展对高等教育的新要求。高校由于专业和学科因素的限制，往往在人文精神培养和人文知识的灌输方面显得欠缺，这就需要校园文化的课外延伸教育和环境熏陶发挥补充作用。坚持科学与人文精神并重、弘扬时代主旋律的健康校园文化，将有效弥补常规教育和课堂教学的不足与缺憾，实现科学精神与人文精神的有机统一，形成良好的素质教育氛围。高校学生的智力发展具有多样性特征，兴趣爱好、知识水平和结构等因人而异，丰富多彩、高品位的校园文化生活为学生展示才华、实践志趣、充实自我、调整改善知识结构，提供了不可或缺的广阔天空。同时，当代高校学生往往缺乏对历史文化和基本国情的深刻了解，加上人格心理、价值观的不定型及逆反心理和网络文化的冲击，使主课堂的政治理论教育效果不同程度地受到削弱。主课堂的教学和灌输固然是思想政治教育的主阵地，但校园文化活动的潜移默化也有十分重要的作用。大学通过举行形式多样、内容健康向上的校园文化活动促进思想政治教育，如先进人物事迹报告会、红色旅游、社会实践、校园征文演讲比赛等,都能够起到很好的思想教育作用。在校园文化活动中,学生既是受教育者,也是校园文化活动的主体,学生的主动参与容易消除其逆反心理和思想障碍,正确的思想易被学生接受,教育效果比较理想。大学校园文化建设与素质教育协调并进的事实,充分说明了重视和开发校园文化活动的重要意义。

(三)激励功能

大学校园文化是一种群体文化,大学校园活动能够利用群体文化的特有力量,激励个体向群体期望的目标行动。用心理学的话语来解释,由高校师生员工组成了一定的群体,大学校园文化则是由这一群体产生的。大学生在这样的群体中,总希望能够得到他人的认可与尊重。这种期待与需要会形成内在的动力,驱使行为主体为满足需要而向群体共同认可的价值观念与行为方式上靠拢。

大学校园文化活动中凸显出来的榜样是这个特定的文化区间内涌现出来的正面典型。他们集中地反映出学生的精神风貌、价值观念、思想道德素质和生活行为方式。校园榜样真实贴近大学生的生活,其激励的力量是无穷的。校园榜样既是校园精神的生动体现,又是校园文化的形象教材。校园榜样所产生的"共生效应"和"魅力效应",是推动校园文化全面发展的动力和能源。充分发挥榜样的激励作用,不断强化并满足大学生接受文化熏陶感染的内在需要,提升大学生在大学校园文化育人功能发挥中的主观能动性,对弘扬正气、优化校风、培养校园精神、建设校园文化具有现实而深远的意义。

大学校园文化活动激励功能的发挥,关键是要在社会期待与师生需要之间保持张力,取得平衡,积极引导师生追求尊重与自我实现的高层次精神需要。

(四)凝聚功能

校园是一个大的集体,校园文化活动离不开每个校园人的参与。当校园文化活动越来越好时,每个参与者都会有一种自豪感和满足感。

校园文化活动建设的成功与否直接影响学校的公众形象和内部的吸引力。好的校园文化活动的举办有助于形成良好的校园文化氛围,而好的校园文化氛围又能反过来调动学生和教职员工的主动性、积极性。作为校园里的一分子,他们也希望学校发展得更快更好,这就体现出了大学校园文化活动的凝聚功能。这种凝聚功能主要表现为:集体与个人的关系休戚与共,集体对个人有很强的吸引力,个人对集体有很强的认同感。

(五)认识整合功能

大学生的认识是在不断地模仿,进而比较、分析和判断的过程中形成的,而一定的文化氛围正是他们模仿的"蓝本"。与此同时,大学校园文化活动自身渗透着优秀的民族文化和丰富的科学知识,学生在健康向上、丰富多彩的大学校园文化活动中,通过不同思维的不断碰撞,在寻找个人与集体、社会的结合坐标的过程中,不断整合自己的思想与价值体系,从而逐步深入地认识社会、认识人生,并获取许多课堂上得不到的知识与技能。

(六)心理健康教育功能

大学校园文化活动在普及大学生心理健康知识、培育大学生人格、调适大学生心理、完成大学生角色社会化等方面有着重要的功能。要全面认识和努力提升大学校园文化活动对心理健康教育的效能,逐渐形成大学校园文化活动和心理健康教育工作的合力效应。大学生校园文化活动应重点抓好指导学生进行正确交往、指导学生的闲暇生活、开展心理健康教育等工作。

(七)规范功能

在大学校园文化活动开展的过程中,高校应建立与健全各种规章制度,并通过抓制度落实为青年大学生创造一个有章可循、有法可依、公平竞争、自我成才的良好环境,以促使大学生养成文明举止和良好行为习惯,自觉地将他律行为转为自律行为,不断提高学校学风建设的整体水平。

(八)训练发展能力的功能

大学生毕业后想要在社会立足,仅依靠在学校中学到的专业知识是远远不够的,其他方面的能力也是必需的。通过校园文化活动的组织和实施,大学生有机会进行一些其他方面的训练,提升自己的能力、挖掘自己的潜能。

(九)娱乐、调节功能

"一张一弛,方为文武之道",大学校园文化活动不仅可以作为大学生紧张学习之余的脑力、体力恢复的调节剂,而且可以作为他们愉悦身心的润滑剂。通过参与校园文化活动,他们的交际能力和身心素养也能得到一定程度的提升。大学校园文化活动展现的这一片天地可以让广大师生身体得到锻炼、心理得到放松、心态得到调整,从而保持良好的心境。

四、大学校园文化活动的建设

大学校园文化活动的建设是指通过组织和开展各种文化艺术、学术、体育等活动,丰富大学校园文化氛围,提升大学生的文化素养、综合能力和创新精神。它是为了促进学生的全面发展、增强学生的文化自信、培养他们独立思考的能力和创造力,塑造积极向上的校园文化环境。

大学校园文化活动建设是大学形成优良学风、校风的基础,是衡量一所大学办学思想和水平的重要指标和尺度。开展高水平的大学校园文化活动是提高大学生素质的有效手段,也是提升大学校园文化品位的重要途径。近年来,高等学校在校园文化活动建设方面已经取得了可喜的成就。目前,我国大学校园文化活动内容丰富、组织形式多种多样。

(一)大学校园文化活动建设的主要目标

1.丰富大学生的校园生活

高校通过多样化的文化活动,为学生提供丰富多彩的校园生活,满足学生的兴趣爱好,提高学生的参与度和归属感。

2. 培养大学生的文化素养

高校通过举办艺术表演、音乐会、文学讲座、文化展览等活动,提高大学生对艺术、文学、历史等领域的认知和理解,培养他们的审美能力和文化修养。

3. 培养大学生的领导能力和团队合作精神

大学生通过活动策划和活动组织,实施自我管理教育,培养自身的组织能力、领导能力和团队合作精神。

4. 传承和弘扬校园文化

高校通过展览、演出、庆典等校园文化活动,传承和弘扬学校的历史文化、特色文化和精神文化,培养大学生对学校的认同感和归属感。

5. 促进学术交流和提升创新能力

高校通过举办知识讲座、学术论坛、科技竞赛等活动,为大学生提供展示和交流学术研究成果的平台,培养他们的学术思维和创新能力。

6. 加强校内外文化交流

高校通过组织校内外的文化交流活动,促进大学生与其他高校、社会机构以及国际机构的文化交流与合作,开阔大学生的视野。

7. 培养全面发展的人才

通过参与文化活动,大学生可以培养自己的创造力、沟通能力、团队合作能力、领导能力等综合素养,为自己今后的学习、工作和生活奠定良好基础。

大学校园文化活动建设旨在创造丰富多彩的校园文化环境,激发大学生的潜能,培养他们的综合素养,促进个人成长和社会责任感的培养。同时它们也有助于营造积极向上的校园文化氛围,创建一个充满活力和创新的学习环境和生活环境。

(二)加强大学校园文化活动建设的措施

1. 用先进文化引导大学校园文化活动建设

大学校园文化育人的首要前提是以先进文化育人,这是由大学校园文化自身性质、社会文化发展的需要、国家人才培养的目标共同决定的。时代不断前进,文化也在不断创新发展,只有坚持以先进文化育人,才能不断丰富大学校园文化育人功能发挥的理论与时代内涵,强化大学校园文化的育人效果。

中国特色社会主义先进文化代表着我国社会文化发展的方向,是推进大学校园文化活动建设的主导力量。因此,高校必须坚持用中国特色社会主义先进文化培育人,发挥大学校园文化育人的正面引导作用。

大学校园文化应该坚持以什么样的文化育人,是决定大学校园文化活动育人功能发挥的整体方向的前提性问题。先进文化能够对人们的思想观念、价值体系和行为方式产生积极影响;反之,落后文化则会侵蚀人们的内部精神世界,阻碍人的发展。文化对人的影响具有客观性,但是文化育人有着鲜明的价值取向。只有坚持以先进文化育人才能发挥文化培育人、塑造人的积极作用。

（1）强调主旋律。大学生由于思想活跃，对新鲜事物的接受度高，又没有形成稳定的价值判断，很有可能受到社会文化中一些错误观点的影响，产生功能主义、利己主义思想，不利于自身发展，也会对校园文化整体氛围产生不好的影响。

主流文化在大学校园文化中占主导地位，是文化保持先进性的要求。高校要以中国特色社会主义先进文化为底蕴，加强党的理论教育，开展革命文化相关主题教育，以巩固先进文化在大学校园文化中的主导地位。坚持先进文化在大学校园文化中的主导地位也是加强高校意识形态工作、维护大学校园文化安全的必然要求。

（2）传承和发展民族精神和文化传统。从现象上看，部分高校重物质文化建设轻精神文化建设，在硬件设施、基础设备上投入了大量精力，促进了校园环境的提升与改善，却忽视了精神文化对师生的隐性熏陶和内化作用。有些高校对校园文化建设不够重视，校园文化的功利性、通俗性、娱乐性凸显，举办的校园文化活动重形式而不重内涵，不仅不能提升学生的文化素养，还消磨了学生的学习时光。

总的来说，坚持以先进文化育人要求大学校园文化不断加强自身建设，在吸收、吸纳各种优秀文化资源的同时，也要注重避免被多种社会文化形态中的错误文化价值观念所侵蚀。高校在校园文化育人实践中，要积极学习借鉴先进文化，从中华优秀传统文化、革命文化、中国特色社会主义先进文化当中汲取营养，增强运用各种文化资源开展育人活动的能力和水平。

2. 大力加强高等学校校园文化活动环境建设

（1）构建和谐校园。构建和谐社会是党中央在新形势下提出的治国方略。构建和谐校园是构建和谐社会的主要内容。

构建和谐校园是一项综合性的、战略性的系统工程，包括多种子系统。优秀大学校园文化活动是一个巨大的体系，由下列几个子系统构成：浓厚的学术氛围、丰富多彩的体育活动、圆融的人际交往、文明的生活、优美的校园环境、共同的价值观。

一个和谐的大学校园有很多的价值。它可以使大多数的教师和年轻的同学有一种高尚的情操，拥有更纯净、更美丽的心灵。构建和谐校园的途径为以大学文化中蕴含的崇高信念、道德规范、审美观念及审美情趣对广大师生进行陶冶与教育，让广大师生齐心同德、群策群力，共同营造高尚、健康、高雅的校园文化。

（2）营造传统文化氛围浓厚的校园。习近平总书记曾指出："优秀传统文化是一个国家、一个民族传承和发展的根本，如果丢掉了，就割断了精神命脉。"中华优秀传统文化蕴含着丰富的哲学思想、人文精神、教化思想、道德理念等，大学校园文化要深入挖掘优秀传统文化的育人要素，形成具有优秀传统文化基因的大学校园文化育人环境。高校应该创造性地运用中华优秀传统文化资源，培育大学生爱国主义情怀与健全人格，坚持以美育人、以文化人，提高大学生的人文素养。高校可以通过邀请名师、专家、传统文化传承人开展讲座，加深大学生对传统文化的认识;通过国学社、汉服社、书法社等学生社团组织,激发大学生对优秀传统文化的兴趣,在传承中华优秀传统文化中,丰富文化生活;通过设立课题基金加大对优秀传统文化育人的研究,形成丰富的理论研究成果,促进产、学、研相结合。高校将中华优秀传统文化资源引入大学校园文化育人氛围的营造,对增强大学校园文化育人效果具有重要意义。

3. 建立和完善大学校园文化活动建设机制

一直以来,党和国家都非常重视对青年学生的素质教育,中共中央、国务院曾多次发布文件,并通过立法,强调要注重对学生的德育、智育、体育、美育的培养。构建健康向上的大学校园文化活动,是推动素质教育顺利进行的一项重要教育战略与方法。大学校园文化活动能够以其内在的精神动力、制度文化、行为规范塑造大学生人格,促进其全面发展。大学校园文化活动建设机制包括建立专项资金保障体系、组建管理机构、建立相关制度、构建考核体系等,对大学校园文化活动建设起着决定性作用。

高等学校要不断完善校园文化活动建设的政策和措施,切实解决校园文化活动建设过程中遇到的实际问题和困难,要把校园文化活动建设经费纳入学校预算,在人、财、物等方面加大投入,确保校园文化活动建设各项工作顺利开展;要加强理论研究,积极探索新形势下加强和改进校园文化活动建设的新思路、新举措。

高校应加强对校园文化活动建设的领导和管理,"遵循全校一盘棋"的校园文化活动建设指导思想,从学校发展和人才培养的战略和全局高度,充分认识加强校园文化活动建设的重大意义,统筹规划校园文化活动建设,成立专门的管理组织机构。完善的校园文化活动制度是大学生行为具备规范性、针对性和有效性的基本保证。

建立和完善校园文化活动建设检查评估制度,把校园文化活动建设纳入高等学校教育教学评估体系,以评促建、以评促管。持续改进和评估是加强大学校园文化活动建设的重要环节。通过持续改进和评估,学校可以及时发现问题,调整和改进文化活动,提高活动的质量,并逐步提升校园文化建设水平。评估过程中的反馈和建议还可以帮助学校更好地满足学生和利益相关者的需求。学校应根据需求调整和改进活动内容与形式,以提供更具吸引力和有意义的活动。

4. 积极贯彻以人为本的教育理念

以人为本体现在大学校园文化育人中,即表现为以学生为本。无论何时何地,大学生都是大学校园文化活动的主要参与者,是大学校园文化活动建设的主体。所以,在大学校园文化活动的建设中,教育者要始终坚持大学生的主体地位,使大学生在校园文化体育的创造中获得收益和成长。

在大学校园文化活动建设中,大学生是这项建设工作中的重要力量。首先,教育者要主动了解他们的文化生活与文化喜好,有计划、有节奏地开展大学生喜闻乐见的文化活动,以此调动他们参与校园文化活动的积极性与主动性,使他们成为大学校园文化活动建设的主力。其次,为了更深层次地激发大学生对校园文化建设的参与意识,高校教育者要始终重视对学生的兴趣的引导,让学生在兴趣的驱使下,完成校园文化的相关建设。在进行校园文化活动建设创新的过程中,教育者应该对学生的个体差异进行充分的考虑,为不同条件的学生创造出一种具有差异化特点的文化活动,从而使不同的学生对文化活动的个体化需要得到满足。最后,要想提高学生的活动参与积极性,在文化活动建设的过程中,学校可以把建设的主动权交给学生,让学生了解校园文化活动的各项规则和流程,逐步对校园文化活动建设有一个更深刻的认识,学校只需在学生开展文化活动规划的过程中,充分发挥自己的监督和指导作用。

总的来说,坚持以人为本的教育理念,就是要在大学校园文化育人中坚持民主原则,充分考虑教育对象的需求,遵循教育对象的成长规律。

5. 创新大学校园文化活动

大学校园文化活动是高校校园文化建设的重要组成部分,也是高校校园文化中最具活力和最具效力的载体。高校创新校园文化活动,让校园活动形式多元化,可提高大学生综合素质、拓宽其视野、促进其全面发展。

多元化的校园活动形式是加强大学校园文化活动建设的重要措施之一,高校可以根据不同学生的兴趣和需求开展形式多样的校园活动,举办各类文艺晚会、音乐会、戏剧表演、舞蹈比赛等文艺活动,组织讲座、研讨会、文化展览等学术类活动。

通过提供多元化的活动形式,学校可以满足不同学生的兴趣和需求,为学生提供丰富多样的文化体验,激发学生的创造力和参与热情。这些活动不仅可丰富校园文化生活,也可为学生提供展示才华和锻炼能力的机会。

第二节 特色社团

物资匮乏、经济落后、思想限制等历史原因,导致以前的大学生社团总量少、功能缺失,无法满足大学生的各类需求。自 1978 年改革开放以来,我国高等学校大学生社团蓬勃发展,各高校都设立了种类丰富的大学生社团,同时在经费、设备、指导教师等资源方面加大投入力度,为大学生社团的发展提供了支持和保障。如今的大学生社团种类丰富、数量充足、功能完善,能满足当下大学生的不同需求。

一、大学生社团概述

何为社?它由"示"和"土"组成,"示"的意思是"祀",即祭祀土地的意思。古时祭祀土神的日子,被称为社日。古时还有春社、秋社。春社是祈求庄稼能够长好,秋社则是庆祝庄稼的丰收。社日除了祭祀,还做什么呢?鲁迅先生的《社戏》中就有描述社日期间观戏的故事。按季节推算,应该是春社,小伙伴划船去看社戏,摘蚕豆烧来吃。其实社日这天就是百姓聚会、吃喝玩乐的日子。现在我们所说的"结社"一词,大概源自这个习俗。《荆楚岁时记》说:"社日,四邻并结宗会社,牲醪,为屋于树下,先祭神,然后飨其胙。"春社、秋社,是集社性质的一种。社,逐渐从祭祀,演变成为人们聚集的一种理由。社还作为官方性质的行政单位,它和乡、村一样,起到连接或者约束百姓的作用。按汉朝大儒郑玄的说法,百户人家结为一社。

社从最初的社主,到行政单位,再到作为一种团体,它似乎是越来越宽松的存在,它有很大的影响力,我们熟悉的各种社团,如复社、南社等,就有大量学者组织并加入。如今,各种官方、民间的社团更是数不胜数,甚至各行各业都有社或者社团的存在。

最早的中国社团可以追溯到先秦两汉时期,但受到时代的限制,类似于唐宋时期的"文会""诗社"这些社团的社会属性不强,直至近现代社会,严格意义上的社团才出现。在我国,高校学生社团已有100多年的历史。我国最早的真正意义上的大学生社团是于1904年由京师大学堂丁作霖(又名丁开嶂)联合其他同学在奉天组建的抗俄铁血会。从时间上看,20世纪是学生社团高度发展的时代,无论是前期,还是后期,学生社团都达到了繁荣的局面。五四运动时期迎来了中国学生社团的第一个高潮期。社团的类型和功能逐渐丰富,社团的功能从革命救国发展到学生兴趣爱好。随着中国社会进入市场经济时代,国家对社团的引导和管理不断加强,大学生社团逐渐成为高校开展思想政治教育工作的有效载体。2004年10月,《中共中央 国务院关于进一步加强和改进大学生思想政治教育的意见》提出要加强对大学生社团的领导和管理,支持和引导大学生社团自主开展活动。同时强调要依托班级、社团等组织形式,开展大学生思想政治教育,这标志着大学生社团已进入繁荣发展期。

大学生社团的功能主要包含拓展兴趣、发挥个性、学习知识、扩展视野、锻炼能力、了解社会、服务社会、陶冶情操、交友、丰富课余生活等。大学生社团活动的健康开展,有利于促进大学生全面发展。

二、大学生社团的作用

弗瑞·卡若琳(Faro Caroli)认为,大学生加入社团组织,打破了理论(课堂教学)和实践(商业及工业活动)之间的藩篱,促进了大学生成长成熟和整体发展,实现了大学生的社会化。

大学生社团是大学生针对共同的兴趣爱好自发形成的自治组织,成员在很大程度上具备共同的理想抱负、兴趣爱好,很自然地满足了学生时期的部分需求,这也是大学生社团发展的最基本动力。大学生参加社团有以下意义。

(一)引导大学生树立正确的价值观念

如今的大学生基本是"00后",这一代的学生在物质丰富的环境中长大,个性鲜明,特长突出。在丰富的物质生活下,他们的精神世界更需要教育工作者去积极引导。大学生社团作为全面实施素质教育的重要途径,有利于帮助大学生提高自身综合素质,培育和增强责任意识,树立正确的人生观、世界观、价值观,将他们培养为中国特色社会主义建设者和可靠接班人。

（二）培育大学生的创新精神

大学生社团因没有传统课堂的限制，让很多兴趣相同的学生在宽松的环境下，通过不断试错、不断创新，实现了"教中做""做中学""学中悟""悟中练"的目标。正是大学生社团这种开放包容、自由平等的氛围，让大学生的思想不受束缚、思维更加活跃、质疑与批判共存，激发了大学生的创新意识，培育了大学生的创新精神。

（三）营造良好的校园文化氛围

校园文化是指"以社会先进文化为主导，以师生文化活动为主体，以校园精神为底蕴，由校园中所有成员在长期的办学过程中共同创造而形成的学校物质文明和精神文明的总和"[①]。可见大学生社团是校园文化的重要组成部分，而且高校师生的认知水平、文化内涵、综合素质较高，他们对校园文化氛围的要求也更高，各类社团恰好能帮助营造良好的校园文化氛围。

（四）塑造大学生健全人格

在大学生社团宽松的环境中，大学生便于正确认识自我、进行自我教育，虚心接受自己的不足，保持乐观向上的积极态度，形成正确的世界观、人生观和价值观。心理健康类、公益志愿类社团更是培育大学生奉献精神、塑造大学生健全人格的重要途径。

（五）发挥学生组织的朋辈教育作用

朋辈群体是青年学生成长成才的重要环境因素，在某种程度上，对青年学生的影响可能会超过父母和教师的影响。[②] 大学生社团是典型的朋辈组织，成员均为学生，关系平等、民主，沟通顺畅，且有相同的兴趣爱好、理想追求。这些共性让他们在相处过程中，更能相互促进、共同进步、共同成长，发挥学生组织的朋辈教育作用。

（六）激发大学生学习兴趣

大学生社团可分为兴趣社团和专业社团，无论参加何种社团，出发点都是学生主观上对该社团所涵盖的内容感兴趣。在新的环境里，如果参加的社团和自己本专业一致，可以帮助大学生拓宽和延伸知识面，缓解原专业学习困境；如果参加的社团和本专业不一致也可以让大学生提高对其他专业的学习兴趣，为他们的非专业学习提供帮助。

大学生社团为大学生提供了一个丰富多样的兴趣爱好平台，可以满足他们在校期间对特定领域的兴趣和追求。参与社团活动能帮助大学生发现自己的兴趣爱好，并有机会深入研究和探索相关领域。

（七）锻炼大学生自我管理能力

社团活动有助于培养大学生的责任心、团队合作精神、创新思维等品质。通过参与社

---

① 侯长林.高校校园文化基本理论研究[D].武汉:华中科技大学,2013:27-29.
② 禹华意.浅谈大学生朋辈教育的意义与作用[M]//王林,刘实鹏.人文与科技(第二辑).北京:中央民族大学出版社,2019.

团,大学生能够更好地发展自己的特长,增强自信心和领导能力,培养自主学习和独立思考的能力,从而锻炼大学生的自我管理能力。这也是笔者所在学校实施教育改革的一项重要举措,我们重构大学教育逻辑,在大学生自我服务、自我管理和自我教育上下功夫,通过升维、赋能使学生价值提升。

总之,大学生社团的意义在于给予大学生一个充分发展的平台,帮助他们发掘兴趣、拓展技能、建立社交网络,并促进个人综合素质的提升。通过参与社团,大学生能够获得更多的成长机会,为未来的职业发展奠定良好的基础。

第三节　岗位体验

自我管理岗位体验是指大学生在校园内担任自我管理职务,如团学干部、学工助理中心干部及成员、社团负责人、勤工俭学中心提供的相应岗位等,通过参与校园事务的管理和决策,提高自身的领导力、沟通能力和团队合作能力等。

一、大学生自我管理的概念及意义

(一)学生自我管理的概念

学生自我管理是指学生在学校的管理体系中,通过自我管理、自我教育、自我服务的方式,实现对自己的管理和对校园事务的参与。学生自我管理在于培养学生的自我管理能力、团队合作能力、社会交往能力等综合素质,提高学生的社会责任感和奉献精神,增强学生的独立思考和判断能力,为学生的未来发展奠定基础。学生自我管理的特点是学生在学校管理中的主体性和自主性,学生不再是被动地接受管理,而是积极地参与到学校的管理中,成为管理的主体。

(二)学生自我管理的意义

学生自我管理对学校和学生都具有重要的意义。

对于学校而言,学生参与自我管理可以提高学校的管理效率和质量。学生在学校的管理中发挥主体作用,可以更好地了解学生的需求和问题、更好地满足学生的需求,从而提高学校的管理效率和质量。

对于学生而言,参与自我管理可以提高自我管理能力和综合素质。同时,也可以提高学生的组织能力和协调能力,培养团队合作精神和社会责任感。

总之,自我管理是一种有效的学校管理模式,可优化对学校管理资源的科学利用,减轻高校管理工作的资源负担,实现学生管理工作效益的最大化。[①]

---

① 张玉梅.高校学生自治管理存在的问题与破解路径[J].人民论坛,2022(2):105-107.

二、学生自我管理岗位的类型及职责

大学生自我管理岗位是指在学校团学组织、学工助理中心和勤工俭学中心等学生自主组织中设立的管理岗位。这些岗位的设立旨在让学生在校园生活中发挥自己的才能,培养学生的自我管理能力、组织协调能力和社会服务意识,提高学生综合素质和就业竞争力,同时也为学校的管理和建设做出贡献。

下文将分别介绍团学组织、学工助理中心和勤工俭学中心三大学生自治组织中的学生自治管理岗位类型及职责。

(一)团学组织的学生自我管理岗位

1. 团委职责

(1)团委文件起草、印发、登记、传阅、立卷、归档工作和有关材料收集,做到件件工作有落实,有回应。

(2)筹备组织有关会议,做好会议准备和记录。

(3)做好团员管理和团员登记、统计和团员花名册及办理结转团组织关系等。

(4)根据"学生名册表"和"团员情况登记表"查核已结转团关系的团员,催促未结转的团员尽快办理结转手续。

2. 学生会职责

(1)学生会主席:全面主持学生会工作,代表学生会与团组织进行沟通和联系,领导和评定学生会各部门的工作,关心全体成员的思想和学习情况,听取他们的意见和建议。

(2)学生会各部门岗位职责:根据学生会的宗旨和任务,制订本部门的工作计划并组织实施,开展各种有益同学身心健康的活动,及时向学生会主席团汇报工作情况。

(3)学生会干部培养选拔:在团委的指导下,培养选拔管理学生会的干部。

(4)学生会工作监督:定期召开学生会全体成员会议,布置学生会工作,听取学生干部的工作汇报;掌握学生的思想动态和学习生活情况,及时向相关部门反映;对学生会的工作进行监督和评估。

(二)学工助理中心的学生自我管理岗

1. 学工助理中心职责

学工助理中心是学校负责协助学生工作的组织机构,其职责主要包括:

(1)学生管理:协助学生处对学生进行管理,包括学生考勤、纪律、学习等方面的工作。

(2)学生事务:协助学生处处理学生事务,如学籍管理、奖学金评定、助学贷款申请等。

(3)心理辅导:协助学生处开展心理健康教育和心理咨询工作,帮助学生解决心理问题。

(4)社团管理:协助学生处对学生社团进行管理和指导,促进学生社团的健康发展。

(5)学生活动:协助学生处组织开展各种学生活动,如文艺演出、体育比赛、社会实践等。

(6)学生就业:协助学生处开展学生就业指导工作,帮助学生了解就业政策,提供就业信息和招聘会服务等。

（7）学生资助：协助学生处开展学生资助工作，包括助学金、勤工助学、困难补助等。

（8）数据统计：协助学生处进行学生数据统计和分析，为学生管理和决策提供依据。

总之，学工助理中心的职责是协助学生处做好学生管理和服务工作，帮助学生更好地成长和发展。

2. 学工助理中心主任及副主任的职责

（1）学工助理中心主任：负责学工助理中心的全面工作，主持学工助理中心的日常工作，组织召开学工助理中心全体会议，协调各部门工作，对学工助理中心的重大决策进行审核。

（2）学工助理中心副主任：协助主任工作，分管学工助理中心各部门，负责各部门的工作指导和监督，参与学工助理中心重大决策的制订和审核。

3. 办公室职责

（1）负责中心日常会议的策划安排和记录、值班安排以及来访接待等。

（2）牵头起草中心工作计划、工作总结、会议纪要、汇总材料等，负责日常文件的及时处理，包括收集、记录、传达、反馈、整理、存档等，保证中心文件运转准确及时。

（3）牵头制定修订中心各项规章制度，组织中心干部学习培训，加强队伍建设，统筹开展中心人事建档、工作考核、换届选举、监督检查等具体工作。

（4）负责中心日常事务协调和管理工作，负责中心物资管理工作，包括物资维护、保管和发放，建立并严格执行物资领用的登记审批制度。

（5）负责对外沟通交流、对外拓展合作，并协调中心各部门工作，强化中心工作过程管理。

（6）负责中心其他日常事务工作。

4. 宣传部职责

（1）具体落实学生处在开展工作、系统活动、组织会议等方面文字、图片材料的采集、撰写及发布等。

（2）负责中心各项活动展板、海报的制作，以及有关学生工作的新闻和活动宣传报道。

（3）统筹中心宣传片、宣传活动、工作花絮等相关影像的拍摄、剪辑工作，协调中心干部做好意识形态工作，负责中心宣传工作的内容建设。

（4）为中心活动提供宣传创意、图文设计，强化过程宣传，统筹协调中心新媒体的建设与管理。

（5）完成学生处和中心交办的其他宣传工作。

5. 活动部职责

（1）牵头起草中心日常活动计划，报相关负责领导审批。

（2）以开展活动为中心、负责中心各项活动的策划，制订详细的策划书。

（3）根据活动策划，负责中心各项活动的组织安排、具体实施。

（4）根据活动开展情况，做好中心各项活动的总结工作。

（5）配合中心完成其他相关工作。

6.综合事务部职责

（1）辅助开展学生日常事务管理工作，包括学生档案的接收整理、统计核对、归类分发，学生证的办理等工作。

（2）辅助开展"国家三金"（国家奖学金、国家励志奖学金、国家助学金）和助学贷款相关工作、协助资助系统信息的录入和维护，以及资助育人与评优评奖工作。

（3）辅助开展学生思想教育工作，包括理想信念教育、防范电信诈骗宣传教育、学风教育、诚信教育等，对各学院、生活社区开展学生思想政治教育工作的落实情况进行检查，做好监督反馈工作，加强规范化、制度化建设。

（4）在学生处的领导下，督查反馈各班级综合素质测评工作开展情况。

（5）配合中心完成其他相关工作。

（三）勤工俭学中心的学生自我管理岗位

1.勤工俭学中心的职责

勤工俭学中心的职责是帮助学生通过勤工俭学获得经济支持，并在此过程中提高他们的职业技能和就业竞争力。

（1）为学生提供兼职工作机会。

（2）为学生提供职业培训和指导，以帮助他们提高工作技能和就业竞争力。

（3）为学生提供有关理财知识的讲解。

（4）为学生提供有关职业规划的相关知识。

2.勤工俭学中心的学生自主岗位职责

（1）主任：负责勤工俭学中心的全面工作，主持勤工俭学中心的日常工作，组织召开勤工俭学中心全体会议，协调各部门工作，对勤工俭学中心的重大决策进行审核。

（2）副主任：协助主任工作，分管勤工俭学中心各部门，负责各部门的工作指导和监督，参与勤工俭学中心重大决策的制订和审核。

（3）招聘部部长：负责勤工俭学中心的人力资源管理工作，组织勤工俭学中心的招聘和培训工作，管理勤工俭学中心的员工档案和考核工作。

（4）宣传部部长：负责勤工俭学中心的宣传工作，组织勤工俭学中心的各项宣传活动，管理勤工俭学中心的宣传资源和设备，负责勤工俭学中心的形象塑造和品牌推广工作。

（5）活动策划部部长：负责勤工俭学中心的活动策划和组织工作，组织勤工俭学中心的各项活动和比赛，管理勤工俭学中心的活动资源和设备，负责勤工俭学中心的文化建设和品牌推广工作。

（6）后勤部部长：负责勤工俭学中心的后勤保障工作，管理勤工俭学中心的物资和设备，负责勤工俭学中心的环境卫生和安全保障工作。

团学组织、学工助理中心和勤工俭学中心三大学生自主组织中的学生自我管理岗位类型及职责各有不同,但都是为了更好地服务学生、提高学生的管理能力和综合素质。通过积极参与这些岗位的工作,学生可以得到全面的锻炼和提升,为自己的未来发展打下坚实的基础。

三、学生自我管理岗位的体验过程及意义

(一)学生自我管理岗位的体验过程

1. 岗位的选择

学生可以根据自己的兴趣和特长选择合适的岗位。学生在选择岗位时应该考虑自己的能力和时间安排,以免影响学习和其他活动。

2. 岗位的培训

学生在自我管理岗位的体验过程中,岗位的培训是非常重要的一环。学生在上岗前需要接受相关的培训,了解岗位的职责和要求,掌握相关的知识和技能。培训的内容包括学校的规章制度、管理流程、沟通技巧、应用写作及表达能力等。

3. 岗位的实践

学生需要在实践中积累经验,不断提高自己的能力和水平。学生在实践中应该认真负责,积极主动地完成工作任务,注重细节,提高服务质量。

4. 岗位的评估

学生在完成工作任务后,需要接受相关的评估和反馈,了解自己的成绩和不足,从而不断提高自己的能力和水平。评估的内容包括工作态度、工作效率、服务质量等。

(二)学生自我管理岗位体验的意义

1. 提高学生的自我管理能力和责任感

学生自我管理岗位的体验过程可以让学生更好地、更充分地了解学校管理的流程和要求,从而更好地参与学校管理。通过参与学校的管理,学生可以学会自我管理,增强自我管理能力和责任感。

2. 提高学生的沟通能力和协调能力

在学生自我管理岗位的体验过程中,学生需要与他人进行沟通和协调,如与教师、同学、家长等。通过这种沟通和协调,学生可以学会如何与他人合作,提高其沟通能力、表达能力和协调能力。

3. 增强学生的社会实践能力

学生自我管理岗位的体验过程可以让学生积累社会实践经验,学会如何处理各种社会关系和问题。通过这种实践,学生可以增强自己的社会实践能力,为未来的发展打下坚实的基础。

4. 促进学生的全面发展

学生自我管理岗位的体验过程可以让学生在学习之余参与学校的管理和建设,从而促进学生的全面发展。通过参与学校的管理,学生可以学会如何处理各种问题和挑战,培养自己的领导力和创新能力。

四、岗位体验的注意事项与风险防范

(一)学生层面

作为学生自我管理岗位的体验者,大学生应注意以下方面。

(1)在成为学生自我管理岗位的体验者之前,要对意向的岗位职责有清晰的了解。这将帮助大学生了解自己的权利和责任,并确保自己在工作中表现出色。

(2)在与不同的人打交道时,需要建立良好的沟通渠道,并确保每个人都得到公平对待,这将有助于体验者更好地完成工作。

(3)在处理各种问题和冲突时保持公正和客观。这意味着不能偏袒任何一方,确保每个人都得到同样的待遇。

(4)尊重每个人的权利和尊严。尊重每个人,包括学生、教师和校领导,甚至那些不同意你的观点的人。尊重他人的权利和尊严将有助于建立一个和谐的工作环境。

(5)控制自己的言行举止,塑造良好的形象。不当的言行举止会让体验者显得不专业,从而丧失信任和尊重。

(6)学生自我管理岗位的体验者可能会获得许多人的个人信息,需要尊重这些信息的隐私性,并确保它们不被不正当使用。

(7)遵守法律和规定,包括学校的规定、法律法规和道德规范。遵守法律和规定将有助于确保体验者的行为不会对他人造成伤害。

(8)注意自身安全。这包括在处理冲突或其他危险情况时采取适当的措施,以及守护个人信息安全。

(9)与其他团队成员建立良好的合作关系。这将有助于体验者更好地完成工作,并确保团队的目标得到实现。

(10)不断学习和成长。这包括了解最新的法律和规定、学习新的技能和知识,以及不断提高自己的沟通能力和协调能力。

总之,作为学生自我管理岗位的体验者,大学生需要时刻注意自己的行为举止和职责,尊重他人的权利和尊严,建立良好的沟通渠道,保持公正和客观,尊重个人隐私,遵守法律和规定,注意自身安全,建立良好的团队合作关系,不断学习和成长。只有这样,大学生才能确保自己的体验是积极的,并且风险也能得到防范。

(二)学校层面

岗位体验是提高学生就业竞争力和职业发展能力的重要途径之一。在岗位体验前和过程中,学校要注意以下内容。

(1)建立风险评估机制。在开展岗位体验前,学校应该进行风险评估,识别可能存在的风险因素,并制订相应的安全措施和应急预案,确保学生的安全和健康。

(2)强化安全教育和培训。在进行岗位体验前,学校应该加强安全教育和培训,提高学生的安全意识和自我保护能力;应该告知学生该岗位的安全风险和应对措施,让学生了解如何避免和应对安全事故,保护自己的安全和健康。

(3)加强安全设施建设。在进行岗位体验时,学校应为学生提供必要的安全设施和设备,如口罩、手套等,提高岗位的安全性和可靠性,保护学生的身体健康和人身安全。

(4)加强监督和管理。在进行岗位体验时,学校应该加强监督和管理,确保学生能够正确地学习和掌握专业知识和技能;为学生提供必要的指导和帮助,解答学生的疑问和困惑,及时纠正学生的错误和不足;同时,还应该加强对学生的考核和评估,确保学生能够达到预期的学习效果和目标。

第四章　大学校园活动实践

大学校园文化活动包括内容和形式两个方面,内容指的是活动所传达和呈现的主题、主要信息、艺术作品、学术研究等,涵盖了活动的核心内容和目标。大学校园文化活动的主要形式指的是活动的组织方式、表达方式和呈现形式。活动内容决定了其形式的选择和运用,同时形式的设置也会影响内容的表达和传达效果。在策划校园文化活动时,策划者应考虑到内容和形式的协调和统一。一个成功的活动需要通过恰当的形式来呈现有意义的内容,使观众或参与者能够充分理解和享受活动带来的价值和体验。因此,在活动的组织设计和实施过程中,需要综合考虑内容和形式的匹配,以达到预期的效果。

校园文化活动不仅是学校内部的活动,也是向外部展示学校特色和魅力的窗口。绵阳城市学院结合普通大学校园活动共性和其自身应用技术型大学特性,每年都通过举办丰富多样的校园文化活动,展示学校优秀的学术成果、卓越的文化传统和积极向上的文化氛围,让学生自主组织、策划与实施校园文化活动,完成"自我教育、自我管理、自我服务"实践。

第一节　大学校园活动的主要内容

大学校园文化活动以校园为主要空间,以学生为主体,内容丰富多样且涵盖各个领域和层面。

一、思想主题教育

大学生思想主题教育,包含大学生思想政治主题教育和大学生思想品德主题教育。

大学生思想政治主题教育是大学生思想政治教育的重要载体之一,它针对目前大学生的特点以及大学生思想道德建构的需要,由高校的大学生思想政治教育工作者根据特定的主题,以主题为载体,通过大学生的积极参与,传递特定的思想,从而对大学生进行思想政治教育。大学生思想政治教育主要是教育和引导大学生热爱祖国、热爱中国共产党、热爱人民,认真学习政治理论知识、学习党的路线方针政策。大学生思想政治主题教育,以马克思主义活动观为指导,结合了哲学、教育学、心理学等学科的基本知识,让大学生积极参与、体验,使其内心获得一种感悟,帮助大学生提高政治理论水平、政治敏锐性和辨别是非的能力,使大学生树立正确的世界观、人生观、价值观。

大学生思想品德主题教育主要包括理想信念教育、爱国主义教育和公民基本道德规范教育等方面,重视和加强高校德育工作是我们党和国家一贯的办学指导思想。因此,加强大学生思想品德教育,是高校思想品德建设中不可回避和必须解决的一个首要问题。大学生思想品德教育的实质是将一定社会的思想道德转化为大学生的思想道德。大学生良好思想品德的培养是学校德育的重要目标,学校德育是大学生形成良好思想品德的重要途径。做好大学生思想品德教育工作有着重要意义:首先,从个体角度看,这有利于大学生的全面发展,使大学生个体与外部世界建立起和谐的关系,从而保证学生学习、实践等各方面的顺利进行;其次,从社会角度看,这有利于社会整体道德水平的提高,可以促进社会的和谐、稳定与发展。

思想主题教育是开展大学生思想政治、道德教育的重要载体,实现"月月有主题教育",有利于有计划、有层次、有步骤地开展思想教育,有利于增强思想政治教育的针对性和实效性。设计"月月有主题教育"应遵循系统性、创新性原则,应围绕思想教育、政治教育、道德教育、法纪教育和心理健康教育等内容,以系列主题教育培养大学生的思想品德,达到思想政治教育的育人目的。

二、体育竞赛活动

体育竞赛活动是一种制度化、体系化的竞争性体育活动。它在丰富多样的文化体育活动中是一种文化特殊的外在表现形式,展现了顽强拼搏、永不言弃、团结协作等精神,是大学校园文化的重要组成部分。

大学体育竞赛活动是学校体育的重要组成部分,是培养学生体育兴趣、体育意识、体育态度,让学生养成良好的体育习惯,以及形成正确的世界观、人生观、价值观的关键所在。

大学体育竞赛活动是大学教学的延伸。它面向全体学生,使全体学生受益,是学校体育的精髓。高校应真正把大学体育竞赛活动纳入体育教育,将它当成体育教育的一个重要组成部分,并在高校体育传统的基础上,根据当前大学生的现状,践行"人人关注、人人参与、人人体验"竞赛的新思想。

大学体育竞赛活动作为"大学生阳光体育活动"的重要组成部分,是大学生进行体育健身活动的一个重要形式,也是培养大学生树立终身健身意识的一种手段。

体育竞赛活动的开展有以下几个目的:一是体育竞赛活动可以帮助大学生保持健康的身体;二是体育竞赛活动通常需要团队合作和协调配合,可培养大学生的团队合作精神;三是体育竞赛活动可以提供一个竞争的平台,培养大学生的竞争意识和竞争精神;四是体育竞赛活动是传递积极价值观的一个重要途径,如公平竞争、尊重规则、团队合作、坚持不懈等;五是体育竞赛活动可以为不同地区、不同国家的大学生提供交流互动的平台,促进文化交流和友谊的建立。成功的体育竞赛活动还能够激发人们对体育运动的兴趣,推动整个社会的健康发展。

三、志愿服务活动

志愿服务活动是指以自愿参与、无报酬为主要特征的公益活动,旨在为他人和社会做出贡献。大学生志愿服务活动是我国社会志愿服务的重要组成部分,也是当前高校德育工作的重要内容,创新了高校思想政治教育工作的新内容,强化了校园文化的育人功能,对提高大学生综合素质、拓展校园文化、构建和谐社会、践行社会主义核心价值观等具有重要意义。

大学生志愿服务活动具有双重功能,即促进大学生的社会化和向社会贡献人力、财力、物力。而比较大学生的社会化需要和社会对无偿贡献的需求,该活动具有双重珍贵性和双重短缺性。为了实现大学生志愿服务活动的效益最大化,应该贯彻"双弱势原则",把弱势人群列为志愿服务的主要对象,把弱势学生当作志愿服务的主体。而要贯彻该原则,志愿服务活动的组织者还要改变心态和组织方法,加强同弱势群体的联系和对弱势学生的鼓励。

志愿服务活动的开展有着多重目的,可以从三个角度展开说明。

(一)社会角度

(1)促进社会发展。志愿服务活动可以在不同领域提供帮助,如教育、医疗、环保等,通过为社会问题提供解决方案和资源支持,促进社会的全面发展和进步。

(2)构建和谐社会。志愿服务活动能够增强社区凝聚力和社会共同体意识,促进社会成员之间的相互理解和合作。高校应通过积极的公益行动,促进社会和谐稳定的建立。

(3)传递正能量。志愿服务活动是传播正向价值观和积极精神的有力渠道。通过志愿者的实际行动,社会可以看到人与人之间的关爱、援助与支持,进而激发更多人参与公益事业。

(二)个人角度

(1)促进个人发展。参与志愿服务活动可以培养个人的团队意识、沟通能力、领导力和批判性思维等多方面的能力,为个人的全面发展提供机会。

(2)增强社会责任感。通过投入志愿服务活动中,个人能够深刻感受到社会的需要和自己的责任;通过为他人和社会付出,提高个人的社会责任感和道德水平。

(3)增进人际关系。志愿服务活动为个人提供了广泛交流的机会,可以结识到来自不同背景和领域的志愿者,增进彼此之间的友谊和合作关系。

(三)组织角度

(1)履行社会责任。一个企业或组织,通过举办志愿服务活动,可以彰显其积极的社会形象,提升社会评价满意度和品牌形象。

(2)建立良好关系。志愿服务活动可以帮助组织与志愿者、社区和其他利益相关者建立良好的关系。通过与各方合作,组织可以得到更多的资源支持和各种合作机会。

(3)促进组织发展。志愿服务活动可以利用志愿者的力量和专业知识,扩大组织的影响力和社会影响力。此外,通过志愿者的积极参与,组织内部的凝聚力也会得到增强。

举办志愿服务活动有着社会、个人和组织层面的多重目的。通过这些活动,我们可以促进社会发展、提高个人素质、建立和谐社会,并弘扬公益精神和社会责任感。因此,各方应共同努力,鼓励和支持志愿服务活动,共同推动社会的进步与发展。

四、文化艺术活动

文化艺术活动在大学校园文化培育中发挥着不可替代的作用,可以培育出健康向上、格调高雅和形式多元化的校园文化,有效地促进校园文化建设和构建文明校园。大学开展文化艺术活动有利于大学生建立正确的自我意识,有利于大学生树立正确的世界观、人生观和价值观,有利于大学生道德意识和道德行为的发展。高校应积极开展校园文化艺术活动,发挥艺术教育的育人功能,促进大学生德智体美劳全面协调发展。

文化艺术活动作为高校校园文化建设的重要组成部分和重要载体,能够帮助高校贯彻办学理念,促进学校的建设和发展。高校应将其纳入学校文化建设方案,使文化艺术活动的育人价值得到有效利用,以充分挖掘文化艺术活动的育人功能,帮助学校营造高层次的人文环境,提高大学生的艺术审美兴趣,增强大学生的艺术鉴赏能力。

学校开展文化艺术类活动的目的是为学生提供一个全面发展的教育环境,促进学生综合素质的培养和个性的发展。

(1)培养大学生的艺术修养和审美意识。文化艺术类活动可以让大学生接触不同形式的艺术作品,如音乐、舞蹈、戏剧、绘画等。通过欣赏和创作艺术作品,大学生能够培养艺术修养和审美意识,提高对美的感知和表达能力。

(2)提高大学生的创造力和培养创新思维。文化艺术活动注重大学生自主创作和表达能力的培养。通过艺术创作、舞台表演等活动,大学生可以锻炼自己的创造力和创新思维,培养解决问题和表达观点的能力,从而激发自身潜能,让自己成为更具创造力的人才。

(3)提升大学生的沟通与合作能力。文化艺术活动通常以团队合作的形式开展。大学生需要与其他成员合作,相互协调和沟通,以完成艺术作品的创作和表演。通过这样的活动,大学生可以培养团队合作的意识和能力,学习如何与他人合作的技巧,并加深对互相信任和尊重的理解。

(4)培养大学生的文化自信心和身份认同。文化艺术活动可以引导大学生关注自己的文化传统和身份认同,增强文化自信心。通过学习、传承和实现本国或本地区的传统文化,大学生可以更好地了解自己所属的文化传统,培养对自己文化的自豪感和认同感。

(5)增强学校的文化氛围和凝聚力。学校举办文化艺术活动可以营造出浓厚的校园文化氛围,使学校成为一个积极向上、具有凝聚力的环境。通过活动的策划和组织,学校能够培养大学生的文化兴趣和参与精神,增强大学生对学校的归属感和认同感,进一步促进学校的整体发展。

(6)促进学校与社会的互动与交流。文化艺术活动也是学校与社会互动和交流的重要途径。学校可以邀请外界的专业人士、艺术家、艺术团体来校开展讲座、演出、展览等,为学生提供更广泛和深入的艺术学习和交流机会。同时,大学生也可以通过参加校外文化活动,将学校的文化成果向社会展示,增进学校与社会的联系。

五、主题团建活动

开展主题团建活动是各级各类共青团组织引导和教育青年大学生学习及掌握马克思主义基本原理及其中国化最新成果,了解并掌握我国的历史与现实,在实践中客观理性地看待我国特定发展阶段中存在的各种问题,进而使青年大学生不断坚定走中国特色社会主义道路的理想信念,巩固和扩大中国共产党执政的青年群众基础,为社会主义事业积聚奋斗力量的一项思想政治工作。

主题团建活动的开展有其独特的作用。

(1)主题团建活动是团队建设的重要组成部分。通过以团队合作为重点的游戏、挑战和任务,参与者将掌握协调、合作和解决问题的能力。这有助于加强团队成员之间的互动和交流,促进合作,增进团队的凝聚力和信任,提高团队整体效能。

(2)某些主题团建活动可用于传播特定信息和价值观。例如,社区环保日活动可以提高人们对环境保护的认识和关注,而儿童阅读活动可以促进儿童的阅读习惯和价值观的培养,通过开展活动可以更好地了解和传播特定的信息和价值观。

(3)主题团建活动旨在弘扬和传承特定的文化和传统。例如,举办传统艺术表演等活动让中华优秀传统文化走进校园,来到学生身边,有助于保护和传承文化遗产,增进新时代青年大学生的文化认同。

第二节　大学校园活动的表现形式

大学校园文化活动的形式可以多种多样,取决于活动的性质、目标和主题。以下是一些常见的形式。

一、演出

演出包括音乐会、戏剧演出、舞蹈表演、话剧演出、文艺晚会等,演出形式可以是舞台演出、户外露天演出、室内演出等,旨在展示学生的才艺和创作成果。

知识拓展

文艺晚会

文艺晚会是一种集合了各种文艺表演形式的综合性演出活动,通常由不同类型的艺术节目组成,如音乐、舞蹈、戏剧、朗诵、小品等,旨在展示师生丰富多样的艺术才华和华夏文化魅力。

为深入学习贯彻党的二十大精神,进一步加强校园文化建设,增强师生文化自信,2023年3月底,绵阳城市学院开展了以"引导学生坚定'四个自信',树立正确的人生观、价值观,激发广大青年的爱国情、强国志、报国行"为主题的"绵城之春"文艺晚会。晚会通过多种形式唱响时代主旋律,展现了当代大学生的精神风貌。

晚会在气势恢宏的灯光秀中开场,师生通过线上线下感受到了绵阳城市学院的发展和青年学子的朝气。师生在深入学习贯彻党的二十大精神的同时,把学习体会搬到舞台上,以"跟随二十大足迹,乘时代使命"为题,通过朗诵的形式回望亘古绵延的历史长河,寻觅红色足迹,见证党兴衰荣辱中的不朽和悲喜浮沉中的从容。《英雄赞歌》在讴歌时代英雄的同时唱出了时代的主旋律,也唱出了青年学子的满腔热忱。建设美丽中国,需要一代代青年大学生跑好历史接力棒,用他们的智慧和力量为中华民族伟大复兴贡献力量。

新的起点,梦的绽放。此次晚会的成功举办充分彰显了绵阳城市学院的凝聚力和创造力,展现了绵阳城市学院丰富多彩的校园生活和朝气蓬勃的校园文化,宣扬了新时代青年的方向与目标,拓宽了青年实现梦想的阳光大道,鼓励学子在风华正茂的青春中以梦为马、不负韶华、砥砺前行。

二、展览

展览包括艺术展览、摄影展览、文物展览、科技展览、设计展览等。常见的展览形式有画廊展示、多媒体艺术陈列、虚拟展览、概念艺术展览等。

知识拓展

设计展览

设计展览是一种将学生的设计作品展示给观众的形式,涉及平面设计、时装设计、室内设计等各种设计领域。通过设计展览,学生可以展示自己的创意和专业技能,与观众分享设计的美感和使用价值。

在中国共青团成立100周年之际,为了充分发挥设计艺术在培养学生艺术情操、提升审美修养、锤炼坚实本领的特殊功能和育人效果,促进学生全面发展,扎实推进"三全"育人,绵阳城市学院举办了第一届设计艺术节。

举办设计艺术节的目的是营造积极向上、清新高雅、健康文明的校园文化氛围;为师生提供展示才华的舞台,促进师生审美能力和水平的提高,丰富学生的文化生活,发挥个性特长,启迪智慧,激发创造和创新能力,从而推进素质教育的实施和校园精神文明建设。绵阳城市学院艺术与设计学院一直秉承"艺术与社会接轨、与市场接轨、与时代接轨"的宗旨,高度重视培养学生的创作热情和创作能力,此次设计艺术节所展示的作品创意频出、不拘绳墨,充分展现了师生对艺术的热爱。广大师生齐参与、共演绎,通过丰富多彩的活动,体现我校艺术设计学科的丰厚成果,展示"绵城人"朝气蓬勃、奋发进取的精神风貌。

此次以"绽放·以青春的名义"为主题的首届设计艺术节,以设计艺术展为主,辅以系列的非物质文化遗产传统文化讲座、2022届毕业设计大赛、校园歌手大赛、艺术创意服装秀、盛夏音乐节、创意手工市集等。在创意手工市集,师生可以看到许多校园文化创意达人的手工原创作品;而在非遗传统文化系列讲座中,师生可以同众多艺术"大咖"围绕"艺术、设计、人文"等话题进行讨论。全校师生在活动中认识美、体验美、表现美、创造美,共享一场设计艺术的盛宴,涵养了"绵城人"的气质,升华了"绵城人"的精神。

三、讲座和研讨会

讲座和研讨会包括学术讲座、专题讲座、学科论坛、座谈会、学术研讨会等,旨在提升学生的学术素养和专业知识。

知识拓展

专题讲座

专题讲座是一种专门针对某个特定主题或领域进行的演讲活动。这种形式的讲座旨在通过专业人士或专家的分享和授课,向听众传授特定领域的知识、经验和见解。

为进一步加强校园防范电信网络诈骗工作,切实提高广大学生预防诈骗的能力,增强安全防范意识,确保学生财产安全,绵阳城市学院邀请驻地公安部门警官到校作防范电信网络诈骗专题讲座,由保卫处处长主持,全校近两万名师生参加了本次讲座。

在网络越来越发达的当今社会,犯罪分子利用网络漏洞,将诈骗的魔爪频繁伸向校园,对于缺少社会经验的大学生而言,常常一不小心就跳进了骗子的圈套。因此,本次讲座重点介绍了诈骗电话、钓鱼网站、校园贷款常见的三类校园电信网络诈骗手段,希望广大学生能够时刻提高警惕,保护好自己的财产安全。

讲座中,主讲警官结合真实案例,详细介绍了套取现金、感情套诱、假冒冒充、兼职诱饵、情色骗术等12种电话诈骗招数,并揭示了"校园贷"十大骗局,分别是假冒公检法诈骗、冒充熟人诈骗、利用伪基站发送木马链接实施诈骗、利用"先垫付"兼职诈骗、考试诈骗、校园贷诈骗、编造"资产解冻"诈骗、投资返利诈骗、保健品购物诈骗、引诱裸聊敲诈勒索。随后就被骗后补救措施等内容做了详细阐述,并动员学生安装使用"国家反诈中心"App,切实维护广大学生的合法利益,预防和减少经济损失。

通过此次防范电信网络诈骗讲座,同学们深刻认识到电信网络诈骗手段的特点和危害,收获了防范电信网络诈骗知识,提升了个人反诈骗能力。警校共同筑起防诈墙,共同构建"全民反诈、全社会反诈"新格局。

四、比赛和竞赛

这一类活动主要包括才艺比赛、科技创新竞赛、运动比赛、演讲比赛等。

知识拓展

演讲比赛

演讲比赛是一种以演讲技巧和口语表达为核心的竞赛形式,参赛者通过演讲来展示自己的思维能力、口才和表达能力。

为进一步提升师生消防安全意识,增强自我防护意识,由绵阳市安州区相关部门和绵阳城市学院联合举办的"我是消防宣传员"演讲比赛决赛在安州校区顺利举行,绵阳城市学院16名参赛选手在比赛中发挥出色,充分展现了绵阳城市学院学子宣传消防安全的责任担当。

本次比赛历时一个多月。自开赛以来,学校充分协调、积极动员极大地调动了学生参与的积极性,经过线上与线下的综合遴选,最终选出16名选手参加决赛。

各参赛选手思路清晰、逻辑严谨,通过消防漫画、消防动画、实际案例等形式的配合,深入浅出讲解火灾预防、火灾扑救、火场逃生等消防安全知识技能。这次比赛经过一番激烈的角逐,最终评选出了一等奖1人、二等奖2人、三等奖3人、个人风采奖4人。此次演讲比赛,提升了学校师生对消防安全知识的认知能力、应用能力,将"学消防、知消防、懂消防"的宣传理念贯穿于学习生活中。

五、庆典和活动周

这一类活动主要包括主题庆典、校庆活动、文化节、运动周、创意集市、主题周活动等,活动的形式可以是开幕式、闭幕式、主题日、系列活动等。

知识拓展

主题庆典

主题庆典是一种有针对性、有特定主题的盛大庆祝活动,通过整体活动策划和布置来展示特定主题的元素和内涵。

为贯彻新时代国家建设对"多专多能"型人才的培养要求,坚持立德树人根本任务,深化学校综合改革,推进"三全育人"综合改革试点工作,全面落实"3331"人才培养方案,总结2022—2023学年学生工作取得的成绩,表彰先进,树立典范,激励绵阳城市学院学子勤奋学习、争先创优、奋发有为,绵阳城市学院于2023年6月6日和8日晚先后在游仙校区、安州校区举办了2022—2023学年"荣耀绵城"颁奖盛典活动,全体校领导、各二级学院领导、各职能部门负责人、师生代表6000余人参加典礼。学校官方视频号、抖音和照片直播等5个平台通过空中和地面协同直播,受到社会各界关心和支持学校建设发展的朋友、家长的好评。

六、社会服务和公益活动

这一类活动主要包括志愿者活动、社区服务、环保行动等,活动的开展形式包括志愿者活动、义卖捐赠活动等。

知识拓展

社区服务

社区服务是指个人或群体以自愿的方式,为改善社区福利、提供社区服务和促进社区发展而进行的活动。社区服务可以包括各种形式的志愿工作和服务项目。

在五一劳动节来临之际,为全面推进大学生劳动教育,培养学生肯干、实干、能干的劳动精神,树立劳动光荣的教育理念,同时,也为营造良好的社区文化氛围,增强学生对社区的归属感,2023年4月24日,绵阳城市学院游仙校区博梦生活社区开展了"构建花园社区,共享美好生活"栽种花卉的劳动教育。

在种植前,博梦生活社区的教师为学生准备好了铁锹、剪刀、手套等劳动工具。明确好种植区域之后,教师为学生讲解了各种工具的使用方法,以及与栽种花卉相关的注意事项。随后,同学们都开始行动起来,他们兴致勃勃,说干就干,戴好手套,分领了劳动工具,积极参与劳动。他们分工合作,奋力争先,有的提铲挖坑,有的挥锹除草,有的栽花扶土,有的浇水灌溉……大家干得热火朝天,努力为博梦生活社区的美好景色再添一抹新绿。

经过两个多小时的忙碌,一棵棵花苗挺立起来,在春风中尽情摇曳。面对此情此景,同学们有了自己的感悟,纷纷表示此次劳动教育的意义很深刻:社区因为自己的劳动变得更加美好、温馨,自己也感受到了对学校的热爱和劳动的幸福感。此外,活动还加强了师生之间的交流,增进了同学之间互帮互助的情谊。看着用自己的劳动换来的满园春色,同学们心中的成就感与自豪感油然而生。

最后,师生一起合影,共同纪念这一次具有教育意义的劳动。相信同学们在今后的生活中将会树立起正确的劳动价值观,以饱满的劳动热情投入日常的学习和生活当中,让"劳动"点亮青春的色彩。

七、外出参观和交流

这一类活动包括参观名胜古迹、博物馆、艺术展览等,或与其他学校、机构进行文化交流活动。

知识拓展

外出参观

外出参观是一种通过实地考察和观察来获取知识和经验的活动。它包括学校组织的教育考察、企业组织的工厂参观等。

2023年4月3日,绵阳城市学院各单位组织师生开展"缅怀先烈致敬英雄"主题班会。师生通过诵读先烈诗歌作品、讲述革命故事,表达对革命先辈无比怀念和崇高的敬意;表示要继承先烈遗志,发扬革命精神,刻苦学习,让先烈用鲜血染红的旗帜永远飘扬在祖国的蓝天。

主题班会结束后,学校组织师生徒步来到绵阳南山公园革命烈士陵园开展祭奠活动。随后,师生有序地参观了烈士纪念馆,聆听先辈的英雄事迹,重温革命历史照片和文物。大家在陈列的展品中回顾光辉历史,深刻感悟英烈精神,传承红色基因,赓续红色血脉,汲取新时代新征程上不断前行的精神动力。

以上仅是一些常见的形式示例,校园文化活动的形式可以根据具体情况进行创新和调整。重要的是选择适合目标和内容的形式,以提供丰富多样的校园文化体验和参与方式。

第三节 大学校园活动的具体开展

一、大学校园文化活动的组织

(一)组织原则

大学校园文化活动在大学生全面发展中起着重要作用。为了充分发挥校园文化活动在学生教育中的积极作用,高校在开展校园文化活动时应遵循多元性原则、普及性原则、公平性原则、安全性原则、开放性原则、持续性原则。

1.多元性原则

大学校园文化活动的多元性是指高校通过举办各种类型、各种形式的活动,提供多样化的活动项目和内容,让大学生能够根据自己的兴趣选择参与,以满足学生不同的兴趣、需求和特长,促进校园文化活动的多样化和包容性。多元性原则可以体现在以下几个方面。

(1)多样化的主题和内容:校园文化活动应涵盖不同领域和主题,如艺术表演、体育竞赛、知识讲座、社会公益等,以满足大学生的多样化需求和兴趣。

(2)多样化的形式和方式:活动的形式可以多样化,如演出、展览、比赛讨论会等,从而吸引不同类型和喜好的学生参与;同时,活动的方式也可以多样化,比如线下和线上结合,让大学生感受不同参与方式带来的不一样体验。

（3）多元化的组织者和参与者：校园文化活动的组织者应有不同的背景和专业领域，以保证活动的多元性；同时，活动也应鼓励全体学生参与，包括不同专业、年级、国籍、性别等背景的学生，以促进文化多元化和交流。

（4）多元性的宣传和推广：为了吸引更多学生参与，校园文化活动应采用多种宣传和推广方式，如海报、官方网站、社交媒体等；同时，高校也可以与其他学校或社团联合举办活动，扩大活动影响力和提高学生参与度。

多元性意味着校园文化活动应该考虑到学生的多样性，包括兴趣、能力、文化背景等方面，给予他们更多选择的机会。通过遵循多元性原则，校园文化活动可以创设一个多样化的学习和交流平台，丰富和提升大学生的校园生活体验。

2. 普及性原则

大学校园文化活动的普及性原则是指活动的参与者和受益者广泛覆盖学生群体，力争让每个学生都能参与。大学校园文化活动应当涉及所有学生，不论个人能力和水平如何。大学是一个普及教育的场所，每个学生都应有平等的机会参与校园文化活动。因此，大学校园文化活动的组织者应当注重普及性原则，提供不同难度和水平的活动项目，以满足不同学生的需求；也要坚持自主自愿与积极引导相结合的原则，在组织学生参加课外校园文化活动的过程中，教师的鼓励、引导是有必要的；同时充分尊重学生的自主选择权和自主活动权，在组织活动时要为学生营造一个自主讨论、组织、操作、交流和评价的良好环境和氛围。普及性原则可以体现在以下几个方面。

（1）平等机会：校园文化活动应为所有学生提供平等的参与机会，应让所有学生都能获得活动信息，不论其专业、年级、性别、国籍等背景如何。

（2）负担能力：校园文化活动的费用应合理，不宜过高，以保证大多数学生都能承担得起；同时，可以通过赞助、合作等方式降低活动的经济负担，使更多学生能够参与。

（3）宣传和推广：为了让更多学生了解和参与校园文化活动，活动的宣传和推广应全面且有针对性。可以利用各种渠道，如校内广播、校报、官方社交媒体等，广泛宣传活动的信息。

（4）灵活性和多样性：为了满足不同类型学生的需求和兴趣，校园文化活动应具有灵活性和多样性。其可以包括不同主题、形式和方式的活动，以吸引更多学生参与，满足不同人群的参与需求。

开展各种形式的活动，让更多的学生参与其中，提高他们的参与度和兴趣，促进校园文化活动的普及和深化。秉承遵循普及性原则，高校通过开展多层次全方位的校园文化活动促进所有学生参与和享受整个过程，提高整个校园文化活动的普及率和多元化能力。

3. 公平性原则

大学校园文化活动的公平性原则是指在组织和开展校园文化活动过程中，确保每位大学生享有平等的参与机会和公正的竞争环境，确保每个参与者的权益得到保障。公平性原则要求活动的规则和流程公开透明,不偏袒任何一方,不给任何一方不合理的优待。同时,组织者还应当设立相应的监督机制确保活动开展过程中不发生徇私舞弊等不公平行为。这一原则的目的是促进学生的全面发展和营造公平竞争的氛围,为大学生提供广泛参与各种文化活动的平台。校园文化活动公平性原则的具体体现包括以下方面。

(1)公正审查和选拔:确保选拔和组织校园文化活动的过程公开、公正、透明。组织者应建立公正的选拔机制,公平地评估每位学生的能力和潜力,消除任何不公平的因素。

(2)平等机会:提供平等的参与机会,不论学生的性别、年级、专业等条件如何。不应有任何歧视性的规定或限制,确保每个学生都有平等的机会参与到校园文化活动中。

(3)公平竞争环境:确保每个参与者在竞争环境中享有平等的条件。不允许有任何不公平的竞争手段,例如利用权力或资源不当等。同时,组织者应提供必要的帮助和指导,确保学生有平等的竞争机会。

(4)多样性和包容性:组织者应充分尊重和包容学生的不同背景、兴趣和特长,提供多种形式的文化活动,以满足不同学生的需求和兴趣。

(5)公平评价和奖励:在活动的评价和奖励过程中,应遵循公平、客观、公正的原则。评委应具备专业、客观的能力,对参与者的表现进行公正的评价,确保奖励机会公平分配。

通过遵循公平性原则,大学校园文化活动能够更好地促进学生的发展和素质的提升,形成公正、多元、包容的校园文化活动氛围。

4. 安全性原则

大学生校园文化活动的安全性原则是指在组织和开展校园文化活动过程中,确保参与者的人身安全和财产安全,充分考虑参与者的安全需求,提前做好相应的安全预防措施和应急准备工作。同时,应当加强活动现场全过程监管,防止安全事故以及其他不良事件的发生;创设一个安全、健康的环境,保障全员安全。实施校园文化活动安全性原则的具体措施包括:

(1)安全规划和预防:在组织校园文化活动前,进行充分的安全规划和风险评估,包括制订应急预案、明确安全责任人、预防潜在的危险和事故发生。

(2)安全设施和设备:确保场地、场所和设备的安全性,如保证舞台、灯光和音响设备的安全使用,以及紧急疏散通道和灭火设备的配置。

(3)安全培训与指导:为参与校园文化活动的学生提供必要的安全培训和指导,包括火灾逃生、急救知识等,提高学生的安全意识和应急处理能力。

(4)人员管理与监督:建立健全的人员管理制度,确保工作人员和志愿者具备相关资质和技能,并指定责任人对活动过程进行监督和管理。

5. 开放性原则

大学生校园文化活动的开放性原则是指在组织和开展校园文化活动过程中保持开放和包容的态度,为广大学生提供更加自由、多元、开放的参与和表达平台,促进学生的创造力、

想象力和创新能力的发展,鼓励学生积极参与和表达自己的观点和才能。实施校园文化活动开放性原则的具体措施包括:

(1)广泛参与:鼓励广大学生积极参与校园文化活动,不论其专业背景、兴趣爱好、性别、年级等条件如何,均可自由报名和参与。

(2)多元性和包容性:尊重和包容不同文化、背景、观点和才能,提供多样化的文化活动形式,如音乐、舞蹈、戏剧、讲座、艺术展览等,以满足学生的不同需求和兴趣。

(3)自主创作和表达:鼓励学生自主创作和表达,为学生提供展示自己才能和观点的机会,例如举办学生艺术作品展览、演讲比赛、创意设计大赛等。

(4)宽松管理和审查:确保管理和审查的门槛相对较低,避免任意限制和规定,给予学生更大的自由和创作空间。

(5)公开与共享:鼓励学生将自己的作品通过展示、演出和分享等方式对外公开和共享,与他人交流和互动,促进社会共享与推广。

开放性表示校园文化活动应该对广大学生开放,不局限于特定群体或团体。每个学生都应该有机会参与自己感兴趣的活动,并与他人共享和交流,促进学生之间的合作与交流。通过遵循开放性原则,大学校园文化活动能够激发学生的创造力和创新思维,激发学生的兴趣和发展潜力,有助于营造充满活力、多元、包容的校园氛围。

6. 持续性原则

大学校园文化活动的持续性原则是指活动应该具有持续性和长期性,以确保校园文化活动建设的稳定和连续发展。这一原则的关键在于活动的策划和组织,以确保活动长期进行下去。以下是校园文化活动策划、组织时应考虑的一些持续性原则。

(1)设立明确的目标:活动应该有明确的目标和宗旨,以指导其进行和发展。这样可以确保活动资源能够持续有效地投入,而不是临时性的行为。

(2)不断创新:活动应该具有创新意识,不断更新和改进。通过引入新的元素和理念,活动能够持续吸引学生的关注和参与。

(3)有组织的策划:活动应该由专门的组织或委员会负责策划和组织,确保活动的连续性和有效性。这样可以避免活动只是一时兴起,能够有持续的推动力。

(4)定期评估:活动应该进行定期的评估和反思,以发现问题和改进的空间。通过反思和改进,活动能够不断适应学生的需求和变化的环境,保持其持续性和发展空间。

(5)建立合作关系:活动应该与其他相关组织和部门建立合作关系,互相支持和促进。这样活动多方可以共享资源和经验,提高活动的质量。

大学校园文化活动的持续性原则是确保活动长期进行和发展的重要原则。通过设立明确目标、不断创新、组织策划、定期评估和建立合作关系,可以实现校园文化活动的稳定性和长期性。学校应该建立健全的组织体系和管理机制,为活动提供持续的支持和保障,保证活动能够长期开展并逐步发展壮大。

（二）时代特征

党的十九大报告强调,要坚持中国特色社会主义文化发展道路,激发全民族文化创新创造活力,建设社会主义文化强国。大学校园文化活动作为社会文化的一部分,是高校师生长期积淀并不断传承的一种物质和精神产品,包括精神、物质、制度、活动、网络等层面和类型,是一个复杂而综合的系统,具有十分重要的育人功能。思想教育的引导既需要旗帜鲜明的理论阐释,也需要体现正确导向的文化滋养。校园文化活动既是校园文化活动建设本身的主要内容,也是开展大学生思想政治教育的重要载体和手段。习近平总书记在全国高校思想政治工作会议上强调,"要更加注重以文化人以文育人,广泛开展文明校园创建,开展形式多样、健康向上、格调高雅的校园文化活动,广泛开展各类社会实践"。

在校园文化活动的发展过程中,高校师生应围绕"培育社会主义合格建设者和可靠接班人"的培养目标,以中华优秀传统文化、革命文化和社会先进文化为主导,充分利用物质资源、精神财富,共同开展集教育、娱乐、审美于一体的各种活动。这既是校园文化活动文化内涵不断丰富充实的过程,也是其对高校师生产生深刻影响的过程。

文化是教育的主要内容,具有润物无声的功能和作用,也是对青年学生进行思想政治教育的重要载体和途径。"在我国全面建成小康社会的关键时期,一方面,我们距离实现中华民族伟大复兴中国梦越来越近,文化自信越来越强,同时,我们也比以往任何时候更深刻地感受到建设新的文化形态的紧迫性。"这种情况也自然地反映到高校校园文化活动中,体现在当代大学生的文化活动开展过程之中。当前,大学生思想的独立性、选择性、多样性和差异性日益增强,面对开放环境和国际化进程中的人才培养,建设新时代的大学校园文化活动形态更具紧迫性,重视校园文化活动建设更加具有特殊意义。高校的校园文化活动建设要凝聚价值理念,坚持立德树人,聚焦青年学生的文化自信。高校要通过校园文化活动的设计、组织和管理,更好地实现文化的教育、导向、熏陶、凝聚和激励作用,并进一步将先进文化辐射至全社会。因此,在大学校园文化活动组织方面要注意把握好一些新的时代特征。

1. 高层次的发展定位

高等教育具有人才培养、科学研究、服务社会、文化传承创新等功能,高校在实现自身价值功能的过程中,要坚持社会主义办学方向,认真贯彻党的教育方针,努力培养德才兼备的中国特色社会主义事业的合格建设者和可靠接班人。这一高目标,要求高校综合运用课堂教学、文化熏陶、实践锤炼等多种方式,使大学生在校园文化活动中增知识、修品德、长才干。同时,高校教育管理者应具有较高的思想素养和科学文化素养,高层次的教育管理者在指导和参与校园文化活动的过程,也是其以自身的道德和行为潜移默化地影响学生的过程。这就要求大学校园文化活动的层次和品位要体现价值导向,立意要高,格调要高。

2. 具有时代感的内容设计

大学校园文化活动作为特定人群的一个实践活动,属于社会活动中的一部分,具有鲜明的时代性,往往与当时社会的政治、经济、文化及教育等多方面息息相关,其要素、内容、机制、形式都在不断与时俱进。同时,大学校园文化也是社会文化的一部分,必然受到社会文化环境变化的影响,也反映在校园文化活动和师生思想实践中。比如,2012 年 11 月 15 日,习近平总书记在中央政治局中外记者见面会上的讲话中说:"我们的人民热爱生活,期盼有更好的教育、更稳定的工作、更满意的收入、更可靠的社会保障、更高水平的医疗卫生服务、更舒适的居住条件、更优美的环境,期盼着孩子们能成长得更好、工作得更好、生活得更好。"这 10 个"更"是党和国家的奋斗目标和每个人的奋斗目标的具体体现,也是中国梦最贴近人民生活实际的诠释。中国梦的文化元素必然成为校园文化活动内容设计的主要元素。另外,校园文化活动还与地域文化、社区文化、家庭文化等相互作用,一定条件下也能影响地域文化、社区文化和家庭文化,所以,大学校园文化活动的设计、组织和管理应把握好活动内容的时代感。

3. 多样化的方式路径

大学校园文化活动内容的时代感,也表现为活动方式和途径的多样化。青年大学生思维活跃,乐于采用新颖的、活泼的方式开展校园文化活动,使校园文化活动更加生动形象、深入人心。当前的青年学生是享受改革开放"红利"成长起来的一代,是独生子女居多的一代,是伴随互联网成长起来的一代,这使得当代校园文化活动的方式路径应与传统有很大改变。这就需要学校对学生做出细化的分析,根据不同的学生来组织、安排、设置合理的活动内容,改进活动方式和活动效果,让学生自觉、主动、乐意参加活动。当代高校校园文化活动日益丰富多彩,这体现在活动类型的多样、活动内容的多样、活动形式的多样上,展示了当代青年学生的蓬勃朝气和创新精神。

4. 注重传承创新特色品牌

大学校园文化活动的建设和发展具有传承性,一所学校的传统、校训校风、校纪等,都在活动中得到了良好延续,荟萃学校核心文化的品牌活动得到持续稳定发展。同时,随着社会的发展和教育的进步,高校校园文化活动的创新变得越来越重要。其从活动形式、活动内容、参与方式等多方面进行创新以满足新时代学生的需求,为学生提供更为广阔的发展空间。这就使得大学校园文化活动开展过程中,具有代表性和引领性的文化活动品牌的培育成为可能,也反映出不同时期青年学生的思想热点和社会变迁在校园文化活动内的折射。目前,高校校园文化活动异彩纷呈,一些学生社团、科技比赛、艺术活动、体育赛事等经过多年的发展和积淀,已在高校中形成品牌、引领风尚。

5. 丰富的组织形式

以往,大学校园文化活动的组织形式一般有学校主导型和学生主导型两种。学校主导型的组织方式是由学校职能部门、二级院系、党团组织等发起,通过"学校—学院—年级—班级"的矩阵展开活动,其组织的思想性、指导性强,覆盖面广,能将思想教育活动的精神内涵在较大范围内进行宣传。学生主导型的组织方式一般由学生社团、学生会、班委以及学生组织发起,直接面向一定群体的学生开展活动,"从学生中来,到学生中去",形式较新颖活泼,容易吸引学生。随着大学校园文化活动的建设发展,"项目委托型"的组织方式兴起,这实际是资源的有效整合,近年来被广泛地应用于实际活动中。这种方式将学校主导和学生主导相结合,既发挥学校在校园文化活动中的指导作用,又发挥学生自我组织、自我教育、自我管理的功能。高校应针对教育主题、活动内容、教育对象,采用适合的组织形式,让校园文化活动的效果最大化,从而不断推进高校校园文化活动建设。

二、 大学校园文化活动的策划

策划和设计大学校园文化活动需要考虑多方面内容,包括活动目的、参与人群、活动内容、时间安排、场地选择、宣传推广等。

(一)确定活动目的和主题

做活动之前,组织者应明确此次活动的目的,是促进学生体育锻炼、增加文化艺术氛围、提升学生综合素质,还是加强团队合作。然后根据目的确定活动的主题,使活动有针对性、具有吸引力。

(二)考虑参与人群

了解活动的目标受众是哪些学生群体,把握当代学生的时代特征,分析目标受众,根据不同的人群特点、兴趣爱好、知识水平等进行设计,量身定制活动内容和形式,以提高参与度和满意度。

(三)制订活动计划

细化活动的时间安排,包括活动的日期、持续时间、每个环节的具体内容和安排。注意留出充足的准备时间和预算,以确保活动的顺利进行。

(四)确定场地和设备需求

选择适合活动目的和规模的场地,如操场、体育馆、剧场等。确保场地和设备符合安全标准,并预留足够的空间供参与者活动和观众观看。

(五)设计活动内容

结合活动目的和主题,设计多样性的活动内容,包括比赛、展览、演出、讲座、工作坊等。活动内容应注重传承创新、互动性、趣味性等,充分考虑到绝大部分同学的需求,使参与者能够积极参与和享受活动。

(六)宣传推广

利用学校的舆论平台,如校报、校电视台、论坛、公共文化栏等进行多渠道活动宣传,吸引更多的学生参与。同时,与学生组织、教师合作,通过口碑传播和个人推荐扩大活动的影响力,形成"一人参与,千人关注"的良好局面。

(七)考虑安全和保障

确保活动的安全性和保障措施,包括现场安全、急救措施、保险等。组织人员需要经过培训,并与相关部门合作,及时处理紧急情况。

（八）活动评估与改进

活动结束后进行评估和反馈收集，了解参与者的满意度和意见建议，及时调整和改进活动，以提升活动质量和效果。学校还可以根据具体情况，进行个性化的调整和创新。

三、大学校园文化活动的实施

本节以绵阳城市学院为例。基于前文中提到大学校园文化活动的组织原则，结合"三自"教育理念，绵阳城市学院在大学校园文化活动的实施过程中，改变传统的大学校园文化活动组织方式，由学校团委、教师主导转变为由学生主导，充分发挥学生主观能动性和主体能动性。"绵城"学子在活动中主动积极转变思维态度，思考如何办出有影响力、具有创新性、体现学校品牌精神的校园文化活动，并将活动落地实施。活动实施前后，学生除了秉承实施原则，撰写策划与设计方案外，对整个活动的实施过程也要有更全面的理解和认识。

（一）确立学生活动团队

学生活动团队根据活动的规模和类型进行组建：有活动主要负责人，以便协调团队各部门之间的关系；有活动专项指导教师，将学校精神的表达与思想政治教育使命相结合，并准确体现于活动中；其余成员由学校不同专业的学生组成，充分体现学校各专业人才培养目标中的一致性，以培养学生团队合作能力。

（二）环境分析

环境分析可以从两方面进行：一是内部环境分析，包括学校基础设施、学生性质和学校校园文化活动建设方向等。二是外部环境分析，包括新闻热点、社会发展趋势等。

（三）确定活动目的

校园文化活动的实施过程，应根据期望目的，结合活动组织团队的实际能力和情况进行合理制定。

（四）设计活动主题

一个好的主题，不仅能形象生动地概括文化活动的主体思想，还能使整个活动的主旨、格调、气氛和境界都得到升华，而且能引起广大受众的共鸣，产生较强的感染力和吸引力。

（五）确定活动目标对象

大学校园文化活动目标对象的确立十分重要，这关系到活动实施全过程的侧重点，特别是宣传工作的覆盖面；也是展现活动影响力的关键因素。要最大限度地扩大活动影响力，就应该明确目标对象，才能做到精准宣传、提高活动参与度。

（六）选择活动宣传媒介

大学生校园文化活动的宣传对象以校内的学生为主，首先通过张贴海报、宣传广告、校园文化活动广播、网上发布信息等方式进行公布宣传，宣传内容要贴合生活实际，激发学生兴趣。其次，基于高校校园文化活动环境具有群体传播的良好基础，可以采用通过学生干部团队以友带友、老带新的形式进行群体传播，达到宣传覆盖面最大化。

（七）活动方案的设计与创意

大学生校园文化活动在设计方案时要尽量发挥学生团队的群体智慧,总体设计要具有规范化特征,局部设计要具有多样化特征,体现思想政治教育使命、学校精神,具有明确的教育主题、品牌形象识别系统,并且在活动实施过程中要具有可行性、创造性、效益性、可操作性、传承性、延续性、影响力和示范作用。

以上为大学生校园文化活动的前期准备工作,在具体落地实施方面有如下几个步骤。

1.活动方案、策划的审批和报送

学校大型活动审批制度制定的主要目的是规范学校内大型活动的筹备与举办流程,保障学生和教职员工的人身安全,维护正常的教学秩序和校园文化活动秩序,维护学校自身形象和声誉。

学生活动申请流程如下(一般通过线上的形式)。

(1)举办大型活动的组织者需要填写申请流程,并附上活动计划书、活动预算明细表、安全保障方案等。

(2)申请表需要先交由指导教师审核和审批。

(3)申请表待指导教师审核通过后需要提交至学校相关部门进行审核和审批。

(4)如果活动规模较大,安全保障部门还需要审核和审批相应的安全保障方案。

2.活动实际开展流程

(1)活动物资的采购。如比赛类的奖品、表演类的服装道具,志愿类活动的保障物资等,学校统一采购都是需要时间的,在审批通过的第一时间及时提交给后勤采购部门,避免影响活动正常开展。此外,一般学校采购部的采购时间都比自行采购的时间长,如遇到需要紧急采购的物资可自行采购,但自行采购物资需按照流程进行报销。以绵阳城市为例。第一,打印活动中所有自行采购物资的发票(发票信息户名和税号均为学校正确信息);第二,找后勤负责仓库物资管理的教师入库所有自行采购的活动物资;第三,带着入库单和发票找学校相关部门存档(同时出具活动审批通过单一打印出来);第四,所有报销材料整理以电子版形式同步发送;第五,由相关部门统一提交给财务处负责教师,走学校报销流程。

(2)活动前期造势与宣传。根据前文提到的预先准备宣传方案,围绕活动主题设计活动海报、写宣传文稿、在校园文化活动各地人流量大的区域设置活动宣传流动摊位,提升学生关注度。

(3)活动场地的借用和设备的使用。每所大学都有专门用于开展活动的场地,但因活动种类数量繁多,需统一借用,借用前需根据活动要求选择适合活动目的和规模的场地,如体育馆、剧场等。确保场地和设备符合安全标准,并预留足够的空间供参与者活动和观众观看。

(4)活动流程的审核与预演。比赛类活动需对参赛学生提交的竞赛内容进行提前审核,评估是否符合比赛要求,有无明显消极错误的内容,为保证比赛高质量顺利进行,一般需要

选手对场地进行熟悉,提前预演;表演类活动需要对参演节目进行选拔审核与筛选,围绕活动主题还可能进行节目内容调整,并且表演类活动往往为了保证观众体验感,必须确保活动内节目的完整性与连贯性,因此整体彩排不低于三次,节目组内彩排不低于五次。志愿类活动需要提前过一遍活动流程,保证活动中无安全隐患,活动过程及结尾要让人感觉有价值,避免出现无意义、盲目摆拍等行为。

(5)活动过程中可能出现问题的提前预估与解决方案。每件事情都有它的不确定性和不确定因素,对活动过程可能出现问题的提前预估和设置"预备方案",才能保证活动万无一失。如比赛类活动选手紧张发言中断、长时间空白,表演类活动话筒无法收声、音响出现故障等,都可以选择主持人进行控场与救场;志愿类活动出现意外状况,如何处理跟后续活动内容的衔接,要有明确的流程与方案。

(6)活动工作人员安排与目标群体的邀请。活动工作人员的安排需要根据活动规模和类型进行分配,对于活动过程的每个环节都要求有专门的工作人员进行指引和推进,所以,如何拆分活动内容、分配工作人员是活动能否正常开展的关键。尤其是比赛类和表演类的节目,观众需求度较高,如何激发学生兴趣,提高参与度,避免强迫性参与,才能保证观众的受益性和体验感。是否需要邀请函,座席如何安排,在活动过程中如何提高观众参与感和注意力,是评判一个活动是否具有积极影响力的重要因素。以"绵城之春"迎新晚会为例,通过将活动内容分为统筹、后勤、节目、技术支持、场控等模块,将学生团队分为导演组、后勤组、节目组、技术人员、氛围组等小团队,明确职能划分,各司其职。对观众分发带有特定编码的邀请函,以此编码进行抽奖活动,激发学生兴趣,在入场时给观众分发荧光棒和充气棒,增加活动会场的氛围感,提升观众参与感。

(7)活动结束后的及时收尾工作。除了对借用场地的清扫和归还,往往结尾更需要对团队的赞扬和鼓励,在此时留下一张大合影,记录大家此时的状态和心情,留下属于自己的独家纪念。

(8)活动的总结与反思。任何活动都需要在完成后进行复盘、反思和总结,从是否围绕活动主题达到活动目标、是否符合活动要求、是否具有积极的影响力等方面进行复盘和总结,再对其中不完美的部分进行反思,提出优化方案,才算是给此次活动画上了圆满的句号。

第四节　绵阳城市学院的特色活动

一、绵阳城市学院校园文化活动类别

绵阳城市学院在教育综合改革的过程中,积极探索"活动项目化、项目课程化、课程特色化"的校园文化活动建设路径,开展了多层次、全方位的校园文化活动。

（一）科技竞赛类

科技竞赛类活动：创新创业校内选拔赛活动，主要筹备"挑战杯"全国大学生系列科学技术竞赛、"青创杯"广州青年创新创业大赛等创新科技活动。活动目标是培养参与者的科技兴趣和爱好。科技竞赛类活动可以通过生动有趣的方式展示科学理论和技术应用，让参与者亲身体验到科技的魅力和神秘感。

（二）科技文化类

科技文化艺术节：建造文化周活动、艺术节毕业设计展活动。活动目标是充分地彰显大学生的专业精神、创新精神、工匠精神，培养大学生高雅的审美情趣，让学生做一名有温度、有情怀、有风骨的建造者，提高学生的实践能力与团结协作能力。

（三）社会实践类

社会实践类活动：以提高大学生综合素质为目标，使学生在实践中受教育、长才干、拓展综合素质，有效地把文化、科技、卫生"三下乡"社会实践活动推向长期化、项目化、阵地化发展。

（四）思想道德类

"荣耀绵城"颁奖典礼：以激励绵阳城市学院学子勤奋学习、争先创优、奋发有为，培养"多专多能"型人才为活动目标。五四颁奖典礼暨团校培训：表彰优秀青年、树立榜样、增进社会关注和支持、促进交流合作，同时使更多青年学子提高理论水平和实践能力，推动团的工作和事业的发展。

（五）体育美育类

运动会：活动目标是全面贯彻落实党和国家加快建设体育强国步伐的要求，全面推进学校健身运动的深入开展；大力营造"阳光体育、团队协作"的校园文化活动氛围，构建和谐校园；加强大学生之间的交流，体现大学生之间团结合作的品质，增强班级凝聚力，传播积极能量，丰富大学生的课余生活，增强学生的身体素质和凝聚力。

（六）文化艺术类

（1）绵城潮玩节：活动目标是为了丰富校园文化生活，让学生们在学习之余能够感受到更多元的文化氛围，通过参与活动，学生们可以锻炼自己的创造力和创新精神，激发自己的想象力和创造力，培养自己的创新思维和解决问题的能力。同时推动校园文化的多元化和个性化发展，活动也可以为校园文化注入新的活力和动力，推动校园文化不断创新和进步。

（2）毕业季系列活动：活动目标是为营造温馨和谐的毕业氛围，加强对毕业生的人文关怀，将毕业生的热情融入到感恩母校、立志成才和服务国家建设的实际行动中。

（3）迎新晚会：活动目标是为新生展示绵阳城市学院特色校园文化，让新生能够真切地感受到绵阳城市学院的和谐与活力，从而激发新生对学校的自豪感与归属感，让新生结识更多志同道合的朋友，更好地适应大学生活，同时，锻炼新生的组织策划能力。

（4）社团嘉年华：活动目标是活跃校园文化氛围，丰富大学生的课余活动，展示各社团多年来的成果,加深在校大学生对社团的了解和认识。

（5）"绵花糖"音乐节:活动目标是把深受年轻群体追捧与喜爱的音乐节搬进校园,为学生们打造一场释放压力、放飞自我的视听盛宴,展现学生风采,增强校园凝聚力。

（七）文化活动类

（1）美食文化节:活动目标是为了促进同学间的交流与合作,提高大学生的动手能力,让大学生了解美食文化,拥有一个美好的大学生活。

（2）心理情景剧:活动目标是通过情景剧表演传播积极向上的生活学习理念,激发学生热情,活跃学院气氛,推广校园文化活动,以最能触动大学生心灵的心理情景剧来使大学生审视自己、思考人生,从而找到最恰当的方法驱散心中的阴霾、让阳光洒满心田。

（3）教师节系列活动:活动目标是为热烈庆祝教师节,弘扬尊师重教的良好风尚,引导大学生感念师恩、礼敬教师,努力营造浓厚的节日氛围。

（4）双节系列活动（国庆和中秋）:活动目标是庆祝国庆节和中秋节,宣传中国传统节日,提升学生幸福感,培养学生社会责任感。

（八）志愿服务类

志愿服务活动:活动目标是规范和加强大学生志愿服务的管理,发挥志愿服务的社会价值,提高大学生的社会责任感和社会参与度。

二、绵阳城市学院特色校园文化活动

（一）颁奖盛典活动——以"荣耀绵城"为例

"荣耀绵城"年度颁奖盛典是绵阳城市学院特色校园文化活动之一,是学校典礼文化的重要组成部分,通过表彰先进、树立典范、展示风采,调动全校学生的学习积极性、推动学校工作健康全面可持续发展,激励广大"绵城学子"勇挑时代重任,争做有为青年,鞭策广大"绵城学子"勤学笃行、立志成才。"荣耀绵城"颁奖盛典各大奖项宣传、评选从每年9月启动,颁奖典礼在次年5月举办,全体在校生均参加评选。

1. 举办"荣耀绵城"颁奖盛典的目的及意义

"荣耀绵城"颁奖盛典是绵阳城市学院重要的典礼文化活动之一,是学校学风、校风建设的重要组成部分,主要目的和意义体现在以下几个方面。

（1）营造氛围。通过组织各类奖项的评选工作在校园里营造良好的学习氛围,建立优良学风、校风,给学生创造一个和谐美好的学习环境。

（2）促进交流。为不同年级、不同专业的学生提供一个交流学习的机会,通过优秀典型人物、先进事迹等分享和传递学习经验,帮助更多的学生取得优异成绩。

（3）传承文化。"荣耀绵城"颁奖盛典是"绵城学子"优良品质届届传承的重要承载平台,也是学校展示教育管理成果的组成部分,通过届届传递,让学校的文化特色得以提炼、升华。

（4）展示才华。"荣耀绵城"颁奖盛典给优秀学生提供了一个展示自我的舞台,有助于激发他们的学习和工作积极性,提高自信心,带动更多学生努力学习、积极工作。

（5）团结协作。筹备和组织"荣耀绵城"颁奖盛典的过程中,需要学生团队的协作与沟通,有助于培养他们的团队精神和组织协调能力。

（6）弘扬争优创先精神。通过举办"荣耀绵城"颁奖盛典来传扬积极进取、争优创先精神,促进学生树立积极的学习目标和工作目标,不断提升自己的综合素质。

"荣耀绵城"颁奖盛典有助于学生树立正确的学习目标和人生目标,对引导新生尽快适应大学生活起到积极作用。举办"荣耀绵城"颁奖盛典可以在校园里营造一个良好的学习氛围,激发学生积极进取、突破自我的奋斗精神。

2．"荣耀绵城"颁奖盛典的举办形式

"荣耀绵城"颁奖盛典通常由党委主办,学生工作处制订各类奖项的评选方案,面向全校学生发出评审通知。学生资助管理中心负责组织各类奖项的评审工作。各级评审工作人员要对整个评审工作进行广泛宣传,确保达到在校学生全覆盖。工作中要严格遵守评审要求,保证评审工作公平、公正、公开。奖项如下。

（1）绵城之星:考核期内获得国家奖学金。

（2）绵城通才:考核期内获得大学生综合素质 A 级证书。

（3）竞赛先锋:考核期内获得省级竞赛一等奖及以上奖项。

（4）创新先锋:考核期内成功申请专利、发表核心期刊论文。

（5）绵城楷模:考核期内获得"绵阳市三好学生""优秀学生干部"称号。

（6）考研牛人:考核期内考入"双一流"大学。

（7）服务之星:考核期内在各类助理岗位上业绩突出、表现优秀的个人。

（8）团学之星:在各级各类团学组织中思想素质过硬、工作能力很强、工作业绩突出的学生干部。

（9）志愿先锋:考核期内根据"志愿先锋量化考核表"计算总得分前 10 名。

（10）创业先锋:成功注册公司且考核期内产值超 50 万元。

（11）绵城学霸:入学以来平均学分绩点大于等于 3.8(专业总人数 400 人以内第一名、401～800 人前两名、800 人以上前三名)。

（12）五好班级(集体奖项):各专业学院推选班级总数(毕业年级除外)10%,学生处量化评选 20 个班级进入答辩环节,根据答辩评选 10 个班级予以表彰。

（13）模范宿舍(集体奖项):社区工作处根据量化考核细则评选 50 个宿舍予以表彰。

在"荣耀绵城"的基础上,学生资助管理中心根据《"绵城精英"奖学金评选细则》组织评选"绵城精英"奖学金,获得"荣耀绵城"各奖项的学生才有资格申请"绵城精英"奖学金。学生资助管理中心根据评选细则设定量化考核表,按总成绩排名前 10 的获得特等奖学金,每人 10000 元;11～30 名获得一等奖学金,每人 4000 元;31～60 名获得二等奖金,每人 3000

元;61～100 名获得三等奖金,每人 2000 元。

3. 学生参与"荣耀绵城"颁奖盛典的方式

大学生参与"荣耀绵城"颁奖盛典有多种方式,大学生可结合自己情况有针对性地选择参与方式,以达到展示自己、锻炼自己的目的。

(1)以获奖学生代表身份参与。学生应在每学年开学初就根据各类奖项评选标准给自己设定目标,争取能够获评,进而争取得到学校的奖学金。

(2)以组织人员身份参与。"荣耀绵城"颁奖盛典需要多类组织人员,学生可结合自身情况选择参加 。

①策划人员。擅长活动策划的学生可报名参加"荣耀绵城"颁奖盛典的前期策划工作,策划团队通常由教师指导,高年级学生担任团队负责人,结合"荣耀绵城"颁奖盛典的基本要求和学校的典礼文化特色制订"荣耀绵城"颁奖盛典策划方案。

②宣传人员。擅长活动宣传的学生可报名参加"荣耀绵城"颁奖盛典的宣传工作。宣传团队通常由教师负责,"荣耀绵城"颁奖盛典正式启动之前制订具体的宣传方案,在正式启动时立即开始前期的宣传工作,典礼结束后还需在各大媒体平台进行宣传报道,增加先进学生的影响力。同时,宣传团队还需负责整个典礼活动的主持稿、颁奖词的编写,以及拍摄先进事迹视频等工作。宣传人员需要具备摄影摄像、视频剪辑、修图、文字编辑、页面编辑及视频制作等能力。

③组织人员。擅长沟通和组织的同学可报名参加"荣耀绵城"颁奖盛典的组织工作,组织团队通常由教师指导,分小组由高年级学生担任小组负责人,新生是主要的执行者。通常有组织小组,主要负责组织各大奖项的评选工作,制作证书、奖杯等;后勤保障小组,主要负责各类物资保障工作,现场秩序维护等:外联组,主要负责对接各获奖选手上台领奖,同时负责拉取赞助,协调后勤搬运物资,协调颁奖嘉宾为获奖学生颁奖;办公小组,负责相关经费及物资的调配等。

(3)以观众身份参与。学生以观众的身份参加"荣耀绵城"颁奖盛典,学习获奖学生的先进事迹,给自己建立积极的学习目标。

(二)运动会活动

运动会是由团委举办的面向全体学生的运动比赛,涵盖田径比赛和球类比赛两种形式。通过举办运动会推动体育运动的普及与发展,丰富同学们的课余文化生活,增强学生体质,加强学生之间的交流,体现学生团结合作精神,增强团队凝聚力。运动会举办时间在每年 11 月左右,全体在校生均可报名参加选拔赛。

1. 举办运动会的目的及意义

运动会是学校的大型活动之一,举办运动会的主要目的和意义体现在以下几个方面。

(1)营造氛围。通过组织各类比赛激发学生运动热情,促进学生身体素质的全面发展,同时还能不断提高学生的各项技能水平和运动成绩。

（2）促进交流。运动会为不同年级、不同专业的学生以及教师提供一个交流平台,有助于他们互相了解、沟通和建立联系,有利于学生拓展人际关系、提高人际交往能力。

（3）传承文化。举办、运动比赛,可以传扬坚持不懈、积极向上、敢于拼搏的精神,同时也可以培养学生不畏困难、勇往直前的精神。

（4）展示才华。运动会给具有体育特长的学生提供了一个展示自我的舞台,有助于激发他们的潜能、提高自信心。特别是近几年学校招收体育专业学生后,需要给他们一个展示自我的机会,并通过比赛检验自己的成绩。

（5）团结协作。筹备和组织运动会的过程需要学生团队的协作与沟通,有助于培养他们的团队精神和组织协调能力。

（6）弘扬拼搏精神。运动会通常以顽强拼搏精神为主题,倡导以赛会友,有助于引导学生树立积极的追求精神。运动会在帮助学生增强体质、展示专业特长、排解学习压力等方面具有重要意义。举办运动会,可以为校园文化活动营造一个全民健身的校园文化活动氛围,激发学生强身健体、保家卫国的奋斗精神。

2. 运动会的举办形式

运动会通常由团委制订比赛方案,面向全校学生发出邀请。体育教研室制订竞赛规则,确定比赛项目及比赛规则等。

因比赛有一定安全风险,比赛要求所有参赛选手、裁判员、组织人员首先要保证人员安全,在此基础上争取更好的成绩。

比赛由体育教研室组织专业教师带领学生团队具体负责每个比赛项目的组织工作。

球类运动主要有篮球比赛、乒乓球比赛、羽毛球比赛。除了正式比赛,还举行各类友谊赛和训练赛。因足球比赛风险较大,暂未设置为正式比赛项目,只组织友谊赛。

运动会分学生组和教师组,同时分个人比赛和集体比赛。

学生男子组:100 米短跑、200 米短跑、400 米短跑、800 米长跑、跳高、跳远、铅球、4×100 米接力、4×400 米接力。

学生女子组:100 米短跑、200 米短跑、400 米短跑、800 米长跑、4×100 米接力、4×400 米接力、跳高、跳远、铅球。（注:男子铅球 5 千克,女子铅球 4 千克）。

学生集体项目:跳大绳（10 人,女生至少 5 人,时长为 3 分钟）。

教师组:100 米短跑、200 米短跑、跳高、跳远、铅球、跳大绳（5 男 5 女混合项目）、滚轮胎接力（5 男 5 女混合项目）、同舟共济（5 男 5 女混合项目）。

3. 学生参与运动会的方式

大学生参与球类运动会有多种方式,可结合自己的特长有针对性地选择参与方式,以达到锻炼自己社交能力、组织能力和提升自己体育竞技能力的目的。

（1）以运动员身份参与。学生如果有运动特长,可以通过申请参加预选赛,预选赛不限制报名人数,所有学生均可报名参加初选、复选。比赛注重过程,重在参与,不管竞技水平高低,鼓励学生积极报名参赛,以强身健体为主要目的。

（2）以裁判员、表演人员、啦啦队队员身份参与。裁判员通常由熟知比赛规则、具有裁判经验的同学担任,经过体育教师的专业培训后持证上岗,裁判员需保持客观公正的态度,保证比赛的公平、公开、公正。为了弘扬体育文化精神,运动会开幕式、闭幕式通常会安排节目表演,学生如果有表演特长,可申请加入表演团队。各参赛队为给参赛选手助威加油,调动现场观众的活跃气氛,通常会组建自己的啦啦队,有特长或爱好的同学可报名参加啦啦队的选拔。

（3）以组织人员身份参与。运动会需要多类组织人员,学生可结合自身情况选择参加球类运动会的组织工作。一种是策划人员,擅长活动策划的学生可报名参加运动会的前期策划工作。策划团队通常由教师指导,高年级学生担任团队负责人,团队成员在教师和团队负责人的指导下发挥自己的活跃思维,结合运动会的基本要求和学校的体育文化特色制订运动会策划方案。

一种是宣传人员,擅长活动宣传的学生可报名参加运动会的宣传工作。宣传团队通常由教师负责,运动会正式启动之前制订具体的宣传方案,在正式启动时立即开始前期的宣传工作。在比赛正式开始前,宣传团队要不间断地宣传报道比赛的筹备工作为运动会造势,待比赛正式开始时还需开展各类小活动以增强学生的参与度,吸引学生到场为运动健儿加油助威;比赛结束后还需在各大媒体平台进行宣传报道,增加比赛的影响力。同时,宣传团队还需负责整个球类运动会开闭幕式的主持稿编写等工作。宣传人员需要具备摄影摄像、视频剪辑、修图、文字编辑、页面编辑及视频制作等能力。

一种是组织人员,擅长沟通和组织的同学可报名参加运动会的组织工作。组织团队通常由教师指导,分小组由高年级学生担任小组负责人,大一新生是主要的执行者。比赛组织小组,主要负责组织参赛选手的选拔和比赛现场各项比赛的组织工作;后勤保障小组,主要负责各类物资保障工作,现场秩序维护等;外联组,主要负责对接各参赛选手,同时负责拉取赞助、协调后勤搬运物资,协调裁判员、表演人员各司其职等;办公小组,负责相关经费及物资的调配等。

一种是观众,学生以观众身份参与运动会时,要遵照比赛组织者和班级的统一安排,维持比赛现场的秩序,特别注意不要随意在比赛区域走动。

（三）迎新晚会活动

迎新晚会是在大一新生进校后由学校团委主办的一场综合性文化表演活动,通过举办迎新晚会表达学长及教师对大一新生的热忱欢迎。迎新晚会通常在新生进校后由高年级学生带领大一新生一起参与组织、表演等。举办时间在 11 月,参与学生以大一、大二年级学生为主,晚会通常在足球场举行,到场观众数千人。

1.举办迎新晚会的目的及意义

迎新晚会是学校的大型活动之一,举办迎新晚会的主要目的和意义体现在以下几个方面。

（1）营造氛围。迎新晚会通过组织丰富多彩的文艺表演活动，为新生营造轻松愉快的氛围，帮助他们更好地融入新环境，建立友谊。

（2）促进交流。迎新晚会为不同年级、不同专业的学生提供了一个交流平台，有助于他们互相了解、沟通和建立联系。这对新生拓展人际关系、提高人际交往能力具有积极意义。

（3）传承文化。迎新晚会通常包含学校的历史、传统和特色文化元素，通过展示学校的文化魅力，激发新生对学校文化的认同感和归属感。

（4）展示才华。迎新晚会为有才艺的学生提供了一个展示自我的舞台，有助于激发他们的潜能、提高自信心。

（5）团结协作。筹备和组织迎新晚会的过程需要学生团队的协作与沟通，有助于培养他们的团队精神和组织协调能力。

（6）弘扬正能量。迎新晚会通常以积极向上的精神为主题，强调团结、友爱互助等正能量，有助于引导新生树立正确的价值观和人生观。

迎新晚会在帮助学生融入新环境、促进交流与合作、传承文化、展示才华等方面具有重要意义。通过举办迎新晚会，学校可以为新生营造一个温馨、和谐的校园文化氛围，为他们的成长和发展奠定良好基础。

2.迎新晚会活动的举办形式

迎新晚会是以文化表演为主的一种舞台表演活动，通常由团委制订活动方案，确定活动的主题、时间及地点等，并面向师生发出邀请。

晚会要求所有参赛节目必须能够展现积极健康的精神，作品需富有创造性、表达性，并有一定的思想性、艺术性和观赏性。表演形式不限、类别不限。参赛节目主题明确，队员精神面貌好，衣着整齐大方，进出场纪律好。

节目类型：声乐方面，含通俗、民族、美声、独唱、合唱等；舞蹈方面，含民族舞、古典舞、现代舞、街舞、拉丁舞等；器乐方面，含民族乐器、西洋乐器；表演形式方面，含乐队表演、合奏、独奏及重奏等；语言方面，含话剧、小品、相声、朗诵、舞台剧、脱口秀等。

除此之外，迎新晚会还鼓励能展现中国传统文化的节目积极参与表演，如中华武术表演、戏曲等。

3.学生参与迎新晚会的方式

大学生参与迎新晚会有多种方式，学生可结合自己的兴趣爱好和特长有针对性地选择参与方式，以达到锻炼自己的社交能力、组织能力和提升自己文化素养的目的。

（1）以演出人员身份参与。学生如果有文化表演特长，可以通过申请个人节目或组队申请团队节目的形式参加迎新晚会表演。晚会通常选拔12～15个节目参加正式表演，但晚会不限制报名人数和团队，所有学生或团队均可报名参加初选、复选。

（2）以组织人员身份参与。迎新晚会需要多类组织人员，学生可结合自身情况选择参加迎新晚会的组织工作。

策划人员,擅长活动策划的学生可报名参加迎新晚会的前期策划工作。策划团队通常由教师指导,高年级学生担任团队负责人。团队成员在教师和团队负责人的指导下发挥自己的活跃思维,结合学校的历史文化底蕴、办学特色和新一代大学生的兴趣爱好制订迎新晚会策划方案。

宣传人员,擅长活动宣传的学生可报名参加迎新晚会的宣传工作。宣传团队通常由教师负责,活动正式启动之前制订具体的宣传方案,在正式启动时开始前期的宣传工作,晚会结束后还需在各大媒体平台进行宣传报道,扩大晚会的影响力。同时,宣传团队还需负责整个晚会的PPT及音视频制作、播放工作。宣传人员需要具备摄影摄像、视频剪辑、修图、文字编辑、页面编辑及视频制作等能力。

组织人员,擅长沟通和组织的同学可报名参加晚会的组织工作。组织团队通常由教师指导,分小组由高年级学生担任小组负责人,大一新生是主要的执行者。节目组织小组,主要负责组织节目选拔和晚会现场各节目上下场的组织工作;后勤保障小组,主要负责各类物资保障工作;外联组,主要负责对接各节目团队,同时负责拉取赞助、协调后勤搬运物资、协调化妆师安排化妆等;办公小组,负责相关经费及物资的调配等。

(3)以观众身份参与。如果没有时间参与迎新晚会的组织工作,还可以以观众的身份参加迎新晚会。迎新晚会的观众不限于大一新生,高年级的学生同样可以参与,感受不一样的文化视觉盛宴。学生以观众身份参与迎新晚会时,要遵照晚会组织者和班级的统一安排,维持晚会现场的秩序。

案例分享

绵阳城市学院校园文化活动管理办法
第一章 总 则

第一条 高等学校校园文化活动是社会主义先进文化的重要组成部分。

加强校园文化活动建设,提高校园文化活动水平,对于推进高等教育改革发展、加强和改进大学生思想政治教育、全面提高大学生综合素质,具有十分重要的意义。为维护我院正常的学习、生活秩序,保障学生校园文化活动健康、有序地开展,结合我院实际,特制定本办法。

第二条 学院校园文化活动的总体要求:

坚持社会主义先进文化的发展方向,遵循文化发展规律,借鉴吸收人类文明有益成果,以实施科学文化素质教育为基础,以建设优良的校风、教风、学风为核心,以优化校园文化环境为重点,以树立正确的世界观、人生观、价值观为导向,弘扬主旋律,突出高品位,加强管理,注重积累,努力建设体现时代特征和学院特色的校园文化活动,不断满足大学生日益增长的精神文化需求,为培养社会主义合格建设者和可靠接班人提供强大的精神动力,使学院成为发展中国特色社会主义先进文化的重要基地、示范区和辐射源。

第三条　学院校园文化活动的主要任务:

以理想信念教育为核心,深入进行树立正确的世界观、人生观和价值观教育;以爱国主义教育为重点,深入进行弘扬和培育民族精神教育;以基本道德规范为基础,深入进行公民道德教育;以大学生全面发展为目标,深入进行素质教育,培育良好的教风和学风,形成对教职工具有凝聚作用、对学生具有陶冶作用、对社会具有示范作用的优良校风。积极开展校园文化活动,把德育与智育、体育、美育、劳育有机结合起来,寓教育于文化活动之中,促进大学生思想道德素质、科学文化素质和健康素质协调发展。

第四条　学院校园文化活动的基本原则。

1.弘扬健康向上的精神,坚持正确的政治方向,高扬爱国主义、集体主义和社会主义主旋律,抵制腐朽思想和不良文化现象的侵蚀和影响,用格调高雅、内容健康的校园文化活动丰富学生的课余文化生活。以提高学生综合素质为目的,以培养学生的科学精神和创新实践能力为重点,营造健康、高雅的文化氛围和良好的育人环境,提高学院的文化品位和格调。

2.内容丰富、形式新颖、吸引力强。努力把德育、智育、体育、美育渗透到校园文化活动之中,使大学生在活动参与中受到潜移默化的影响,思想感情得到熏陶、精神生活得到充实、道德境界得到升华。

3.全院以学院大型活动为示范,逐步锻造精品活动,形成品牌效应。各院以小型多样的活动为主体,逐步形成结合专业教育的特色活动。

4.学生举办校园文化活动必须遵守国家法律法规和校规校纪,有利于学生的身心健康和全面发展,有利于推动学院校园文化活动的良性开展。

5.校园文化活动一般安排在课余时间、双休日进行,不影响正常教学秩序。

6.校园文化活动不得以营利为目的(学校批准收费的项目除外),任何组织单位不得在学生校园文化活动组织过程中收取"参赛费""组织费"等名目的任何费用。

7.校园文化活动主办单位要统一规划,安全有序,合理安排。有关主办、承办单位要精心组织,明确责任,制订活动安全方案,提前三天报保卫部备案或进行联合安全检查确保安全有序,防止意外事故发生。

8.大型校园文化活动组织单位要制定突发事件工作预案,加强现场秩序维护,加强安全管理。

第五条　本办法所称的学生校园文化活动包括:

非课程教学计划内,由学生组织、学生个人举办的各种文化活动和集体活动,包括在学院公共场所或在院外举办的各种思想教育活动、文化活动、体育活动、实践活动、志愿服务活动、报告会、讲座、竞赛、素质能力培训班、学习班和其他在院内外有重大影响的活动等。

第六条　学生校园文化活动实行学院、专业学院两级管理模式,本着谁主办谁负责的原则开展活动。

学院成立校园文化活动领导小组负责全院校园文化活动的统一规划和管理,具体指导校园文化活动的开展。

第二章　校园文艺活动的管理

第七条　我院各教学单位、党团组织、学生会可以在校内面向全院学生举办文艺活动,包括文娱活动、体育活动、实践活动、志愿服务活动、报告会、讲座、知识竞赛和其他在校内外有重大影响的活动等。

集会、游行类活动必须按照有关法律审批程序报批后方可进行。

学生社团活动原则上在本社团内部开展,面向全院的活动或与校外组织开展活动必须经审批同意后方可进行。

第八条　组织单位须自组织活动之日起提前一周向主管部门提出申请,申请时应提供以下材料:

1.举行活动的目的、内容、方式、主办单位;

2.举行活动的时间、地点、规模、参加人员构成;

3.活动的安全保障措施、安全责任人(一般是单位分管学生工作的领导或部门分管安全的领导);

4.单位对于举办活动的意见;

5.其他需要说明的情况,包括需要学院协调解决的问题。

第九条　主管部门应在收到申请书之日起三个工作日内做出有关是否同意举行的审批决定。

第十条　校园文化活动审批单位对同意举办的活动发放《校园文化活动许可证》,管理部门在检查时以许可证为依据,没有办理许可证的活动要坚决予以取缔。

1.在学院内外举行的各类校园文艺活动,由举办单位负责审批和管理,报学校团委及后勤管理中心备案。

2.学生个人不能私自组织各种校园文化活动,学生个人组织活动鼓励学生个人挂靠学生组织举行。如果需要举行个人才艺展示或爱好兴趣展示的学生,需要事前向所在专业学院申请,经批准后方可进行。审批同意的单位负责活动的安全和秩序。涉及使用上述场地的按照上述规定执行。

第十一条　校园文化活动的管理本着"谁主办、谁负责"的原则,活动本身的秩序和安全由举办单位负责,活动外围的安全和秩序由保卫部负责。

第三章　各类素质类培训班及学习班的管理

第十二条　经过审批，学院或有关职能部门可以面向学生举办素质类培训班、学习班。学生班级和个人不得组织此类活动。

第十三条　培训班、学习班应以服务同学为宗旨，为在校学生搭建形式多样的综合素质发展平台，不得以营利为目的。

第十四条　举办学生素质类培训班、学习班、专业资格认证培训班和英语过级培训班的单位需在举办之日起提前两周向继续教育中心提出申请，并提供以下材料：

1. 举行培训班、学习班的时间期限、地点、规模、活动计划及对象；

2. 授课人员的情况介绍；

3. 主办单位意见；

4. 财务收支计划及管理办法；

5. 其他需要说明的情况。

第十五条　因举办培训班、学习班需借用教室及其他校内场所、物资者，须持有审批单位批准的申请书到有关单位办理租借手续。有关单位按照学院有关规定予以审核并指定活动教室或其他活动场所。

第十六条　主管部门应在收到申请书之日起一周内做出有关审批决定。

第十七条　组织单位须在各类竞赛、培训班、学习班结束后一周内向主管部门提交办班的详细情况总结报告及财务收支结算明细表备案。

第十八条　举办培训班的单位要确定安全责任人，确保办班期间学员的活动有序、安全进行。

第四章　邀请活动的管理

第十九条　学生组织经审批可以邀请校外专家、教授和其他专业人士、社会名流、校友等来校举行公开讲座、报告、演出、展览等活动，学生个人不得举行上述活动。

第二十条　组织单位需在发出正式邀请之日起提前一周向院党委宣传部门提出申请，经批准后方可向对方发出邀请，由组织单位负责接待安排。申请时须提供以下材料：

1. 邀请活动的地点、时间及主要内容。

2. 参加邀请活动的人员规模及范围。

3. 拟邀请人员的情况简介和其他资质证明；学生组织不邀请宗教人士进行活动，涉及人文、社会、政治类的邀请活动由党组织宣传部门审核后报学院主要领导或分管领导批准。

4. 教学单位由分管领导签署意见，其他学生组织由主管部门签署意见，学生社团（协会）由挂靠单位签署意见。

5. 其他需要说明的情况。

第二十一条　经批准的邀请活动需借用教室及其他校内场所、物资者,须持有主管部门批准的申请书到有关单位办理手续。

第五章　校外文化体育活动的管理

第二十二条　凡我院在籍的学生进行校外活动(列入教学计划的集体劳动、校外实习和社会实践活动除外),均应由活动的组织者按本办法中规定的校园文化活动的审批程序进行。未经批准的活动都不得组织和实施。学生进行校外活动,原则上应限定在本市城区或市郊以内,能当天往返学院。

第二十三条　学生进行活动时应牢固树立"安全第一"的意识。活动主题应有鲜明的时代特征和思想内容,能鼓舞大学生积极进取、陶冶情操、增长知识、奋发向上。

第六章　募捐活动的管理

第二十四条　募捐活动是广大师生弘扬中华民族传统美德、真情助困的爱心行为,应以切实帮助解决同学困难为宗旨,有组织、有秩序地进行。

第二十五条　国家或上级党委政府因国内外重大灾害等事件发出募捐倡议或学院确定进行募捐活动的,由学院统一组织实施。面向教职工的募捐由学院委托学院工会通过工会系统进行募集。面向学生的募捐,在分院范围内进行募捐的由分院团总支组织备案;在全院范围内进行募捐的由分院团总支组织,报学校团委备案。

因在校学生生病、家庭变故或其他突发事件需要通过募捐筹集必要资金的,由学生所在专业学院写出详细情况说明和申请,报学生工作处审核,由学院分管学生工作的领导审批同意后由申报单位组织实施。

因在校教职工生病、家庭变故或其他突发事件需要通过募捐筹集必要资金的,由教职工所在单位写出详细情况说明和申请,报学院工会审核,由学院分管工会工作的领导审批同意后由申报单位组织实施。

第二十六条　经过审批,院内各单位可以面向全校教师和学生举行募捐活动;学生班级和个人不得组织此类活动;学校团委制作专门用于捐款活动的捐款箱供组织单位在进行募捐活动时使用;募捐活动由审批单位统一规范管理。

第二十七条　拟举办募捐活动的组织单位应在举办之日起提前五日向有关单位提出申请,同意后方可进行,并报保卫部备案。申请时应提供以下材料:

1.募捐活动拟进行的时间期限、地点、规模及募捐对象;

2.受助人员的情况介绍;

3.主办单位详细工作计划和人员分工;

4.捐款管理办法;

5.其他需要说明的情况。

第二十八条　经审批同意进行的募捐活动必须在指定地点有序进行:为确保正常教

育教学秩序,严禁私自在办公楼、教学楼、实验楼等进行募捐活动,严禁流动募集、强迫捐款、强制摊派等不文明募捐行为。

第二十九条　有关单位应在收到申请之日起两日内做出有关审批决定。

第三十条　组织单位须在捐款结束后一周内,向学校团委或工会提交活动情况报告及捐款资金使用情况说明。捐款结束后在学院内张榜公示,主动接受全校师生的监督。

第三十一条　举行捐款的单位要确定安全责任人,确保捐款活动有序、安全进行。

第七章　涉外活动及涉及民族问题的活动

第三十二条　拟邀请外籍人员或港澳台同胞来院参加活动或我院学生拟参加国际组织和港澳台地区有关组织的活动,组织者或参加者须在发出或接受正式邀请之日起提前一周向绵阳城市学院院办提出申请,经批准后方可正式邀请或接受邀请。

第三十三条　涉及民族等方面的活动,组织者须报请党组织统战部门审查后报分管院领导审批,并提交活动的时间、地点、内容和涉及民族等问题的情况,经批准后方可举办。

第八章　校园文化活动的宣传管理

第三十四条　凡在学院内举行各种活动需进行宣传的,经过审批后方可进行。

第三十五条　各单位在使用横幅、展板、招贴画、告示进行宣传活动的由单位负责人负责审查内容和版式,保证展出品的整洁和美观,并在活动结束时及时撤除。

第三十六条　需要聘请校外媒体进行宣传报道的必须经过学院办公室审批同意。

第三十七条　学院鼓励学生通过多种渠道筹集活动经费。筹集到的经费要严格财务管理,合理开支。

第三十八条　院内原则上不进行纯商业宣传活动。主办单位需要在学生活动中进行商业宣传的,组织单位要将宣传方案提前三天向学校团委提出申请,经学校团委同意后并按照统一规划进行宣传,宣传方案报党组织宣传部门备案。

第三十九条　其他宣传管理按照学院宣传管理办法执行。

第九章　责任承担与违纪处罚

第四十条　学生校园文化活动的行为应符合学院的有关规定。

第四十一条　学生校园文化活动的组织单位负责人对活动的内容、秩序、安全及结果负责。

第四十二条　凡违反本办法有关规定举办活动的,主管部门有权视违纪具体情况,给予如下相应处理:

1.责令停止举办活动。

2.对活动组织者和主要责任者进行批评教育或根据学院相关办法给予处理。

3.对于违反国家法律法规的移送司法部门追究法律责任。

第十章　附　则

第四十三条　本办法自 2022 年 9 月 1 日起实施。

第四十四条　本办法由学生工作处负责解释。

三、绵阳城市学院特色校园文化活动案例分析

为贯彻新时代国家建设对"多专多能"型人才的培养要求，坚持立德树人根本任务，深化学校综合改革，推进"三全育人"综合改革试点工作，全面落实"3331"人才培养方案，表彰先进，树立典范，激励"绵城学子"勤奋学习、争先创优、奋发有为，绵阳城市学院开展了"荣耀绵城"颁奖盛典、运动会、心理情景剧等一系列校园文化活动。

案例一　"荣耀绵城"颁奖盛典

一、活动背景

为进一步巩固学校"三全育人"工作成效，把以"自我教育、自我管理、自我价值体现"为主题的"三自教育"管理体系贯穿于学生管理中，调动全校学生比学赶超的积极性，推动学生自我管理建设工作全面深入、可持续发展，绵阳城市学院特在每年 5 月举办本学年"荣耀绵城"颁奖盛典活动。

二、评审对象

全体全日制在校学生。

三、奖项设置

奖项称号	表彰人数	负责部门
绵城之星	实际获奖数	学生处
创业先锋	实际产生数	现代产业学院
绵城通才	实际获奖数	校团委
竞赛先锋	实际产生数	教务处
创新先锋	实际产生数	科技处
绵城楷模	实际产生数	学生处
服务之星	10 人	校团委
考研牛人	实际产生数	现代产业学院
团学之星	80 人	校团委
志愿先锋	20 人	校团委
绵城学霸	实际产生数	教务处
五好班级（集体）	10 人	学生处
模范宿舍（集体）	50 人	社区工作处

四、评审办法

奖项称号	评审办法
绵城之星	考核期内获得国家奖学金,由学生资助管理中心负责审核
创业先锋	成功注册公司且考核期内产值超50万元,由现代产业学院负责审核
绵城通才	考核期内获得大学生综合素质A级证书,由团委负责审核
竞赛先锋	考核期内获得省级竞赛一等奖及以上奖项,比赛项目以学校公布的名单为准,由现代产业学院负责审核
创新先锋	考核期内成功申请专利、发表核心期刊论文,由科技处负责审核
绵城楷模	考核期内获得绵阳市三好学生、优秀学生干部称号,由学生工作部(处)负责审核
服务之星	考核期内在各类助理岗位上业绩突出、表现优秀的个人,由团委负责审核
考研牛人	考核期内考入"双一流"大学(含双一流学科建设学校),由现代产业学院负责审核
团学之星	在各级各类团学组织中思想素质过硬、工作能力很强、工作业绩突出的学生干部,由团委和学生工作处审核
志愿先锋	考核期内在公益志愿服务活动中业绩突出的优秀青年志愿者,由团委负责审核
绵城学霸	统招学生自入学以来平均学分绩点大于等于3.8(专业总人数400人以内第一名、401~800人前两名、800人以上前三名);专升本学霸单列评选,参照统招生评选办法。由教务处负责审核
五好班级 (集体)	各专业学院推选班级总数(毕业年级除外)10%,学生处量化评选20个班级进入答辩环节,根据答辩评选级予以表彰
模范宿舍 (集体)	社区工作处根据量化考核细则评选50个宿舍予以表彰

五、评审条件

1.基本条件:具有坚定正确的政治方向,坚持党的基本路线,道德品质优良,遵纪守法,有良好的行为习惯和思想道德品质。

2.有正确的理想信念,自觉践行社会主义核心价值观;团结同学乐于助人;与人为善,乐于交流,善于沟通。

3.勤奋学习,成绩优异,具有良好的心理素质和自我调控能力,积极参加社会实践和文化科技活动。

4.申报者须为我校在籍全日制学生,且仅限申报一项"荣耀绵城"奖项(单项奖)。

5.五好班级:班风班貌好、学习风气好、行为习惯好、自我管理好、综合成绩好。学年内班级学生无任何违纪行为、到课率不低于99%、班级成员平均学分绩点理工科类专业不低于2.8、其他专业不低于3.0(每个人平均学分绩点之和÷班级总人数)、获得院(校、市、省)级集体荣誉不少于2项。

6.模范宿舍:宿舍环境好、学习氛围好、文化氛围好、人际关系好,宿舍成员无任何违纪行为,无人挂科,成员平均学分绩点不低于3.2(每个人平均学分绩点之和÷宿舍总人数)。

7.有下列行为之一不能申报。

(1)毕业年级学生未达到毕业要求者;

(2)考核期间有违规违纪等不良记录。

六、评审程序

1.个人申请。

符合申请条件的学生和集体按要求填写《"荣耀绵城"奖项申报表》,个人相关证明材料需提供原件供辅导员现场查验,集体奖项证明材料由学生处查验。

2.专业学院党委审核。

辅导员查验无误后签字确认并报专业学院党委审核,专业学院党委审核无误后由相关负责人签字确认,并将结果通过网络及公告栏等形式在专业学院或社区内进行不少于三个工作日的公示,公示无异议后报送至党委学生工作部评审。

3.学校党委评审。

党委学生工作部负责对学生及专业学院党委报送的材料进行审核,审核无误后按要求进行评审,并将评审结果在学生工作处网站及学生活动中心公告栏进行不少于三个工作日的公示。

七、活动效果

绵阳城市学院于2024年6月12日在安州校区举办了2023—2024学年"荣耀绵城"颁奖盛典活动。全体校领导、各二级学院领导、各职能部门负责人、师生代表1300余人参加本次颁奖晚会,设有"荣耀绵城"奖项和"绵城精英"奖学金颁发两大环节。其中"荣耀绵城"设有绵城之星、创业先锋、绵城通才、竞赛先锋、创新先锋、绵城楷模、服务之星、考研牛人、团学之星、志愿先锋、绵城学霸五好班级、模范宿舍、模范青年十四个奖项,"绵城精英"设置特等奖和一、二、三等奖,在经过个人申请、辅导员推荐、分院审核公示和学校各相关部门复核等环节后,共计600名优秀学子获得表彰。

案例二 田径运动会

一、活动背景

为全面贯彻执行党的教育方针,大力营造"促进群众体育和竞技体育全面发展,加快建设体育强国"的校园文化活动氛围,加强同学之间的交流,体现学生团结合作的品质,增强班级凝聚力,传播积极能量,丰富同学们的大学课余生活,增强学生体质。由绵阳城市学院学工服务中心主办,共青团绵阳城市学院委员会、绵阳城市学院学生会承办,绵阳城市学院工会、绵阳城市学院现代服务学院、绵阳城市学院各学生生活社区协办,绵阳城市学院2023年运动会定于11月在学校运动场举行,现将竞赛规程及报名表印发,请各部门按要求积极组队参赛。

二、参赛单位

1. 学生组。

游仙校区:游仙第一生活社区、游仙第二生活社区、游仙第三生活社区(各单位分男、女组队)。

安州校区:安州第一生活社区、安州第二生活社区、安州第三生活社区(各单位分男、女组队)。

2. 教工组。

教工组:以各分工会为参赛单位(行政工会、现代工程学院工会:现代服务学院工会、现代经济学院工会),各分工会分男、女组队。

三、比赛项目

学生男子组:100米、200米、400米短跑,800米长跑,4×100米接力跑,4×400米接力跑,跳高、跳远、铅球(九项)。学生女子组:100米、200米、400米短跑,800米长跑,4×100米接力跑,4×400米接力跑,跳高,跳远、铅球(九项)、(注:男子铅球5千克,女子铅球4千克)。

学生混合项目:跳大绳(10人,其中女生至少5人,时长为3分钟)教工组:100米短跑、200米短跑、跳高、跳远、铅球、跳大绳(5男5女混合项目)、滚轮胎接力(5男5女混合项目)、同舟共济(5男5女混合项目)。

四、报名办法

1. 运动员必须是我校在籍全日制学生及在编教职员工(各单位负责参赛人员的健康检查,所有参赛运动员须签署运动员安全承诺书)。

2. 学生组各社区每个单项限报8人,每人限报2项(集体项目除外);接力项目各社区限报2队,跳大绳项目各社区限报2队,每队限报10人(其中女生至少5人,时长为3分钟)。

3. 教工组各参赛队各单项限报3人,每人限报2项(集体项目除外);集体项目各项限报10人(男子5人、女子5人)。

如有报名参赛人数不符合竞赛要求,大会编排组可根据实际情况做出调整(请各单位报名前认真审核)。

五、竞赛办法

1. 按国家最新田径规则执行,趣味集体类项目按各项竞赛规则执行。

2. 学生组所有单人项目先进行预赛,再按成绩取前6名进行决赛。

3. 各项比赛均提前30分钟到检录处进行检录。

4. 不得冒名顶替(参加比赛时,参赛运动员必须出示本人有效证件,学生证、身份证均可),违者一经查出成绩无效。

六、计分名次及奖励办法

1. 各单项学生组录取前六名颁发证书,前三名另颁发奖牌和奖金。第一名:80元。第二名:60元。第三名:50元。如该项目人数未达到开赛要求,则取消该比赛项目;如参赛选手破校纪录,额外奖励50元,如同一项目中有多人次破校纪录以最新纪录为准进行奖励。

2. 教工组各单项奖励前三名。第一名:500元。第二名:300元。第三名:200元。集体项目奖励前三名。第一名:1200元。第二名:1000元。

3. 评选"优秀组织奖"2名(两校区各1名),根据各社区参赛经费第三名:800元。精神面貌、风采展示、观众组织、赛场纪律、出勤率、现场卫生等情况由运动会工作组评定、大赛组委会决定颁发奖牌。

七、活动效果

2023年11月,学校第十五届运动会在两个校区体育场举行,全校800余名师生参加了17个运动项目的比赛,经过两天的激烈角逐,有6个项目打破学校纪录。开幕式期间,由各社区组织的表演队通过多种形式进行了表演,展现了当代大学生的青春风采。在同学们的欢呼声中,本届运动会也落下帷幕。本届运动会加强了师生终身体育的观念,弘扬了"更高、更快、更强、更团结"的新奥林匹克精神,运动健儿们顽强拼搏、公平竞争,赛出风格、赛出水平、赛出友谊。希望绵城全体师生能养成坚持体育锻炼的良好习惯,保持健康快乐、积极向上的生活和学习态度,以更加强健的体魄、更加良好的风貌,推动学校体育工作再上新台阶,为建设健康校园文化活动做出新的贡献。

案例三　心理情景剧

一、活动背景

2004年,教育部、团中央、全国学联办公室向全国大学生发出倡议、把每年的5月25日定为全国大学生心理健康日。"5·25"的谐音即为"我爱我",提醒大学生"珍惜生命,关爱自己",大学生是十分宝贵的人才资源,是民族的希望,是祖国的未来。然而在竞争激烈的当代社会大学生普遍面临着越来越多的人际交往、情感、学业负担、择业就业等问题,"心理健康状况"已成为制约大学生成长成才的重要因素之一。因此,结合我校全纳教育理念,营造人人参与、师生协同促进的大学生心理健康教育氛围,提高大学生心理健康素质是一项重要任务。

二、活动主题:悦己、自信、互助,成为更好的自己

三、活动对象:绵阳城市学院全体师生

四、参赛要求

1. 节目时长：10~15 分钟，不超过 15 分钟。

2. 团队人员：15 人以内。

3. 剧本主题：参赛剧目务必原创，字数不限，主题自定，主题需符合社会主义核心价值观，贴近大学生生活实际，突出心理冲突及其解决办法，充分表现大学生心理成长过程，健康生动，给人以启迪。

在赛前，原创剧本需提交一份纸质版材料，供评委评分。

以社区为单位进行选拔，每区 1 支队伍，心理中心 1 支队伍，共 7 支队伍。表演要注重表演艺术与心理学知识和理论的结合，形式不限，可采用话剧、小品、音乐剧、歌舞剧等。

五、奖项设置

一等奖 1 名、二等奖 1 名、三等奖 1 名、最佳剧本奖、最佳表演奖。

六、学分奖励

社区推选：4 学时/队；获奖：前三名计 12 学时，其余奖项计 8 学时。

七、活动效果

为加强心理文化建设，宣传心理健康知识，提高大学生心理健康素质，在"5·25"全国大学生心理健康日当天，我校以"悦己、自信、互助，成为更好的自己"为主题的首届心理情景剧大赛决赛在安州校区举行，游仙校区守正书院报告厅同步转播。学校相关职能部门负责人、全体辅导员和各社区相关人员及学生代表共 3000 余名师生观看了比赛。

7 个心理情景剧剧目紧扣"悦己、自信、互助，成为更好的自己"大赛主题，寓教于剧、融情于景，精彩纷呈，各具特色。会演结束后特邀评委西南科技大学心理咨询中心教师就剧本的选题、表演技巧、舞台效果等方面对参赛作品做了精彩点评，并对我校首届心理情景剧大赛活动给予了高度的评价和肯定。

首届心理情景剧在观众的掌声中圆满落下帷幕，本次活动为学生提供了表现自我的舞台，展现了我校大学生的昂扬向上的精神风貌和心理世界，同时也启发了学生对于不同心理主题的认识和思考，宣传了心理健康知识，提高了学生心理自助与互助的能力；此外，也塑造了多元、开放、包容的校园文化活动和心理文化氛围，为进一步提升我校心理育人工作实效做出了积极的贡献。

第五章　大学生特色社团实践

在研究大学生社团之前,需要对社团、大学生社团有一个较为明确的界定。社会团体即社团,又称"自组织",是一群拥有共同兴趣爱好或具有明显特征的人组成的非营利性、非政府性群众组织。① 根据《国务院关于修改部分行政法规的决定》,2016 年 2 月,国务院发布了新修订的《社会团体登记管理条例》,条例中第一章第二条明确指出:"社会团体,是指中国公民自愿组成,为实现会员共同意愿,按照其章程开展活动的非营利社会组织。"这一定义指明社团参与的自愿性、社团性质的非营利性。

目前,我国学者对大学生社团的认知各执一词,大学生社团还没有一个公认的、标准的定义。

《中国大百科全书(教育卷)》将大学生社团定义为"中等学校和高等学校学生在自愿基础上结成的群众组织。这些社团可以打破年级、系科以及学校的界限。团结兴趣爱好相近的同学,发挥他们在某方面的特长,开展有益于学生身心健康的活动"。

2005 年中共中央宣传部宣传教育局编写的《〈中共中央 国务院关于进一步加强和改进大学生思想政治教育的意见〉学习辅导读本》中明确提出:"高校学生社团是由大学生依据兴趣爱好自愿组成,为实现成员共同意愿按照章程自主开展活动的学生组织。"② 2016 年共青团中央、教育部、全国学联印发的《高校学生社团管理暂行办法》指出:"高等学校大学生社团是由高校学生根据兴趣爱好自愿组成,为实现成员共同意愿,按照其章程自主开展活动的群众性学生组织。"

简而言之,大学生社团是高校学生根据共同兴趣、爱好、理想而自愿参加、自发组织,在相关组织或人员的指导下,遵守法律、法规、校纪、校规,按照章程自主开展活动的群众性学生组织。

第一节　大学生社团的发展及其属性

党的十八大和十九大分别提出了"推动高等教育内涵式发展"和"实现高等教育内涵式发展"的重大论断。2018 年 5 月 2 日,习近平总书记在北京大学师生座谈会上的讲话中再次

---

① 胡继冬.我国高校学生社团发展动力及其引导策略研究[D].大连:大连理工大学,2012.
② 中共中央宣传部宣传教育局.《中共中央 国务院关于进一步加强和改进大学生思想政治教育的意见》学习辅导读本[M].北京:中国人民大学出版社,2005.

指出："当前,我国高等教育办学规模和年毕业人数已居世界首位,但规模扩张并不意味着质量和效益增长,走内涵式发展道路是我国高等教育发展的必由之路。"

大学生参与社团活动,有助于培养大学生的责任感、信誉感、团队意识、领导力、沟通能力等优秀品质,同时提升大学生的专业水平和综合素质。依托共青团"第二课堂成绩单"制度,借助大学生社团平台开展大学生自我管理教育与实践,推进大学生参与社团活动,有效帮助大学生实施自我教育、自我管理、自我服务、自我价值体现,是高等学校培养"多专、多能、会创造"复合型人才的重要举措,是实施素质教育的重要途径,是推动我国高等教育内涵式发展、实现教育强国目标的必然要求。

一、大学生社团的发展

2005年1月13日教育部、共青团中央发布的《关于加强和改进大学生社团工作的意见》中指出,高校学生社团活动实施素质教育的重要途径和有效方式,在加强校园文化建设、提高学生综合素质、引导学生适应社会、促进学生成才就业等方面发挥着重要作用,是新形势下有效凝聚学生、开展思想政治教育的重要组织动员方式,是以班级和年级为主开展学生思想政治教育的重要补充。要求积极支持学生社团活动,大力促进学生社团发展;切实加强对学生社团管理,引导学生社团健康发展。要支持和引导学生社团依据国家的法律规范,按照各自章程,独立自主地开展理论学习、学术科技、文化娱乐、社会实践、志愿服务、体育竞技等活动;重视选拔培养学生社团负责人,使那些思想过硬、作风正派、素质全面、有社会工作能力的学生担任社团负责人;加大对学生社团建设的投入,提供活动的必要经费。

经过百余年的发展,随着新时代对人才的需求发生变化,社团的重心从理论向实践转变。纵观历史,大学生社团的发展与大学的发展紧密相连,大学生社团发展至今,其数量、规模、组织形式、功能都发生了较大变化,这些变化都是在时代背景、社会背景、大学生需求、高等教育发展等因素的影响下形成的。

为了加强社团管理和规范运行机制,每个社团都制订了自己独立的社团章程,学校团委也成立了专门的社团联合会,对社团进行宏观的管理和协调,基本保证了社团活动顺利开展。随着规模的发展壮大,教师专业化水平的逐渐提高和资源投入力度的不断加大,大学生社团活动品质显著提高,社团管理制度更加健全,社团影响力不断扩大,专业性更强。

现在的大学生社团是在高校党委统一领导下,贯彻党的教育方针,根据学生的兴趣爱好自愿组织起来的具有固定名称和活动范围的学生群体组织。它以学生的"兴趣爱好"为基础,以"能力锻炼、学习提高"为目的,以"活动"为纽带,打破专业、学科和年级的界限,按照其章程自主开展活动。在一定的社会环境中成立、运行和发展,其宗旨是把学生组织起来,有领导、有计划、有成效地开展课外活动以扩大学生知识面,丰富学生课外生活,培养学生广泛的爱好与兴趣,锻炼学生组织能力,提高学生综合素质,促进学生成长成才;为学生成才创造良好条件,繁荣校园文化。

在中国特色社会主义发展要求下,高等学校大学生社团建设需要以习近平新时代中国特色社会主义思想为理论指导,用马克思主义的立场、观点和方法分析和解决社团建设中的困难和问题:坚持道路自信、理论自信、制度自信、文化自信,彰显我国高等学校大学生社团的先进性和优越性;将社会主义核心价值观融入我国高等学校大学生社团建设之中,增强我国高等学校大学生社团的价值内涵。[①]

案例分享

KDA 流行舞团:因舞蹈相聚,因梦想成团

一、社团理念

因舞蹈相聚,因梦想成团。

因为热爱舞蹈,有共同的爱好,我们走到了一起。我们创立这个社团就是想和我们一样热爱舞蹈的同学一起交流,通过每周的团训、每次的排舞慢慢提升自己。本社团为热爱舞蹈的同学提供了一个平台,让他们在大学校园里充实自己、展现自己,让自己的大学生活变得多姿多彩。

二、社团简介及组织框架

KDA 流行舞团希望全体队员能保持对舞蹈的初心,一直跳下去。社团设立社长 1 名、副社长 2 名,现有队员 100 多人。

三、社团特色活动

(一)KPOP 随机舞蹈

KPOP 随机舞蹈的歌曲由 100 首左右 KPOP 歌曲的高潮部分组成,队员在听到自己会跳的舞曲响起时上场表演。

2022—2023 学年第二学期,该社团举办了 KPOP 随机舞蹈活动,因为有路演等节目的穿插吸引了众多学子观看,气氛高涨,活动举办非常成功。

(二)Team Cover 在接到活动邀请后,社团队员选定要翻跳的歌曲后进行组合排舞,即 Team Cover

2022—2023 学年第一学期,在收到建筑工程分院文艺部的邀请后,KDA 流行舞团内部就选定了表演团体歌曲的任务,正式表演前她们都在舞蹈室内认真排练、翻跳,最终在 2023 年 5 月参与了校文艺晚会的演出,获得了众多绵阳城市学院学子的喜爱。

(三)主题随机舞蹈

社团在特定的节日,选取特定风格歌曲的高潮部分连续播放,队员会在自己喜欢的歌曲部分表演。

---

① 邱玥.高等学校大学生社团建设研究[D].沈阳:辽宁大学,2019.

2022 年 10 月,KDA 流行舞团进行了迎接新生学子的夏日主题随机活动,选定了夏日风格的歌曲进行表演,吸纳了很多喜欢并且热爱舞蹈的新生,社团规模也得到了扩展。

四、社团发展及未来展望

(1)丰富社团的活动。社团在有限的经费和时间下,和各活动单位良好互动,线上线下结合,校内和校外结合,面向全校定期组织舞蹈教学和随机舞蹈活动,有时校外学生也可以参与。

(2)加强社团宣传工作。通过短视频以及随机舞蹈等多种方式让更多的同学认识了解社团,吸引更多的大学生加入社团,扩大活动覆盖面和社团影响力。

(3)积极开展与其他社团的交流活动。如有序组织策划良好的节目,表现自己的时候还能给其他社团或个人组织提供更专业的建议和动作示范。

(4)拓展队员学习能力。鼓励队员参与各个邀请社团表演的舞蹈活动,努力让每位队员都有展现自己的舞台和机会。每学期期中期末各有一次舞蹈考核帮助大家发现社团内部的进步,从而使队员在舞蹈中成为自己、享受自己,让自己更加自信。

五、社团职能

成立至今,KDA 流行舞团已为多场大型活动提供了优质节目,已在学校形成一定的影响力,并形成自己的品牌。

社团每周举行两次舞蹈团训,选取当下最流行的舞蹈进行教学。队长会进行示范并逐一指正其他成员的舞蹈动作,还会教授其他成员基本功,带领队员做体能训练,提高队员肌肉含量,增强队员身体控制力、爆发力、协调能力,从根本上帮助大家呈现更好的舞蹈效果。

六、社团风采

2023 年,KDA 流行舞团在绵阳城市学院新区举办的随机舞蹈活动的视频被《四川观察》采用,并发布在抖音平台。随后,社团还受绵阳凯德广场邀请举办随机舞蹈活动,并引起热烈反响。

七、社团故事

2021 年,KDA 流行舞团在绵阳城市学院老区成立,在老区受邀参加活动并且在操场举办了第一次随机舞蹈活动。2023 年由于社团内部部分人员搬离老校区,KDA 流行舞团分成了两个部分,一个在游仙校区(老校区),另一个在安州校区。随后,KDA 流行舞团在新区和老区都分别成功举办了随机舞蹈活动,因此吸引了更多热爱跳舞的朋友加入社团,社团规模扩大约 10 倍,由 10 人发展到 100 多人。在学校汉服周年庆、音乐社音乐会,喜乐乐队音乐会、文艺晚会、盛夏音乐会活动中,KDA 流行舞团都受邀进行舞蹈表演并获得了许多朋友的喜爱。

二、大学生社团的属性和分类

在校园文化建设中,大学生社团是一个较为特殊的组织,在大力推行素质教育的当下,大学生社团在学生的成长成才中起到了不可替代的作用。研究大学生社团,有助于大家正确认识大学生社团的这个组织,不仅可以了解它的起源和发展历史,还可以掌握其本质及内在关系。从活动内容、管理模式分类的角度重新审视高校大学生社团的基本属性,可以为我们进一步探索高校大学生社团的发展提供新思路。

(一)大学生社团的属性

在探讨大学生社团的基本属性之前,先要明白大学生社团作为一种组织,具备固有的组织属性。2005 年,教育部、共青团中央发布的《关于加强和改进大学生社团工作的意见》规定:高校学生社团是由大学生依据兴趣爱好自愿组成,按照章程组织开展活动的学生组织。该意见还回答了大学生社团组织属性的问题,并成为目前最权威的表述,但在具体实践中其概念往往容易模糊,所以有必要研究大学生社团的基本属性。

大学生社团的成员是在校大学生,这从本质上就决定了大学生社团的基本属性。

1. 自主性

社团一般是以个人的各种需求为基础,自发形成的自愿性团体。大学生社团作为自愿性团体的一种,从社团的发起到负责人的产生都是由社团成员自主决定的。大学生社团在运作上通常具有一定程度的自主权,学生自发组织、自我管理、自主进行活动策划和执行。

2. 开放性

作为学生组织,大学生社团一般是对校内学生开放的,任何对该社团感兴趣的学生都可以自由加入。社团有自己的管理制度,但在实际情况中社团还是依靠社团本身的吸引力来聚集社员。因此,大学生社团有着明显的开放性,这种开放性使得社团具有多样化的人员结构和成员背景,可以促进成员之间的交流和学习。同时,开放性也使得社团能够更好地服务于学生群体,满足不同人群的需求。

3. 多样性和趋同性共存

大学生社团还存在多样性和趋同性。多样性体现为社团成员的不同背景和知识技能。这种多样性为社团带来了各种各样的想法、观念和创意,推动了社团的创新和多元化发展。而趋同性体现为社团成员兴趣爱好相似,年龄相仿,对某个事物有大致相同的追求。两者的结合是指社团内部既存在着多样化的个体差异和特点,又形成一种共同的趋向、目标或价值观。这种多样性和趋同性的结合是大学生社团的一种特点,可以推动社团的全面发展和持续壮大。

(二)大学生社团的分类

关于大学生社团分类的说法众多,学术界就持有好几种观点,伍德勤、高宝立将学生社团分为文学艺术类、体育类、知识学术类、专业技能类和社会服务类五类。① 范向前将高校学生社团分为政治理论学习类、社会科学类、学术科技类、志愿服务类、文学艺术类、体育健身类及其他七类。② 陆建华在《青年学辞典》中说:"大学生社团其类型从组织性质上分,有政治型的、文化型的和经济型的,从活动方式上分,有学术型的、娱乐型的、劳务型的和培训型的。"③清华大学又将学生社团分为思想政治类、科技创新类、志愿公益类、文化艺术类、体育运动类、素质拓展类等类型。本书综合各文献,结合各社团的活动内容、管理方式和组织性质等,将大学生社团按照活动内容分为学术专业类社团、文化艺术类社团、社会服务类社团、体育健身类社团四类;按照管理方式分为学生自治型社团、学校指导型社团、社团管理中心三类;按照组织性质分为教师管理型社团、机构合作型社团、自觉发展型社团三类。

1. 按活动内容分类

(1)学术专业类社团。其是以学术专业背景为支撑的团队。这类社团由对学术研究感兴趣的大学生通过讨论、研究、实践专业学术问题而组成,如计算机协会、航模电子技术协会、电竞社等。其目的是为学生提供一个学术交流和合作的平台,以促进学生学术素养和研究能力的提升,从而提高学生专业实践能力、促进学生就业、帮助学生创业,可以针对学生日常"第一课堂"进行再延伸拓展、对"第二课堂"进行再丰富提升。日常活动包括但不限于组织和指导学科专业竞赛、培养创新意识、增强创业能力,主要特点是强调学术性、注重知识传递与分享、追求学术进步和创新。学术专业类社团的活动鼓励学生进行学术创新和实践,推动学科领域的发展和进步。通过社团活动,学生可以参与学术研究项目,锻炼研究设计、数据处理和撰写论文的能力,拓宽学生视野,了解最新的学术动态和前沿领域,培养学生独立思考和科研能力。

(2)文化艺术类社团。根据大学生自己的文艺特长和兴趣爱好自发组建的艺术类社团,是以学生文化艺术特长为核心构建的团体组织。日常活动包括但不限于组织文化艺术课程或者训练,指导大型文艺演出或展演等。文化艺术类社团包含的范围较广,如舞蹈社、音乐社、乐器社、折纸社、竹艺社、围棋社等。这类社团为学生提供了展示才华的平台,可培养学生的自信心和创造力,促进艺术交流。社团成员通过排练、讨论、创作等方式,可以深入了解和学习艺术形式,提升自我审美能力和文化素养。文化艺术类社团在传承和弘扬中华优秀传统文化方面具有重要意义,它将传统文化的精髓和特点以艺术形式传递给后代,为社会文化的丰富多样性做出贡献。

(3)社会服务类社团。其是以服务他人、奉献社会为宗旨,自发组织进行志愿服务或者爱心公益性服务的组织。这类社团更多地关注社会弱势群体利益或者公共服务,不图名利、

---

① 伍德勤,高宝立.高职院校学生社团活动现状及优化策略[J].高等教育研究,2007,28(1):82-86.
② 范向前.高等学校校本学生管理规章理论[M].合肥:安徽人民出版社,2005.
③ 陆建华.青年学辞典[M].合肥:安徽人民出版社,1990.

不图回报,是一种对自身思想道德素养要求较高的校园学生组织。社会服务型社团是能锻炼参与者的能力,激发青年学生独特奉献精神,追求精神道德高度和心灵自我满足的一类社团。工作较活跃在社区、街道、河道等地,如青年志愿者协会、爱心社、心理协会等。这类社团通过组织社团成员参与社会实践活动,培养成员的社会责任感和公民意识,提高成员的社会实践能力和素养。一方面,通过社团组织大学生参与公益活动,使他们更加关注社会问题、关心弱势群体,培养了社会和谐意识。另一方面,大学生通过实际行动,为社会提供帮助与支持,推动公益事业发展。

(4)体育健身类社团。基于各个体育单项,以各项运动项目为主要活动形式,利用课余时间开展各种体育活动的学生自发性组织。由于体育项目不同,社团活动规模不同、活动时间不定、形式自由、灵活多样,可以吸引众多的参与者。[①] 其目的是延伸体育课堂的空间,体育运动向多样化发展;培养学生个人兴趣与爱好;增强学生身体健康;丰富学生课余文化生活;培养终身体育意识。较为常见的有足球协会、篮球协会、网球协会等。社团会根据学生的兴趣和需求定期举行训练和比赛,提高学生的体育意识和运动习惯。社团成员可以参与个人或团队比赛,进行不同项目的训练和锻炼。社团还可以与其他相关机构或社团合作,共同举办运动会、健康讲座等活动,拓宽学生的运动范围和选择。此外,社团还能通过组织健康讲座、宣传健康知识等活动,向学生传递健康生活方式的重要性,引导他们养成健康的生活习惯。体育健身类社团在推广健康生活方式和增强学生体质方面起重要作用。

2. 按管理方式分类

(1)学生自治型社团。这类社团是由学生自主组织和管理的社团。学校里大部分社团都属于此类。这类社团以学生为中心,注重学生的主体地位,倡导学生参与社团事务,培养他们的协调、组织和管理能力,强调学生的自我管理、自我教育、自我服务能力的培养。学生自治型社团的组织结构和管理模式一般采取民主决策的方式,通过定期召开会议,讨论重要事项,提出建议和决策。此类社团对学生能力培养具有重要意义。首先,社团成员通过参与决策、策划和执行各项活动,培养了自己的领导能力和管理能力。其次,该类社团提供了一个自由度较大的实践平台,让成员将理论知识应用到实际中,锻炼了成员解决实际问题的能力。

(2)学校指导型社团。这类社团是由学校设立和指导的社团。与学生自治型社团不同的是,学校指导型社团通常由学生和教师组成。学生是社团的成员和活动的参与者;教师是社团的指导者和管理者;学校作为社团的支持方,为其提供资源和支持,如场地、经费和宣传等,以促进社团健康发展和活动顺利进行。社团的运作模式是学校提供社团的组织框架,设立社团指导机构(通常为教师),负责社团的管理。指导教师需要具备相关的专业知识和经验,制订社团发展规划和目标,组织实施各项活动,并监督社团成员的参与和表现。社团成

① 冯丽娜.体育社团活动设计与实施研究[J].中学课程辅导(教师教育),2018(14):29.

员需要遵守管理规定,积极参与活动并提交相关报告。学校会定期进行评估和考核,对社团进行监督和指导。

(3)社团管理中心。它是由各个社团组成的组织,主要功能是协调社团之间的关系,促进社团之间的合作和交流。它一般是一个独立的学生组织,由学生自愿加入并组成的指导机构。社团管理中心可以组织社团集体活动,让各个社团有机会相互学习和借鉴;它可以帮助社团整合资源,争取学校和社会的支持,为社团提供更好的发展平台和机会;它还可以组织培训和讲座,提供指导和建议,帮助社团提升自身能力和发展水平。社团管理中心在协调社团关系和服务社团方面发挥着不可或缺的作用。

3.按照组织性质分类

(1)教师管理型社团:学校牵头开设。从目前大学生社团数量来看,由教师主导管理的社团约有90%。这类社团由学生拟定社团名称,学校牵头确定社团名称,确定专业教师负责社团运行及活动范围,进一步细化社团研究及发展方向。《中共中央 国务院关于进一步加强和改进大学生思想政治教育的意见》指出,"加强社团管理和领导,选聘大学教师指导社团、支持和引导高校大学生社团自主开展活动"。从各大高校邀请的社团指导教师来看,任课教师、团委教师、辅导员等是社团骨干教师,后两类教师更是大学生社团发展的主力军,多担任社团指导教师。同时,这两类教师在部分学校可以指派专任团委教师担任,也可以由其他岗位教师兼任,如辅导员兼职团委教师,不同学校根据自身情况具体设定。

这类大学生社团可以简单地划分为两类:专业社团、兴趣社团。其中,专业社团知识属性更强,由专业指导教师全权负责,社团活动内容系统全面,符合现代教学理念及社团长远发展目标,能够有效推动大学生特色社团建设的可持续发展。

(2)机构合作型社团:与校外机构合作开设。机构合作型社团是指由校内、校外双线合作组织的,在高校内部开展兴趣性、艺术性活动的社团机构。学校社团教师与校外教师根据新时代大学生兴趣爱好等特点设计活动。学校迎新晚会、重大节日会演、毕业典礼等大型文艺活动通常采用这种方式,深受高校时代青年学子的热爱与欢迎。部分高校的街舞社、流行乐队就是此类社团的典型代表。

校外机构合作型社团具有几个明显的特征:一是以学生兴趣为抓手,吸引在校学生积极参与;二是校外合作教师专业性强,有丰富的活动策划经验,能保证社团活动的效果和质量;三是校外教师扮演该类社团活动的组织者和管理者,学生不参与活动的策划和开展,仅仅以参与者的身份加入,难以真正发挥和挖掘学生管理和组织能力;四是依靠校外教师的专业技术指导社团活动的开展,依赖性大,对于社团持续性发展有不利影响。此类社团占比不高,优缺点明显,是多元化高校特色社团创新发展的方向和趋势。

(3)自觉发展型社团:学生自己申请创办的社团。在校大学生根据自身兴趣爱好结合志同道合的伙伴朋友,达到一定人员数量和发展规模时,可向学校有关部门递交创办非营利高校社团组织的申请,这类由学生自下而上成立的社团可称为自觉发展型社团。随着全球化时代文化的多样性发展,高校大学生的个性化、特色化需求涌现,这类社团在高校中大批呈现,如说唱社、汉服社、动漫社、电竞社、天文社等兴趣社团。自觉发展性社团从成立到运行及日常活动的开展都是在指导教师的带领下,由社长及成员内部自我组织开展活动,这种自主性极大地发挥了学生自我教育、自我管理、自我发展的特性。

此类社团具有明显的特征:一是社团成员具有极强的主人翁精神和自我归属感,他们全身心经营自己创建的社团,社团如遭遇困境大家更能齐心协力解决;二是作为主要负责人的社长拥有较大的管理权和职能,容易造成分工不明确;三是学生在校学习时间有限,发起创建社团的老成员也会因学业、毕业等人生规划问题离开社团,加入的新鲜血液如果不能尽早找到"继承人"作为新一届社长,社团也很难持续性发展。①

案例分享

绵城微电影协会"青春闪耀绵城"摄影活动策划书

一、活动背景

我们学校的校园生活是五彩斑斓的,新学期各种崭新的活动更是纷至沓来,青春是打开了就合不上的书,人生是踏上了就回不了头的路,我们一起在时间的道路上勇敢迎接,实现最初的梦想,继续打开新世界。让那些被我们频繁记录的美好瞬间成为我们岁月里的宝藏,为此,绵城微电影协会举办"青春闪耀绵城"微电影主题线上活动。

二、活动目的及意义

活动目的:为提高同学们的激情与活力,新时代大学生的青春风采需要展示出来,海浪需要撞击,人生需要拼搏,而我们的青春需要舞动、需要喝彩。我们协会举办此次比赛的目的是,显示我们的青春与朝气,展示个人才艺,营造和谐的学习氛围,锻炼所有学生的胆量与自信,提高所有学生的科学文化素质和自身修养。

活动意义:我们不仅要学习一流的知识,还要用治学态度影响我们的时代;我们不仅要建立正确的思想观,还要用我们为人的原则影响时代。同时,响应国家对创新人才的培养号召。

三、活动主题

拥抱青春,闪耀绵城。

四、活动单位

主办单位:绵阳城市学院学生会。

承办单位:绵阳城市学院微电影协会。

---

① 郑洁琦.具有本校特色的学生社团组织及管理模式的研究:以广州市南沙第一中学为例[D].广州:广州大学,2016.

五、活动时间与报名方式

（一）活动时间

1. 活动时间：2023 年 4 月 15 日—5 月 10 日。

2. 活动报名时间：2023 年 4 月 15—20 日。

3. 作品上传时间：2023 年 4 月 21 日—5 月 1 日。

4. 作品评选时间：2023 年 5 月 2—6 日。

5. 作品排名公布时间：2023 年 5 月 7 日。

6. 颁奖时间：2023 年 5 月 9 日。

（二）报名方式

线下报名：绵阳城市学院游仙校区文化长廊。

线上报名：搜索 QQ 群号 6473×××××。

表 5-1　线下报名表

序号	方式	备注
1	线下	在文化长廊处登记报名，填写清楚自己的基本信息，扫码进入官方 QQ 群，在规定时间内按照要求上传作品。参赛形式、参赛目的、参赛方式、参赛要求等方面有任何疑问，均可在群内询问

六、参与对象

绵阳城市学院游仙校区全体学生。

七、活动开展

（一）活动准备阶段

1. 活动宣传：前期进行社团内部宣传，撰写推文并在公众号发布。制作相关海报在游仙校区内宣传。

2. 活动报名：在绵阳城市学院游仙校区文化长廊处进行活动线下报名、统计参赛人员的姓名、班级、学号、辅导员、队名等信息。随即参与人员进入社团活动官方 QQ，方便工作人员通知活动相关事宜。

（二）活动举办阶段

1. 活动形式：拍摄微电影视频、拍摄宣传片视频。

2. 拍摄主题："发现美宣传美弘扬美""发现正能量""宣传学校""展现绵城学子风貌"等积极向上主题均可。

3. 活动要求：所拍摄内容时长至少 3 分钟，必须符合主题。参赛人员把自己的参赛作品投稿到相关工作人员的 QQ 邮箱，作品提交时间结束后，我们会对作品进行评选，最后公布获得奖状的名单。

（三）具体活动流程

线下填写报名表并扫码进群,备注院系、班级、学号、姓名等信息;参与活动人员按活动要求在规定时间内上传视频到指定工作人员 QQ 邮箱;社团工作人员进行评选并打分,最后评选出分数排名前 6 的作品,并颁发奖状。

（四）活动后续阶段

对活动结果进行公示,对活动开展情况进行总结。

工作人员将最终排名结果发布到活动官方 QQ 群,各部门成员总结本次活动。

（五）注意事项

1. 以视频的形式上传,时间至少 3 分钟,统一横屏拍摄。

2. 本次大赛提倡参赛者进行原创拍摄制作,如果需借鉴网上素材,时间累计不超过 30 秒,如果超过 30 秒则取消参加本次活动的参赛资格。

3. 报名时以团队形式报名,每个团队不超过 6 人。

4. 如果作品提交时间超出活动规定提交时间,则视为放弃参赛。

（六）宣传时间

2023 年 4 月 15 日。

（七）宣传方式

表 5-2　活动宣传方式

方式	备注	来源
海报	在学校宣传墙粘贴 1 张此次比赛海报至报名结束	微电影协会提供
微信公众号	由社团管理部工作人员进行活动的线上宣传,包括 QQ 号、微信公众号等	社团管理部提供
媒体群	在微电影协会活动 QQ 群中将对活动事项及活动赞助商进行宣传,同时在 QQ 空间动态转发	微电影协会提供

八、应急方案

1. 在视频文件无法打开的情况下,由工作人员联系参赛成员,让其重新提供原视频。

2. 若在作品评选期间,工作人员发现作品出现抄袭问题,则取消该作品的参赛资格。

3. 若颁奖当天下雨或场地被占用则延期颁奖,时间后续通知。

4. 若出现其他突发情况,则由工作人员做出应急处置。

九、经费预算

表 5-3　经费预算

物品种类	数量	单价	总价	备注
海报	1 张	20 元	20 元	由微电影协会提供
总计:20 元				

十、工作人员及其构架

表5-4　工作人员及其构架

策划部	
成员	刘×、王××、郭×、邵××
联系方式	137××××0652、187××××5420、180××××5587、187××××2367
职责	负责组织、参与、指导策划方案的制订,媒体活动审定方案,完成活动整体策划创意、设计,配合完成推广宣传工作
后勤组	
成员	钟××、尹××、朱×
联系方式	186××××2325、157××××9715、155××××0356
职责	负责比赛后期的统计工作,配合各组做好比赛的相关工作
宣传部	
成员	郑××、谢××、李××
联系方式	1838××××650、1310×××392、198×××6793
职责	负责制订比赛的规则,制订整体宣传方案,并做好比赛宣传报道的收集、整理、汇总工作,负责比赛正常开展,并完成交办的其他工作

附件1

宣传物品

宣传方式	内容	具体安排	数量	备注
海报	内容为本次活动主题、时间、地点、赞助商等基本信息	张贴于绵阳城市学院游仙校区文化长廊处	1张	由微电影协会负责
线上平台	内容为本次活动主题、时间、地点、赞助商等基本信息	由社团管理部进行宣传	/	由社团管理部和微电影协会负责

附件2

评选细则

(一)内容主题(40分)

1.内容健康积极,活泼向上,紧扣"青春闪耀绵城"主题,准确表达主题内容、寓意。(20分)

2.紧跟时代潮流,张扬时代魅力,展现时代精神。(10分)

3.剧情拍摄角度新颖,主题特色鲜明,具有一定的说服力与感染力。(10分)

（二）创意性（20分）

1.作品表达形式新颖,构思独特,作品能够通过形象化的摄影语言符号和创新的立意来诠释摄影作品的主题。（10分）

2.内容不拘一格,独到深刻,制作匠心独运,撼动人心。（10分）

（三）技术性（30分）

1.视觉:取景、构图、曝光、色调、清晰度等符合摄影技术基本要求,色彩和谐,构图比例协调,场景镜头衔接顺畅,布局精心合理。（10分）

2.剪辑:剧情精练不冗长,不短缺。字幕清晰,与声音搭配得当。（10分）

3.配乐:能够渲染表现微电影的主题,升华内容,给人以想象的空间。（10分）

（四）附加分（10分）

每个评委对同一剧本可有不同的见解,此部分为评委的酌情加分项。

评审注意事项:

1.评委实行实名打分制,每人获取一张打分表进行打分。

2.监委在整个评审过程中需要拍摄现场照片,确保公平、公正。

附件3

奖项设置（奖状）

名次	名额	团队名称
第一名	1	—
第二名	2	—
第三名	3	—

案例分享

"心灵广场"社团:荡涤心灵尘埃,共享健康人生

一、社团理念

社团名为"心灵广场",理念是帮助大学生塑造健全人格;初衷是提高大学生心理素质,荡涤心灵尘埃,共享健康人生。关注在校大学生的心灵,助人自助共同提高生命质量。通过社团活动加强同学之间的思想交流,培养同学们的健康心理、健全人格,帮助同学们养成良好的行为习惯,提高同学们的适应能力和综合素质。

二、社团组织框架

社团社长1名,副社长2名,成员32名。

三、社团简介

"心灵广场"社团协助学校开展心理健康知识的宣传和普及工作,通过一系列的心理

活动帮助大学生解决心理困惑、心理压力的同时传播心理健康知识,以丰富多彩的校园为载体,促进思想理论建设,营造健康向上的文化氛围,帮助同学们认识自我、发展自我、改变自我,我们将用真诚的行动温暖每颗心。

四、社团特色活动

本社团定期举行心理讲座、心理电影、心理培训、心理交流会等活动。联合校心理咨询室共同为某些在心理上有困惑的学生提供帮助;定期在校内进行心理知识的宣传和进行心理方面的问卷调查;组织学习心理健康知识及竞赛;收集同学在日常生活中心灵感应的笔录并定期给予展示;开展线上心理交流,并针对问题给予一部分帮助;组织同学观看有关心理(励志的、积极的)方面的电影。

五、社团发展及未来展望

(1)健全内部建制。坚决履行对社团成员的两条承诺:让每位社团成员都能够锻炼到自己的能力;不主动要求社团成员因参加活动而逃课、影响学习。

(2)丰富社团的活动。社团在有限的经费下,将尽可能组织多方面的活动,线上线下结合,校内和校外结合,以定期在校内进行心理知识宣传、收集同学在日常生活中心灵感应的笔录为主。

(3)加强社团宣传工作,让更多的同学认识了解我们的社团,吸引更多的同学加入我们,扩大活动覆盖面,增强社团影响力。

(4)积极配合学校相关工作,服从校领导的管理,完成上级交代的各项工作任务。

(5)拓展社员学习能力,鼓励社员加入活动组织和策划中,发挥社员的想象力,不仅让社员成为活动的参与者,也让他们成为活动的策划者,让他们收获能力的提升以及参与活动的喜悦。

第二节　大学生社团的主要功能与价值

价值首先取决于客体满足人的各种需要的属性,其次取决于主体的需要和实践活动。因此,主体、客体和基于客体的社会实践是研究价值问题的关键所在。在分析大学生社团价值的主体、客体及其关系后,笔者认为大学生社团的价值内涵是大学生社团价值客体能满足大学生社团价值主体特定的愿望、目的或需要。主客体之间的特定关系是在大学生社团活动中形成的,是大学生社团发展的必然产物。这种关系表现为大学生社团的存在及其性质与大学生的愿景、目标或需求等相适应或相接近,也表现为大学生社团活动对大学生具有或产生了某种功能、作用、意义和影响。

一、大学生社团的功能

大学生社团属于群众性组织,主要是高校学生在自愿、民主、平等参与的基础上,按照一定的规章制度,为满足个人利益,实现自我价值而成立的。[①] 不同的社团有不同的功能,既有社团天然具有的功能,如社团服务功能、校园文化建设功能等,也有因为职能转变而来的功能,如育人功能、就业功能等。本节主要借助功能主义的研究方法分析大学生社团的功能。

(一)聚合功能

聚合功能是指大学生社团可以提供平台载体,满足大学生自我发展需求,根据自己的兴趣爱好选择社团的功能。大学生社团作为平台,将有共同目标、兴趣爱好、价值追求的大学生聚在一起,最大限度地让大学生发挥特长,凸显个性。一方面,大学生社团在满足大学生交流沟通的需求时,也能够培养他们的团队意识和团结意识,他们会为了共同的目标和爱好制定一个保证社团良性运行的规章制度并遵守;另一方面,大家加入社团的原因之一是希望依靠社团整体的理想来实现个人利益最大化。例如,在开展某个活动或者是实现某个目标的过程中,总会遇到各种困难或者矛盾,单靠个人的力量去解决这些困难和矛盾会显得势单力薄,但是社团会将各方的建议、诉求、支持等凝聚在一起,对现有的状况提出改进的措施或建议,可以促使现有矛盾尽快解决或化解,保证社团活动正常开展和有序运行,从而保障了社团成员的最大利益。

(二)价值导向功能

大学生社团是学校实施素质教育的主阵地,也是开展学生思想政治教育的重要平台,将"三全育人"的理念有效融入学生社团建设,对于充分挖掘学生社团的育人元素,提升育人效能,实现学生德智体美劳全面发展具有重要意义。[②]

第一,大学生社团根据其功能属性提供了思想教育氛围与平台,教师可借此让学生关注时事、国情、党情及社会热点,力求以正确的价值观引导学生客观地看待事物,无形中发挥了思政社团的作用。第二,可以通过开展活动,经常给学生分享一些新的思想和新的理念,让大家能够及时受到正确价值观的熏陶,帮助他们树立正确的世界观、人生观、价值观,充分发挥大学社团的价值导向作用。第三,社团的价值导向功能因社团的类型和活动的不同,对于学生的教育内容也不同,比如文学类社团主要侧重提高大家的文学素养,体育类社团主要侧重提高大家的身体素质或体育竞技水平。大学生喜欢参加社团活动,既能减少传统的思政教育讲授形式带来的各种不适,更能提高思想政治教育工作的针对性和实效性。因此,大学生在社团中不仅能够学到知识和技能,还能够提高自身的政治素养和觉悟,这充分体现了大学生社团的价值导向功能。

---

① 王娇娇. 高校学生社团功能发挥存在的问题及对策研究[D]. 呼和浩特:内蒙古师范大学,2022.

② 远洋,孙得利. 高校"三全育人"项目管控机制探讨[J].办公室业务,2022(13):69-71,75.

(三)社会适应功能

教育的本质就是一种个体社会化的过程,个体步入社团是大学生社会化的一个重要环节,也是高等教育的目标之一。大学生社团是为社会培养人才的主阵地之一,是衔接学校与社会之间的一座桥梁。它通过有目的、有计划的教授和培养,能锤炼学生进入社会所需要的各种能力,满足他们适应时代的要求。[①] 首先,大学生社团扩大了大学生的朋友圈。它打破了传统的班级、寝室、学院的物理空间划分,让不同专业、不同年级、不同性格的学生有机会彼此认识了解,在一定程度上有利于提高大学生的人际交往能力,培养他们为人处世、待人接物的能力,为毕业进入社会打下了基础。其次,大学生社团增加了大学生的社会性,大学生社团作为社会实践平台之一,社团活动的覆盖面和影响力可以打破学校范围,让学生通过组织或参加社团活动在一定层面接触或了解社会,可以为开展社团活动到社会上去获取赞助,在这个过程中,大学生可以学会与商家商谈,以达到平等互利的目的。最后,个体社会化过程就是角色扮演的过程,即社团活动在增强大学生适应能力的同时,还能使他们顺利进行角色实践,根据角色期望的文化知识和技术技能去发展,并通过实践检测对角色的认知和理解,积累角色经验,从而潜移默化地影响大学生,使他们更快适应社会,为他们进入社会起到了更好的缓冲作用。

(四)调节身心功能

随着新一轮课程改革的推进,越来越多丰富多彩且贴近大学生思想和兴趣的社团活动,逐渐成为校园生活中不可或缺的组成部分。大学生社团通过一系列的活动帮助大学生舒缓紧张情绪,愉悦身心,释放压力。首先,它能为学生提供归属感,学生因此对自己感兴趣的社团或社团活动表现出强烈的参与意识。如笔者学校的学生社团都是由学生主动申请、团委批准和指导成立的,每年的招新现场都很热闹。从高中到大学的环境变化让大一新生容易产生不适,需要寻找平台去沟通和发泄情绪,而丰富的社团活动和志同道合的朋友正是他们心灵的最佳归宿,这种归属感能够调节入学后的不适应感,使他们较快地融入大学学习和生活中。其次,有利于调整大学生的情绪。当代大学生,无论是生活还是学习都有很大的压力,因此更需要利用课余时间缓解负面情绪。社团扩大了大学生的朋友圈,社团活动传递正能量,能够有效地调节现实与目标的矛盾,淡化学生的负面情绪。最后,有利于培养大学生的自信。大学生在参与社团活动的过程中,通过与同学之间的沟通交流、信息交换,寻求着自我尊重、自我价值实现。在这里,许多活动都是生动活泼的,每个人都是活动的主人。在这样的环境里,大学生心里相对轻松,加上与其他同学有相同的兴趣爱好,更容易在这个组织和活动中得到尊重和帮助,使个人的能力和兴趣爱好得到更好的发挥,让容易产生自卑情绪的学生越来越有自信。

---

① 封莎,郭君忻.高校学生社团育人功能的优化策略[J].西部素质教育,2021,7(21):81-83.

二、大学生社团的价值内涵

大学生社团是大学校园中一道亮丽的风景线，是培养学生综合素质、丰富校园文化的重要途径。在这个多元而充满活力的组织体系中，大学生自发组织、自主参与，为实现个人价值和学校发展贡献着独特力量。本节从不同角度探讨大学生社团在满足个体需求、丰富校园文化、服务社会等方面的作用，揭示大学生社团价值关系的丰富内涵与现实意义。

（一）价值内涵

在探索大学生社团的价值关系之前，有必要对价值内涵进行全面理解。克里夫·贝克曾指出："价值就发生在每个人的日常生活之中。"价值是一个普遍存在于人们日常生活和学术领域的概念，涵盖了经济学、哲学和社会学等不同学科角度的解释。[①] 从词源上看，"价值"一词在不同语言中都与珍贵、尊重、重视等含义相关，从古代梵文到拉丁文，都有类似的渊源。在现代理解中，价值通常表达出物品或事物的珍贵程度，与日常用语中的"好"相似。人们常常在探讨"是与非""优与劣""美与丑"等问题时使用"好坏"这一抽象概念，价值也具备这种抽象含义。《说文解字》对价值的解释涉及物品在比较、交换中体现的相当与不相当，具体表现为物的功用性。这种解释从经济学和社会学的角度探讨了价值的内涵。经过漫长历史的演变，"价值"一词的内涵逐渐扩展并广泛应用于不同学科和领域。最广泛的价值内涵是关于"好坏""有用无用""意义与作用"的层面。这也与哲学上对价值内涵的理解有一定相似之处。在日常生活中，我们常常用价值来表达事物的好与坏，以及对某人的意义、作用和有用性。这些日常约定的价值内涵在本质上都是对事物意义和作用的判断与描述，因此，对于大学生社团的价值关系研究，这些共识奠定了一个重要的基础。要研究大学生社团的价值关系，我们首先需要明确价值的内涵，它涵盖了"好坏""有用与无用""意义与作用"等层面，这些共识将有助于我们更好地理解大学生社团的价值关系。

（二）大学生社团的价值内涵

大学生社团的价值内涵是价值的子概念，涵盖了大学生加入社团并参与社团活动的功能、作用、意义及对自身的影响等方面。不同的学说，如属性说、关系说、意义说等，都围绕着探究大学生社团的价值内涵展开，然而无论何种学说，实质上都是研究大学生社团满足大学生特定愿望、目的或需要的一门学问。大学生社团的存在及其活动展开是源于大学生某种愿望、目的或需求的驱动，而社团价值的体现，则是大学生通过参与社团活动感受到了这些愿望、目的或需要的满足。因此，大学生社团的价值内涵实质上是大学生社团作为价值客体能够满足大学生作为价值主体特定愿望、目的或需求的关系。这种关系是在大学生社团活动中逐渐形成的，是大学生社团发展的必然结果，表现为社团的存在及其性质与大学生的愿

[①]　冯昭昭. 大学生社团的价值研究［D］. 武汉：华中科技大学，2016.

望、目的或需求相一致、相适应、相接近,进而表现为社团活动对大学生具有某种功能、作用、意义和影响。大学生社团的价值内涵主要体现在以下几个方面。

1. 自主管理与参与

大学生社团的自主管理是其价值内涵的重要组成部分。社团作为大学生自主组织起来的平台,赋予了大学生发挥主体性和创造力的机会。通过参与社团管理和活动的过程,大学生学会自主协商、决策和执行,可培养团队协作精神和领导才能。这种自主管理与参与的价值内涵,不仅对大学生个人成长有积极的影响,也为社团的持续发展提供了源源不断的动力。

2. 兴趣爱好与专业发展

大学生社团为共同爱好者提供了一个交流和展示自己兴趣爱好的平台。在社团中,大学生可以追求自己的兴趣,发展特长,并结识志同道合的伙伴,共同追求梦想。同时,许多社团也与专业领域紧密结合,为大学生专业发展提供了宝贵的实践机会。通过在社团中的活动和学习,大学生能够更好地将理论知识应用于实际,提升自己的专业素养。

3. 社会责任与公益行动

许多大学生社团积极参与公益活动和社会实践,承担社会责任。这种价值内涵体现了大学生社团对社会问题的关注和积极回应,推动了社会公益事业的发展。通过参与公益行动,大学生可以增强社会意识和社会责任感,培养为集体利益着想的品质,同时也拓宽了自己的人文视野。

4. 个人成长与综合素养

大学生社团为成员提供了广阔的舞台,让他们在实践中不断成长和提升。社团活动可培养大学生的组织能力、沟通能力、创新能力及解决问题的能力,这些都是在课堂上难以获得的宝贵经验。通过社团的锻炼,大学生更容易实现全面发展,提升自己的综合素养。

5. 社交与人际关系

大学生社团是促进人际交往的重要平台。在社团中,大学生与不同背景、不同专业的同学相互交流,有利于增进彼此之间的了解和信任。这种社交价值内涵帮助大学生扩展了社交圈子,培养了广泛的人际交往能力,对于未来的职业发展和人生道路选择都具有积极的影响。

6. 校园文化与社会认同

大学生社团活动是校园文化的重要组成部分。社团的活动能够丰富校园生活,增添校园的文化氛围。通过社团活动,大学生对学校的认同感增强,可形成积极向上的校园文化氛围。同时,社团活动也有助于传承和弘扬中华优秀传统文化,促进社会文明进步。大学生社团的价值内涵是多种多样的,涉及个人成长、校园文化、社会责任等多个方面。这些内涵在社团的发展和大学生参与社团活动的过程中不断得以体现和实践。

三、大学生社团的价值关系

本节将聚焦于大学生社团的价值关系,包括大学生社团的价值目标、价值主体以及价值客体。大学生社团作为价值客体与大学生作为价值主体之间的关系,正是在价值内涵的基础上形成和发展起来的。

(一)主体关系

在大学生社团的活动中,不同的主体之间形成了复杂的价值关系。主体关系包括大学生社团作为主体与大学生、教职工以及大学之间的关系。这些主体之间的互动与影响构成了大学生社团的运作基础,决定了大学生社团的发展走向和实现价值目标的可行性。

(1)大学生社团作为主体与大学生之间有着密切的价值关系。大学生作为大学生社团最重要的价值主体,是社团活动的发起者和参与者,他们的需求和动机直接影响着社团的运作和发展。大学生通过加入社团,追求兴趣爱好、发展专业技能、实现个人成长等价值目标。社团提供了一个平台,使得大学生能够自主选择参与感兴趣的活动,从而满足自身的需求。同时,大学生的需求也推动着社团不断创新和改进,以更好地适应学生的需求。社团活动的多样性和灵活性与大学生的需求密切相关,只有真正满足了大学生的价值期待,社团才能持续发展。

(2)大学生社团作为主体与教职工之间有着协作共赢的价值关系。教师是大学生社团的指导者和管理者,对社团活动的指导与管理起着重要作用。他们希望社团能够在规范的框架下发展,符合学校的教育方针和校园文化建设需要。同时,教职工也关注社团对学生的积极影响,对于提升学生综合素养和实现学生发展有着同等期待。在社团的发展中,教职工提供专业指导与支持,使得社团活动能更好地服务于学生的成长与发展。而社团的活动也可以丰富校园文化,为教职工提供更多与学生交流的机会,促进校园氛围的融洽与和谐。

(3)大学生社团作为主体与大学之间形成了共生共赢的价值关系。大学作为一个整体,在一定程度上影响着社团的存在和发展。大学领导对于社团的支持与引导,为社团提供了更广阔的发展空间。而社团丰富多样的活动,也可为大学的校园文化增添色彩,丰富大学的办学内涵。活跃的大学社团,也反映了大学的教育成果,体现了大学对学生个性发展的重视。因此,大学与大学生社团之间形成了一种相互促进、相互依存的关系,通过配合协作实现共赢。

大学生社团的价值主体关系是多元且复杂的。大学生社团作为主体与大学生、教职工和大学之间形成了相互影响的关系。在这个关系中,不同主体的需求、动机和目标相互交织,共同构成了大学生社团的发展轨迹。只有在这种多方互动中,大学生社团才能真正发挥作用,实现多样化的价值目标,为大学生的成人成才贡献力量。

(二)客体关系

大学生社团的价值客体是大学生社团活动及因社团活动产生的社团文化和校园文化。

这些客体是大学生社团活动的实际存在和表现形式,是大学生社团价值主体通过活动所追求的目标和成果。大学生社团活动的多样性和灵活性决定了它可以满足不同价值主体的需求,同时它又受到大学管理和指导的框架限制,确保其合法合规。在价值客体中,大学生社团活动的内容和形式具有以下重要功能。

(1)大学生社团活动的育人功能是显而易见的。通过参与各类社团活动,大学生能够培养自己的兴趣爱好,发展个人特长,提高自身综合素养,从而实现个人成长和全面发展。社团是大学生实践能力和创新能力的重要训练场所,也是大学生社交和团队合作的重要平台。大学生通过参与和组织活动,学会了解决问题的方法,培养了团队精神和领导才能,进而增强了对社会和国家的责任感和使命感。这种育人功能在大学生社团活动中体现得淋漓尽致,为大学生成长成才奠定了坚实基础。

(2)大学生社团活动的繁荣校园文化功能不可忽视。社团活动可为校园文化增添丰富多彩的元素,丰富校园文化内涵。社团活动在校园里随处可见,可为大学生和教职工提供各种文化交流和欣赏的机会。丰富多样的社团活动,涵盖音乐、舞蹈、戏剧、艺术、科技等多个领域,各种文化展示和演出不断激发学生的创造力和创新意识。繁荣的校园文化不仅能让学生有视觉和听觉的享受,更能让学生的思想境界和审美情趣有一定提升。

(3)大学生社团活动的社会服务功能也是非常重要的。大学生社团作为大学与社会联系的重要纽带,通过各类志愿服务和社会实践活动,为社会做出了积极贡献。大学生社团走出校园,走进社区、福利院、山区学校等地,关心弱势群体,开展公益活动,传递爱心与温暖。这些活动不仅可让大学生体验社会的多样性,增长社会经验,也可为社会解决一些问题,提供有益的服务。同时,这种服务社会的活动也可为大学生社团树立积极向上的形象,增加社会对大学和大学生的认同和支持。

在大学生社团的价值客体中,社团文化和校园文化发挥着特别重要的作用。社团文化是大学生社团活动的集中体现,是由社团成员共同创造和传承的独特文化。每个社团都有自己独特的文化氛围,有自己的价值观和行为规范,这些文化氛围体现了社团的精神风貌和凝聚力。同时,这些社团文化也影响着大学生的价值取向和行为方式,塑造着大学生的个性与品格。校园文化是大学整体文化的组成部分,是由大学生社团活动和其他校园活动共同创造的。校园文化是学校的软实力,反映了学校的文化底蕴和办学特色,也是学校吸引优秀人才和塑造校园氛围的重要因素。丰富多彩的大学生社团活动和繁荣的校园文化,相互促进,共同为大学营造充满活力和创造力的校园环境。

大学生社团的价值客体是多维度的,包括大学生社团活动及其产生的社团文化和校园文化。这些客体不仅为大学生提供了实践和成长的平台,也丰富了校园的文化内涵和社会服务方式,同时又为学校的文化建设和学生的素质提升做出了重要贡献。在价值客体中,大学生社团活动的内容和形式不断创新,满足了不同价值主体的需求,体现了大学生社团的多样性和灵活性。这种健康的客体关系是价值主体与价值客体之间的积极互动,是大学生社团价值关系中的重要组成部分,也是推动大学生社团持续发展和价值目标实现的重要动力源泉。

四、大学生社团的价值追求

大学生社团的价值追求是社团成员共同的心声,也是社团事业蓬勃发展的动力源泉。本节将探讨社团成员对个人成长与发展的追求、共同兴趣与目标的追求、社会责任与影响力的追求,以及文化传承与创新的追求。这些追求将引领社团不断超越自我,勇担使命,迈向更加辉煌的未来。

(一)个人成长与发展的追求

大学生社团作为一个自我管理教育与实践的平台,为每个成员提供了一个独特的机遇,能让他们在参与社团活动的过程中不断追求个人成长与发展。

(1)社团为成员提供了广阔的舞台,让他们能够发挥自己的特长。每个成员都有机会参与到自己感兴趣的社团活动中,展现自己的个性与才能,担任不同的职责与角色。在这样的舞台上,成员们可以不断锤炼自己的技能与能力,不断探索与实践,实现个人潜能的最大发挥。

(2)社团为成员提供了一个实践锻炼的机会,让他们能够在实际操作中学习与成长。各成员们通过组织的各类社团活动,可以学习到项目策划、团队合作、资源协调等实际技能,锻炼解决问题的能力与应变能力。在实践中,成员们也会遇到各种挑战与困难,但正是这些挑战让他们不断学习、成长与进步。

(3)社团为成员提供了一个交流与学习的平台,让他们能够从他人身上汲取营养。社团成员之间在共同的兴趣与目标下交流经验,互相学习与借鉴。在这种交流与学习的过程中,成员们不仅可以拓宽自己的视野,还可以丰富自己的知识储备。通过与他人交流互动,成员们也能够不断完善自己,提高自己的综合素质与能力。

(4)社团为成员提供了一个实现自我认同与自我实现的机会,让他们能够找到归属感与价值认同。在社团中,成员们能够找到志同道合的伙伴,追求共同的目标,形成紧密的团队合作关系。在这个集体中,每个成员的贡献都能得到认可,每个成员都可以感受到集体的凝聚力与温暖。这种团队合作与集体认同,可以使成员们更加坚定地追求个人成长与发展的信念,激发他们积极向上的精神动力。

因此,大学生社团成员在参与社团活动的过程中不断追求个人成长与发展。社团提供了广阔的舞台和实践锻炼的机会,让成员们能够发挥自己的特长与才能。通过交流与学习,成员们不断丰富自己的知识与经验。在团队合作与集体认同中,成员们实现了自我认同与自我实现,为追求个人成长与发展贡献积极的力量。这种个人成长与发展的追求,将不断推动大学生社团成员在自我管理教育与实践中实现价值的最大化,同时也为大学生社团的繁荣与发展注入源源不断的生机与活力。

（二）共同兴趣与目标的追求

大学生社团是一种汇聚共同兴趣与目标的组织形式,成员们在参与社团活动的过程中追求着相同的理想与价值。

(1)社团可以为成员们提供一个相互交流与分享兴趣的平台。不同社团成员因为对特定领域的兴趣爱好而聚在一起,形成了紧密的社交网络。在这个平台上,成员们不仅能够结识到很多志同道合的朋友,也能够与他人分享自己的收获与感悟。在共同兴趣驱使下,成员们可以畅所欲言,互相倾听,从而不断增进彼此之间的了解与信任。

(2)社团可以为成员们提供一个共同追求目标的舞台。每个社团都有自己的发展规划与目标,成员们共同为实现这些目标而努力奋斗。在社团活动中,成员们会共同策划与执行各种项目,共同面对挑战与困难。在共同追求目标的过程中,成员们形成紧密的团队合作关系,共同攻克难关,共同取得成就。

(3)社团可以为成员们提供一个实现个人发展与集体发展相统一的平台。社团既鼓励成员们发挥个人特长与优势,同时也强调团队合作与集体荣誉。在这样的平台上,每个成员都能够找到个人与集体统一的价值追求,既可实现自身的发展,又为社团的发展做出了贡献。

(4)社团可以为成员们提供一个共同学习与成长的机会。在共同兴趣与目标的引领下,成员们不断学习与交流,互相借鉴与帮助。社团活动中的合作与竞争,促使每个成员不断提高自己,不断追求进步。在这个共同学习与成长的过程中,成员们逐渐形成共同的认知,共享成就与荣誉。

因此,大学生社团成员在参与社团活动的过程中追求着相同的兴趣与目标。社团可为成员们提供交流分享兴趣的平台、共同追求目标的舞台、实现个人发展与集体发展相统一的平台,以及共同学习与成长的机会。这种兴趣与目标的追求,使成员们在既定的价值引领下凝聚力量,为社团的繁荣与发展贡献着独特的力量。同时也让每个成员在社团中找到属于自己的归宿与价值认同,成就自我实现与集体荣誉的统一,为大学生社团的价值追求注入持久的动力与激情。

（三）社会责任与影响力的追求

大学生社团作为高校学生群体中的重要组成部分,秉持着社会责任与影响力的追求,不仅关注自身的成长与发展,更注重对社会的贡献与影响。

(1)社团成员积极践行社会责任,关注社会问题,参与公益活动,传递正能量。社团活动中,成员们常常关注社会热点问题,以切实行动投身到公益事业中。他们组织各类公益活动,关注弱势群体,倡导环保与健康生活,助力乡村振兴等,用自己的力量影响社会、改善社会,传递社会正能量。

(2)社团成员强调对影响力的追求,通过社团活动塑造正面形象,传递正向价值观。社团在校园中拥有一定的影响力,因此成员们会自觉注重自身形象,他们会在社团活动中严格要求自己,时刻注意自己的言行举止,树立良好的榜样形象。同时,社团成员会在社团活动中传递正能量,引导他人树立正确的世界观、人生观、价值观。

（3）社团成员以身作则,引领他人,弘扬社会责任感与影响力。作为社团的骨干,他们不仅在社团内部发挥着重要的带头作用,也积极影响身边的同学和朋友。他们用自己的行动与言辞传递社会责任感与影响力,带动更多的人关注公益事业,参与社会建设中。

（4）社团成员重视社会反哺,将积累的知识与经验回馈给社会。社团活动中,成员们在实践中不断学习与成长,他们明白知识与经验的价值,所以更愿意将这些积累回馈给社会。他们通过举办讲座、培训等形式,将所学所得分享给更多人,帮助他人成长与进步。

因此,大学生社团在追求自我成长的同时,也积极践行社会责任。社团成员通过参与公益活动、传递正能量,引领他人,回馈社会,用自己的行动影响身边的人、影响社会。这种社会责任与影响力的追求,让社团成员在实践中成长,同时也为社会的发展与进步注入了积极的力量。每个社团成员都在这样的追求中找到了奋斗的意义,就是让社团的价值得以持久传承,为社会建设贡献自己的一份力量。

（四）文化传承与创新的追求

大学生社团在价值追求中注重文化传承与创新,旨在将传统文化与现实需求相结合,推动社团发展与进步。

（1）社团成员积极传承中华优秀传统文化。在大学生社团中,许多社团具有悠久的历史与传统,成员们深刻认识到中华优秀传统文化的独特魅力与价值。他们通过学习传统文化知识、参与传统文化活动等方式,将传统文化传承下去。例如,文学类社团弘扬古典文学,艺术类社团传承民间艺术,这些优秀传统文化的传承活动不仅强化了成员的文化自信,也为社团增添了浓厚的文化底蕴。

（2）社团成员勇于创新,推陈出新。在追求文化传承的同时,社团成员也充分认识到创新的重要性。他们以开拓创新的精神,积极探索社团活动的多样化形式。通过引入现代科技手段,运用多媒体、互联网等,社团活动得到了更广泛的传播,其影响范围得到了有效扩充。同时,成员们还在创新社团项目的策划与执行中,推出了更具特色的活动,吸引了更多的参与者。

（3）社团成员倡导文化融合与交流。在大学生社团中,成员们来自不同地区、不同文化背景,这使他们认识到文化的多样性与丰富性。在活动中,他们鼓励成员之间的文化交流,借鉴他人的优势,融合多元文化,形成更具包容性与开放性的社团文化。这种文化融合与交流,不仅开阔了社团成员的视野,也丰富了社团的文化内涵。

（4）社团成员积极传递文化精神,推广社团品牌。在文化传承与创新的追求中,社团成员将文化精神融入社团的各个方面。他们注重传递社团的核心文化价值观,形成独特的社团品牌。通过社团品牌的传播,社团的影响力得到扩大,吸引了更多的成员与支持者。

因此,大学生社团在价值追求中注重文化传承与创新。成员们积极传承中华优秀传统文化,同时勇于创新,推陈出新。他们倡导文化融合与交流,传递文化精神,推广社团品牌。

这种文化传承与创新的追求,不仅可以丰富社团内涵,也可以为社团的持续发展与繁荣奠定坚实基础。同时,成员们在文化传承与创新的实践中可以感受到文化的力量与魅力,增强对社团的认同感与归属感,激发他们为社团发展贡献智慧与力量的热情。

五、大学生社团的价值实现

社团的价值实现是一项复杂而又关键的任务,需要社团内部团结协作,发挥群体智慧与个人创意。对于大学生社团的价值主体来说,只有实现了社团的主要价值目标,社团对于社团成员、社团指导教师、社团干部骨干等价值主体的那些功能、作用、意义和影响才能显现。而大学生社团的价值目标主要是通过大学生社团活动来实现的。这一节将探讨组织管理与规章制度、活动策划与执行、资源整合与运用、外部合作与交流,以及成果评估与持续改进等方面的实现方式,为社团的健康发展提供有力支撑。

(一)组织管理与规章制度

大学生社团的价值实现方式之一是依赖良好的组织管理与规章制度的建立。

1. 重视组织管理

社团成员应先认识到组织管理的重要性,注重建立高效的组织结构。在社团内部,成员们根据各自的兴趣和专长,分工明确、任务明确,形成了相互配合、协作默契的组织结构。通过选举产生的社团干部发挥着组织者、协调者、推动者的作用,使社团的活动有序开展。

2. 遵守制度规定

社团成员重视规章制度的制定与遵守。社团在成立初期就根据自身定位与发展需求制定了相应的规章制度。这些规章制度可规范社团的组织架构、活动规范、成员义务等方面的内容,为社团的发展提供有力的保障。同时,成员们也自觉遵守这些规章制度,保障社团内部的秩序良好与稳定。

3. 注重信息与沟通

社团成员注重信息共享与沟通。在现代科技的支持下,社团成员通过社交平台、在线办公工具等多种渠道,实现信息共享与及时沟通。这样的信息共享与沟通机制,有利于社团成员了解社团的最新动态,协调活动进度,及时解决问题。

4. 强调协作与互助

社团成员强调团队协作与互助精神。在社团活动中,成员们始终坚持团队协作理念,强调合作与互助,共同面对挑战与困难。他们通过分工合作、共同商讨,充分发挥各自的专长,形成高效的团队协作模式。

5. 重视成长与提升

社团成员重视成长培训与能力提升。在实践中,成员们意识到个人能力的提升对社团的发展至关重要。因此,社团成员积极参与各类培训与学习活动,提高自身的组织管理、策划执行、团队领导等方面的能力。这些能力的提升,为社团的持续发展与成长奠定坚实的基础。

　　成员们通过建立高效的组织结构,制定规范的规章制度,强化信息共享与沟通,注重团队协作与互助精神,重视成长培训与能力提升等方面的努力,实现了社团的价值追求。这些方式不仅有助于社团内部的协调与发展,也为社团在校园中影响力的提升奠定了良好基础。同时,这些实践方式也让成员们在组织管理与规章制度建设的过程中受益良多,提升了他们的组织管理能力和领导才能,为他们的个人成长与发展打下坚实的基础。

(二)活动策划与执行

　　大学生社团的价值实现方式之二是通过活动策划与执行,为成员提供丰富多彩的体验与学习机会。

1. 重视策划前期准备

　　社团成员注重活动策划的前期准备。在策划活动之前,成员们充分了解社团成员的兴趣爱好与需求,调研校园内外的热门话题与活动形式,确保策划出符合成员期待的活动。同时,成员们也积极联系相关部门或企业,争取资源支持,使活动更丰富、更专业。

2. 重视执行中的细节

　　社团成员注重活动执行的细节安排。在活动执行过程中,成员们严格按照事先制订的活动计划执行,确保每个环节顺利进行。他们悉心组织志愿者队伍,分工合作,保障活动的顺利开展。同时,成员们也注重活动的宣传与推广,通过多种渠道吸引更多的参与者,以此扩大活动的影响力。

3. 重视创新与突破

　　社团成员鼓励创新与突破。在活动策划与执行过程中,成员们始终坚持创新理念,不断尝试新的活动形式与内容,注重挖掘成员的特长与优势,开展具有社团特色的活动;同时,也鼓励成员提出新的创意与建议,推动活动的不断改进与提升。

4. 重视后期评估与反馈

　　社团成员注重活动的评估与反馈。在活动结束后,成员们及时进行活动效果的评估,收集参与者的反馈意见。通过对活动的评估与反馈,成员们不仅可以了解活动的优点与不足,还能为未来的活动策划提供宝贵经验。

5. 注重延续与拓展

　　社团成员注重活动的延续与拓展。在活动结束后,成员们应不止步于一次活动的成功,而是通过总结经验、整理资料,将优秀活动的元素延续并拓展到其他相关活动中。这种活动的延续并拓展,使社团的品牌效应得到加强,活动的影响力持续扩大。

　　成员们注重活动策划的前期准备,策划出符合成员期待的活动,并重视活动执行的细节安排,确保活动的顺利开展;鼓励创新与突破,推动社团活动的不断改进与提升;注意活动的评估与反馈,通过不断总结经验,提高活动的质量与水平。这种精心策划与执行高效的优势,不仅可以满足社团成员的需求与期待,也能促进社团健康、有序地成长。这些实践方式也让成员们在活动策划与执行的过程中不断成长与提升,培养他们的组织管理能力与创新能力,为他们的个人发展与职业规划打下坚实的基础。

(三)资源整合与运用

大学生社团的价值实现方式之三是通过资源整合与运用,充分利用各种资源为社团的发展提供支持与保障。

1.整合校内外资源

社团成员应主动整合校内外资源。在社团发展过程中,成员们充分利用学校提供的资源,如场地、设备、经费等,为社团的活动与项目提供重要支持。同时,成员们也不应局限于校内资源,应积极与校外企业、社会组织等建立合作关系,争取更多的资源支持。

2.注重人才资源的培养

社团应注重人才资源的整合与培养,充分认识到人才是社团发展的核心资源,因此积极吸引优秀的新成员加入,同时注重对现有成员进行培训与能力的提升,激发他们的潜能与创造力。

3.注重技术与信息资源的整合与应用

社团应注重技术与信息资源的整合与应用。在现代科技的支持下,各成员应善于利用信息化手段,如互联网、社交媒体等,宣传社团的活动与理念,吸引更多的关注与支持;同时,注重掌握先进的技术手段,如摄影、视频制作等,提高社团活动的质量与水平。

4.注重财务资源的规范管理与合理运用

社团全体成员应注重财务资源的规范管理与合理运用。在社团活动中,成员们应建立财务制度,规范财务流程,确保资金的合理分配与使用。他们应注重节约开支,合理规划预算,确保社团活动的经济可持续发展。

5.重视文化与品牌建设

社团应注重文化与品牌资源的传承与发展,认识到文化与品牌是社团的核心竞争力。因此注重传承社团的文化与品牌,不断推陈出新,提升社团的品牌影响力与竞争力就显得尤为重要。

大学生社团应通过资源整合与运用实现其价值追求,充分整合校内外资源,为社团的发展提供支持与保障;注重人才资源的整合与培养,提高社团的组织管理与创新能力;善于利用信息化手段,提高社团活动的影响力与传播力;规范财务管理,确保社团活动的经济可持续发展;注重传承社团的文化与品牌,提升社团的品牌影响力与竞争力。这些资源整合与运用的方式,不仅可为社团的发展与壮大提供有力保障,也可为成员们的个人成长与发展提供机会与平台。同时,这些实践方式也可以让成员们在资源整合与运用的过程中不断学习与成长,培养他们的资源整合能力,为他们的职业发展与社会贡献奠定良好基础。

(四)外部合作与交流

大学生社团的价值实现方式之四是通过外部合作与交流,拓展社团的影响力与资源网络。

1. 积极与校外机构合作

社团成员应积极寻求与校外机构的合作。通过与企业、社会组织、公益机构等建立合作关系,社团可以获得更多的资源支持,如资金、场地、专业指导等,为社团活动的开展提供重要保障。同时,社团与校外机构的合作还能够拓展社团的影响力与社会资源,提升社团的知名度与认可度。

2. 注重校际或地区性的社团交流活动

社团成员应注重参与校际或地区性的社团交流活动。通过参与社团交流活动,社团成员可以与其他社团互相学习与借鉴经验,发掘新的合作机会,共同推动社团活动的创新与发展。同时,社团交流活动也能够促进社团成员之间的沟通与合作,增强团队的凝聚力与协作能力。

3. 积极参与学术研讨与展览活动

社团成员应积极参与学术研讨与展览活动。通过参与学术研讨与展览活动,社团成员可以了解最新的学术动态与前沿知识,拓宽学术视野与研究思路。同时,社团成员还能够展示社团的成果与特色,吸引更多的关注与支持。

4. 注重与社会公众沟通

社团成员应注重与社会公众进行有效沟通。通过建立社团官方网站、社交媒体账号等,社团成员可以与社会公众保持良好的互动与交流,宣传社团的理念与活动,吸引更多的关注与参与。同时,社团成员也注重及时回应社会公众的关切与问题,增强社团的社会责任感与公信力。

社团成员积极寻求与校外机构的合作机会,获得更多的资源支持与社会认可;参与校际或地区性的社团交流活动,与其他社团共同学习与进步;积极参与学术研讨与展览活动,拓宽学术视野与研究思路;与社会公众进行有效沟通,宣传社团的理念与活动,增强社团的社会影响力与公信力。这种外部合作与交流的方式,不仅可以丰富社团的资源网络与活动内容,也可以为社团成员的个人成长与职业发展提供广阔的机会与平台。同时,这些实践方式也可以培养他们的团队合作能力与公共交往能力。

(五)成果评估与持续改进

大学生社团的价值实现方式之五是通过成果评估与持续改进,不断提高社团的绩效与质量。

1. 明确目标与任务,制定评估体系

社团成员需要明确社团的目标与任务,并制定相应的指标体系以进行成果评估。通过设定明确的目标与任务,社团成员可以有针对性地进行工作规划与组织,确保社团的活动与项目有序推进。同时,建立合理的指标体系可以客观衡量社团的绩效与成果,及时发现问题与不足,为改进不足提供依据。

2. 及时采集数据,定期进行评估

社团成员需要采集、整理和分析相关数据,进行定期评估与总结。通过对社团活动的数据采集与分析,可以了解活动的参与度、效果、影响力等情况,发现问题与亮点,为优化社团运营提供参考。同时,社团成员还需要进行定期总结与评估,分析社团的发展状况与趋势,形成具有针对性的改进方案。

3. 建立反馈机制,听取并采纳建议

社团成员需要建立反馈机制,听取成员和参与者的意见与建议。在社团活动中,成员和参与者是活动直接的践行者与受益者,他们对活动的评价与反馈是社团优化的宝贵意见。因此,社团成员需要主动倾听并收集他们的意见,及时做出回应与改进。同时,社团成员也要主动与学校、社会组织以及相关机构进行交流,倾听他们的评价与建议,以期不断优化社团的服务内容与质量。

4. 持续改进运营与管理,提高管理水平

社团成员需要持续改进社团的运营与管理。社团的运营是一个动态的过程,需要不断适应变化的环境与需求。因此,社团成员需要保持敏锐的洞察力,及时调整社团的运营策略与计划。同时,社团成员还要积极学习与掌握新的管理理念与方法,不断提升社团的管理水平与效率。

5. 倡导积极的组织理念,鼓励成员成长

社团成员需要倡导学习型组织理念,鼓励成员不断学习与成长。学习型组织是指组织中的成员可以共同学习、共同创新、不断改进,从而适应不断变化的环境与挑战。因此,社团成员需要鼓励成员之间的知识分享与学习,为成员提供学习的平台与机会,促进成员的个人成长与发展。

成员们设定明确的目标与任务,建立合理的指标体系进行成果评估;采集、整理和分析相关数据,进行定期评估与总结;建立反馈机制,听取成员和参与者的意见与建议;持续改进社团的运营与管理,保持敏锐的洞察力,不断调整运营策略与计划;倡导学习型组织理念,鼓励成员不断学习与成长。这些方式不仅有助于提高社团的绩效与质量,也有助于社团持续迸发出源源不断的生机与活力。

第三节　大学生社团管理与活动评价

随着新时代背景下育人模式的变革与不断深化,大学生社团日益成为高校中具有较大影响力和凝聚力的群体,也成为教学改革的重要抓手。大学生社团在优化人格塑造、协作精神培养、专业学术意识培养等方面都发挥着独特的、不可替代的作用。高校大学生社团随着新时代高校的不断发展而发展,作为思想政治教育的重要平台,大学生社团的管理日益成为重要课题。

一、大学生社团管理工作

（一）大学生社团成立

1. 大学生社团成立的前提

目前,各大高校为了规范社团建立,都设置了管理社团的机构,它主要通过严格审核各大新社团的入门要求,衡量社团是否具有发展潜质,进而促进社团规范产生和规范管理。例如,在社团申请时,可以通过社团宗旨、社团管理制度、岗位职责、社员人数、指导教师人数等方面直接体现。当然,只要是在校在籍学生,满足社团管理相关条件都是可以申请的。[①]

例如,《绵阳城市学院社团管理办法》第一章第二条明确指出,社团成立需要在校就读并有正式学籍的学生自愿组成,且社团具有非营利性。成立社团,各大高校对人数都有所要求但不尽相同,根据绵阳城市学院相关规定必须有 25 名以上发起人。第一章第三条也明确规定,各社团未经学校批准,不得开展大规模社会调查、举办哲学社会科学讲座和报告会,以及跨学校、跨地区活动。学生社团必须在我国法律规定的范围内活动;必须坚持四项基本原则,拥护党的路线、方针、政策;以推动大学生全面发展为目标,坚持以人为本,全面推进素质拓展;充分发挥自我教育、自我管理、自我服务的积极性;遵守学校的各项规章制度。

2. 大学生社团建立的通用流程

（1）申请。发起人（集体或个人）向学生社团管理部门递交书面申请。申请报告资料上必须写明社团成立的目的、宗旨和性质、发起人的简要情况,以及会员组成情况等,同时邀请学校教师或校领导担任协会指导教师（指导教师可以是团委书记、学生工作负责人、辅导员、任课教师,至少一名指导教师）并由指导教师签字。要做到有章程、有骨干、有指导教师、有社团成员。

（2）审批。学生社团管理部门根据社团申报情况审核材料,核实情况真实性,并予以审批。未经批准前,任何单位和个人均不得成立社团、招收会员、开展活动等。

（3）公布。凡新批准建立的社团,一律由学生社团联合会发书面成立通告。

（4）印章。任何社团原则上不允许制作印章,因工作需要使用印章,必须向学生社团管理部门提出书面申请,由"学生社团联合会章"代章。

3. 大学生社团的建立和取缔

（1）社团每年需在学生社团联合会注册一次,如果出现学期内无活动、违背社团章程,不服从学生社团联合会管理这两条则不予注册。

---

① 张晓琪,王秋兰.大学生科技社团建设研究与探索［M］.北京:中国纺织出版社,2021.

（2）社团因违反校规校纪、国家法律，造成不良社会影响的，由学生社团管理部门根据情况予以取缔，有关人员根据学生管理相关规定处理。

（3）社团的注册、注销和取缔由学生社团联合会书面通告全院。

（二）大学生社团管理

1. 大学生社团章程内容

凡具备明确的宗旨、章程和健全的组织机构，均可申请建立社团。根据学校对社团管理的规定，大学生社团章程应包括以下内容。

（1）社团的名称；

（2）社团的目的、宗旨和性质；

（3）社团经费的来源及管理；

（4）社团组织机构；

（5）负责人的产生和职权范围；

（6）社团活动范围和方式；

（7）其他必要事项。

2. 大学生社团机构建设

大学生社团坚持民主集中制原则，各社团由学校团委总体牵头，社团理事会领导，理事会可设置两级：一是会长及副会长，共两名（会长 1 人，副会长 1 人）；二是理事成员 5～7 人。民主推选出会长及副会长后，明确职责，包括制定社团章程、制订实施计划、定期召开会议、招纳新会员、组织日常活动、社团奖惩、财务管理等工作。

3. 大学生社团成员的权利与义务

（1）社团成员的基本权利：

①有参加社团选举和被选举的权利；

②有参加社团活动的权利；

③有对社团工作提出建议、质询和批评的权利；

④有退出社团的权利；

⑤有向学生社团管理部门反映社团情况的权利。

（2）社团成员的义务：

①热爱祖国，坚持四项基本原则，拥护党的路线、方针、政策，遵纪守法，维护社团的声誉；

②自觉遵守和维护社团章程、规章制度，积极参加社团的各项活动；

③执行社团的决议，完成社团委托和交办的各项工作、任务；

④关心社团工作，主动向社团负责人提出良好的建议；

⑤会员团结友爱，互相帮助，共同提高。

4. 大学生社团物质保障

学校提供大学生社团日常活动的必要办公经费,保障社团管理工作正常开展。社团活动经费坚持以自筹为主、划拨为辅;大力提倡社团开展有偿社会服务和争取社会赞助。学校各有关部门应积极为社团筹措经费创造条件。社团争取社会赞助时必须通过团委审批,不得私自以个人社团名义签署任何协议。

社团未经团委批准不得收取社员任何费用,确实因开展活动需要收取费用的须经社员同意后报团委审批。

社团内部应设出纳和会计,会长负责签字使用本社团经费。收支详细明确,保存原始发票以备核实,发票必须由会长及经手人签字方可报销。理事会应定期召开会议,核查经费,社团每学期向会员大会公布经费的收支情况一次。

5. 大学生社团考核评估

高校团委或社团管理部门定期对大学生社团进行考核评估,通过考核深入剖析社团发展基本情况,了解社团优势特色、发展困境及社团未来规划。

长期以来,各大学校制定的社团考核评估标准大致相同,经过简单分类,考核依据主要包括以下部分:①从组织的社团活动来看,涉及活动策划书、开展社团活动的数量及效果、社团活动的人员参与率及影响力、活动总结报告;②从社团规划来看,涵盖工作计划、工作总结、特色成果、与其他社团联合发展成效;③从奖惩机制来看,主要包括对社团、负责人、社员等人员进行适当奖励,对表现不好的社团采取一定惩处措施甚至解散。

我国各大高校都会根据自身学校教育理念和社团管理标准评估社团发展,绵阳城市学院根据学校干部管理办法也制定了相关社团考核办法,考核内容与其他各大高校基本相同,除此之外还对社团指导教师进行工作考核,制定《社团指导教师管理办法》,其中第四章第十四条至第十八条明确规定社团指导教师工作的考核和奖惩标准。

6. 大学生社团指导

《中共中央　国务院关于进一步加强和改进大学生思想政治教育的意见》中指出,通过选聘高校社团指导教师,加强社团管理,引导大学生社团自主开展活动。绵阳城市学院在社团成立文件基础上也出台了《关于绵阳城市学院社团指导教师管理办法》,要求指导教师作为社团成立的先决条件,开展深入细致的思想政治工作,组织推动活动开展,保障社团健康运行,指导学生推进社团全面建设与发展。该项管理办法从三大模块明确提出指导教师的任聘条件、工作职责、考核和惩罚标准,通过加强社团指导教师的工作规范,推动学校学生社团健康、有序、多元化、特色发展。

7. 社团活动实施步骤

(1)活动前:策划方案。社团活动的成效性是衡量一个社团建设成果的一个重要指标,社团活动是建设高校文化的重要渠道和载体。高校学生社团的文化传播,对引导新时代大学生树立社会主义核心价值观有重要作用,而社团活动是衡量社团文化建设效果的先决风向标。在活动举办前,通过论证方案决定是否有必要进一步开展。不少社团活动在方案设计及开展方面存在这样那样的问题,例如活动对象模糊、活动负责人个人主观因素明显、内容不真实、形式不新颖、参与人数较少、宣传力度不够等都是实际策划过程中的常见问题。由此可见,进一步明确活动实施步骤、提升社团活动设计水平,是高校社团文化建设中必不可少的命题。一个完整的社团活动可涵盖但不局限于活动背景、活动目的、活动主题、活动意义、活动时间及地点、活动宣传方式、参与对象、活动开展方式、活动项目、后勤、活动注意事项、活动奖励、经费预算、紧急预案等要点(图 5-1)。

①活动主题、目的。任何活动的方案设计,主题确定和目的都是不可或缺的因素。社团活动策划必须首先点明主题,围绕主题设计活动,为接下来的方案实施做充分准备,点明活动主题及目的也能够提前预设活动效果。在活动主题与活动目的方面,我们应注意以下几点:一是活动主题清晰简洁,活动目标具体化;二是活动主题必须符合习近平新时代中国特色社会主义发展要求,符合当前国内外实际发展形势,活动目的必须积极向上、阳光健康;三是活动主题要符合当代大学生的需要和兴趣,围绕主题设计的活动要新颖,要充满吸引力,充分体现社团的自我特色。

××社团××活动策划方案

一、活动背景……………………………………………………………3
二、活动目的……………………………………………………………3
三、活动主题……………………………………………………………3
四、活动意义……………………………………………………………3
五、活动地点……………………………………………………………4
六、参与对象……………………………………………………………4
七、活动时间……………………………………………………………4
八、活动宣传与开展方式………………………………………………4
九、活动项目……………………………………………………………5
十、后勤…………………………………………………………………5
十一、活动注意事项……………………………………………………6
十二、活动奖励…………………………………………………………7
十三、经费预算…………………………………………………………8
十四、紧急预案…………………………………………………………9
十五、附则………………………………………………………………10
十六、意见表……………………………………………………………10
附录……………………………………………………………………11

图 5-1　××社团××活动策划方案

②参与对象。活动的开展以活动参与主体为中心,在活动设计中要明确活动对象,特别是活动参与者的要求。例如,公文写作社在举办网文竞赛时,要明确可参加的对象是大学几年级学生,是只能校内学生参加还是对外开放。同时,一些需要安排在室内的大型文艺活动可能参与的人数较多,出于对场地空间大小的考量,进一步确定是否限制参与人数,也是我

们需要考虑的因素。

③活动时间及地点。大学生除要积极参加丰富的校园活动外,更要平衡理论学习和实践之间的关系,不能本末倒置。我们都很清楚,大学前三年课程较多,大四的重心更是聚焦于就业、毕业论文(毕业设计)、实习等多个方面,因此不同活动应根据不同对象、课程时间做出合理安排。各大高校为鼓励大学生积极参加校园文化活动,一般周三下午不排课,或是学生根据自身兴趣爱好选修课程。因此,周三也是举办社团活动的好时机,但我们要考虑到当天其他社团活动的安排,避免多个社团活动因时间冲突而影响活动效果。另外,在地点的安排上,我们要考虑学生在室内、室外活动场地中的适应性需求,根据预计到场参与人员的数量科学安排活动场地。

④活动宣传方式。随着互联网时代的到来,社团活动宣传方式多种多样。在活动前,社团可以通过官方微信、微博、抖音等多个平台预热,可以通过学校张贴栏、拉横幅等简易方式加大宣传力度,也可以通过教师、学校宣传部、班委干部、社团成员等骨干力量,在易班、QQ群、工作群等平台进行有效传播。值得一提的是,在活动开展结束后,我们仍然可以运用这些平台发送新闻稿进行后期宣传,进一步扩大社团活动的传播力和影响力。

⑤活动开展方式。由于高校社团活动形式的多样性,社团选择活动开展的方式也尤为丰富,但活动的开展更应该符合社团属性和活动目的。例如,思想政治类活动一般采用知识讲座、知识竞赛、演讲等形式,文娱类活动可以通过竞技比赛、特长展示等方式开展。

⑥经费预算。活动经费是社团活动开展的重要支撑,没有经费支持,再好的活动也难以开展。每个社团举办活动的经费都会得到学校管理部门的支持,或是自我筹备,在活动设计时都应细致入微地罗列所需要的各种开销费用,包括已有资源和需要资源,要充分利用已有资源,如校园的桌椅、校园场地等,做到开支合理,让活动经费用在实处,尽可能以最少的资金投入达到最理想的活动效果。

⑦活动注意事项及紧急预案。

凡事预则立,不预则废。社团在开展活动之前一定要充分考虑活动开展过程中可能发生的突发状况,并做好预案工作。突发状况是不能预见的,除做好预案外,我们还可以采取一些有效行动。例如,在开展大型活动时,为预防踩踏或其他事故发生,可以提前联动相关部门,做好现场活动秩序的维持和协助工作;若已经提前调试设备,但仍出现活动现场设备故障问题,要冷静采取安抚措施并推进下一步工作,这些社团都可以在活动方案的注意事项部分提前设置好应急方案。

要想活动举办得好,达到预设的效果,在活动方案设计时就要全面细致。以上几个方面只涉及部分内容,还有很多方面没有详细点出,但这并不代表其他方面不重要。社团活动设计各个方面环环相扣,缺少任何一环都不完整,在实际活动设计过程中要注意内容的完整性、可操作性。

(2)活动中:活动筹备和组织。活动策划书拟定并通过后,就可以按照其上的内容开展进一步的准备工作。为保证社团活动顺利展开,在活动准备过程中,社团应注意以下几个原则。

①落实责任,分工明确;

②跟踪指导,实时反馈;

③准备全面,保障物资到位;

④加强与其他部门联动合作。

在活动筹备过程中,每个模块要指定专门负责人对接工作,如遇问题及时反馈,降低活动出现问题的可能性。但如果在活动开展过程中遇到突发状况,按照活动策划时的预案方案应对即可,如果不能处理,应立即报告指导教师或是现场相关负责人。

(3)活动后:总结和评价。活动结束并不是万事大吉,应及时召集相关工作人员开展一次研讨会,对本次活动全过程进行总结和评价。评价的内容包括活动目标实现情况、活动举办的满意度、活动人员参与率、活动出现的问题及改进对策等。

(三)大学生社团的运行管理

1. 规范划分学生社团类型

要规整社团类型,在建立社团分类体系上下功夫,推进社团分类、分层。具体来说,一是要严抓社团分类,合理规划审批布局。社团类别多种多样,不同社团的属性、活动内容、特色品牌方面要有所差异,避免社团重复建设。以绵阳城市学院为例,其大学生社团分为学术、体育健身、文化娱乐、公益服务、实践促进、科技创新等多个类别,学校在审批门槛时严格设置人数要求、社团育人功效,避免造成社团有限资源的分散和浪费。二是建立科学的评估体系。在社团发展过程中严格依据统一考核标准对不同社团机制进行考核与监督,针对考核发现的问题及时进行反馈,针对不同类型的社团采取不同的评估方式和管理方案,推行差异化管理。如加强对思想政治教育类文化社团的监督工作,时刻把握该类社团的发展方向和育人传播方式,把握同类社团运营规律,为社团建设发展提供普适性的方法论指导。

2. 严格社团指导教师遴选

社团指导教师是社团长远发展、日常活动开展的指导者和规划者,社团发展特别是社团成立早期,无论从哪个方面都离不开教师的专业指导。目前,部分社团指导教师管理能力欠缺、精力有限,对社团活动的方案策划、过程开展的指导性意见不到位。究其原因不难发现,大部分大学生社团的指导教师由辅导员、专业课教师、团委教师兼任,这些教师在学生管理、党团班级建设、教学科研方面已难以抽身,没有足够的时间和精力投入社团工作中,难以进行深入细致的指导。这就导致部分指导教师难以发挥应有的指导作用,学生社团得不到有效的指导。因此高校应加强社团指导教师的遴选工作,要对社团指导教师的选拔制度进行调整。

综合考虑,我们可采取以下几个措施进行改善:一是在聘请指导教师时,要尽可能提高指导教师专业背景和社团属性的契合度,让二者性质相近,这样更能让指导教师将自身丰富的专业知识投入社团指导。二是探索"双师型"指导教师路径,即挖掘"行政教师+专业教师"模式,从具有丰富经验的行政教师、辅导员、专业接近的教师中选聘,组建一支"双师型"指导教师队伍,结合行政管理优势和专业知识技能,对社团的日常活动进行培训,对社团的未来发展进行引导。三是制定科学的考核评价机制。采取定期上交电子材料、期中期末个人述职、社团主要学生骨干评价、高校团委部门打分制等多种方式进行综合评价,督促指导教师认真履行职责。四是建立奖励激励机制。学校根据指导教师及社团成果的考核结果,设置等级不同的奖励,充分激发大学生社团指导教师的积极性、创造性,为大学生社团的可持续性发展提供必要保障。

3. 加强社团的日常管理监督

大学生社团指导教师的指导要以管理为本。大学生社团要通过管理实现持续健康发展。指导教师要根据社团成立的时间和成熟度进行收缩自如的管理与监督,要真管,要会管,要严管,要统管。

(1)要真管。大学生社团早期成立时因管理经验不足,社团制度建设不成熟,容易出现人员松散的现象。指导教师及社团发起人应在社团成立初期,真抓管理狠抓落实,借助管理补齐短板,明规矩于前,寓严管于中,施奖惩于后。

(2)要会管。利用有队伍、有制度、有活动、有培训、有考核的"五有"管理模式,促进社团高效规模化运行,激发社团活动和干事效率,让想做事、真做事、做实事的社团成员有所学、学有所用、用有所成,以此提高大学生理论实践水平和综合素养,优化学生社团管理模式。

(3)要严管。推进管理理念与时俱进,拟定科学的社团管理制度,在制度制定之初要严格坚持正确的指导思想,综合采取多种措施促进管理制度高质高效落实,对于违背社团规章制度的社团成员要一视同仁,根据制度及时采取处理措施。

(4)要统管。指导教师要管、社团要理、学生要带,社长要引导、骨干要积极、社员要跟进,形成齐抓共管之合力,上下一致凝心聚力。

4. 加强社团学生干部建设

社团学生干部是社团的主干力量,不仅是指导教师和社团成员之间的纽带,更是社团发展的核心建设者,其工作能力和生活素养直接对社团的未来走向和发展产生直接影响。当前,社团学生干部队伍也面临着诸多困境。很多高校虽然有特别多的校级社团和院级社团,但社团规章制度,特别是干部激励措施和培训制度的出台速度跟不上社团总数量的增长速度,最终导致社团学生干部缺乏工作热情、工作效率下降、工作质量不高。加强社团学生干部队伍建设,不仅能够带领新时代青少年坚定不移地走中国特色社会主义发展道路,自觉承担社会责任与历史使命,还能进一步培养大学生领导组织能力,全面提升大学生自我管理、自我实现能力,这与高校培养有政治意识、创新意识和学习能力、策划能力的社会主义有才青年是一脉相承的。因此,可以从严把入口关、掌握培训关、完善考核关方面加强大学生社团学生干部建设。

(1)严把入口关。社团应将政治标准作为社团学生干部选拔的第一标准,从思想素质、坚定信念、为民服务、严守纪律等方面综合考察,确保社团学生干部队伍的纯洁性和先进性;从专业能力、实干精神等方面全面考量,让脚踏实地想干实事的有志青年充实社团学生干部队伍,提升社团整体工作的干劲儿和办事效率。

(2)掌握培训关。提前在社团学生干部中间进行能力提升意愿调查,收集他们进入社团想要提升的技能和想要实现的愿望,精心制定培训方案,通过邀请学校领导、专业指导教师、优秀学生青年干部等对社员开设培训课程。通过知识讲座、一对一技能指导、实践活动、对外交流等多种形式,永葆学生干部初心,努力提升学生干部的理论水平和实践服务能力。

(3)完善考核关。社团学生干部与社团成员代表、社团指导教师、社团管理部门、高校团委等相关人员和部门组建社团考核队伍,制定健全的考核与奖励机制,注重"优秀社团""优秀干部""团学之星"的选拔,充分发挥"优秀社团""优秀干部"的带头示范作用,打造星级社团和优秀干部队伍。

5. 打造社团特色品牌活动

品牌活动是最能直接塑造和传播社团形象的重要名片,打造特色文化实践品牌活动,不断提高社团在高校大学生中的知名度,对打造星级社团具有重要的作用。当前各大高校因同类型社团较多,在举办活动时难免出现"撞衫"情况,这类社团因活动缺乏创新性,所以很难提升对外吸引力,因此,举办具有自身特色的社团活动成为提升社团影响力的重要方式。

(1)找准定位,立足自身特色。每个社团既然能够通过层层筛选成立并发展壮大,那么在成立之初一定有社团的特色。挖掘社团特色活动,才能更好地跟上时代步伐,满足青年大学生的个性化需要。一味地照搬照抄其他社团发展模式,不注重自身个性发展,只会导致更多社团活动批量重复生产,让社团成员及活动参与者逐渐失去兴趣和新鲜感。因此,社团活动要找准自我定位,发挥社团优势,挖掘社团潜在特质,充分运用线上线下等多种渠道,积极学习其他社团的成功经验,打造自我特色品牌,塑造社团好口碑,推动社团专业化发展。例如,公益环保类社团一直延续推动"旧物换新物"活动,2021年,一些大学生社团充分抓住大学生的兴趣爱好利用各种废弃纸板和材料设计出一种很新的玩法——"纸壳小狗",最后在高校掀起一股"纸壳宠物"的"环保养宠物方式"热潮。这不仅是释放焦虑、寻找生活趣味点的突破口,更是一种新的娱乐方式和新的精神寄托。打造特色、突破创新,是社团可持续性发展的重要资源,用好这笔资源,大学生社团既能更好地宣传自己,也能不断满足大学生的需求,更能推动校园文化建设,是多赢之举。

(2)紧跟步伐,丰富品牌内涵。大学生社团作为实施高校"第二课堂"和推动高校文化建设的载体,便于有效贯彻与落实党和国家的教育方针政策、思想政治教育工作、社会主义核心价值观等内容。因此,大学生社团要充分发挥自身作用,利用社团活动结合特殊节日,大力传播爱国主义精神和红色文化,找到社团特色与理想信念教育的结合点,创造性地设计活动,与时俱进,满足青年大学生求新知、长技能的心理需求,赢得党政认可和学生拥护,才有利于社团组织朝着良性、健康的方向长远前行。

(3)联动聚力,实现资源整合。当前大学生社团活动多而杂,其中一些活动忽视了质量,耗费了成员精力和学校资源,并影响了社团口碑。因此,大学生社团应制定严格的活动筛选制度,淘汰"以次充好"和"同质文化"等活动,倒逼各个社团找准个性,开展特色活动,打造社团品牌。要加大与校内各社团间的合作,鼓励采用联动举办活动的形式;更要重视校外学习交流的机会,借鉴优秀经验,从校内校外资源整合出发,让不同的社团文化融合时代发展,最终构建多元化特色校园文化模式,实现各美其美,美美与共。

二、大学生社团干部角色定位

社团干部作为社团的中坚力量,其角色定位至关重要。这里将聚焦于社团干部的角色定位与责任使命、政治意识的体现、大局意识的重要性、服务意识的践行,以及创新意识与合作意识的发挥等内容,分析社团干部如何履行好职责,为社团的发展贡献更多智慧与热情。

(一)角色定位与责任使命

在大学生社团中,社团干部扮演着关键的角色,他们是组织的领导者和管理者,肩负着重要的责任使命。

(1)团结凝聚成员,推动社团共同成长。作为领导者,干部应当以身作则,以高尚的品德和优秀的素质成为大家的榜样。通过诚信、坚忍和责任感的体现,他们能够赢得成员的尊重和信任,增强成员之间的凝聚力和归属感。

(2)协调组织内部事务,优化资源配置。干部需要制订明确的工作计划和目标,合理规划社团的发展方向和策略。在日常工作中,他们要与成员密切合作,搭建有效沟通的平台,充分听取各方意见,从而做出更科学、更全面的决策。同时,干部还应当善于调动和组织社团内外的资源,促进资源的合理分配和利用,最大限度地提升社团的综合实力和影响力。

(3)发展激励成员,提升整体水平。干部应当关注每个成员的个性和特长,根据其潜力和需求提供相应的培训和机会,激发每个成员的创新和潜能。同时,干部还要注重团队建设和人才培养,帮助成员在团队中获得成就感和归属感。通过建设性的反馈和鼓励,他们能够激发成员的积极性和责任心,促进整体团队的成长和进步。

(4)代表社团与外界交流合作,拓展社团影响力。干部要积极参与校内外的交流活动和合作项目,展示社团的特色和实力,吸引更多的关注和支持。同时,他们要具备一定的公关和沟通能力,与各类人士建立良好的关系,为社团争取更多的机遇和资源。通过与其他社团、学校、企业等多方合作,干部能够拓展社团的发展空间和合作机会,提升社团在校园和社会上的影响力。

(5)引领社团发展,持续创新与进步。作为组织的领导者,干部应当具备战略眼光和远见卓识,勇于面对挑战和风险。他们要不断学习和更新知识,关注时事和社会动态,及时调整和优化社团的发展战略。同时,干部要鼓励成员提出新的理念和创意,鼓励尝试新的活动和项目。通过持续创新和进步,社团能够不断适应变化的环境和需求,保持活力和竞争力。

社团干部扮演着团结凝聚成员,推动社团共同成长;协调组织内部事务,优化资源配置;发展激励成员,提升整体水平;代表社团与外界交流合作,拓展社团影响力;引领社团发展,持续创新与进步的角色。通过积极履行这些责任和使命,社团干部能够发挥领导作用,推动社团不断向前发展,实现价值追求与目标。

(二)政治意识在角色中的体现

政治意识是社团干部角色中不可或缺的重要素质,它涉及社团干部对党的路线方针政策、国家大政方针和社会主义核心价值观的认同、理解及实践运用。

(1)树立正确的世界观和价值观。作为社团干部,必须牢固树立马克思主义世界观和人生观,坚定信仰,坚决维护党的领导和中国特色社会主义制度,自觉抵制各种错误思想的侵蚀。在面对复杂的社会环境和矛盾冲突时,政治意识使干部能够坚定政治立场,保持清醒头脑,不受干扰,正确处理问题,不偏离正确方向。

(2)坚决维护党的纪律和集中统一领导。作为共产党员或共青团员的社团干部,更应该自觉遵守党的纪律,严格执行组织的决定和部署,维护党的统一战线,加强与党组织的联系,确保党的路线、方针、政策在社团中得到贯彻落实。在社团的决策和管理中,干部要具有高度的政治自觉,坚决防止个人主义和分散主义现象发生,保持整体团结,增强社团的凝聚力和战斗力。

(3)坚持全心全意为人民服务的宗旨。社团干部必须始终把人民群众的利益放在首位,始终保持与人民群众的密切联系,深入了解他们的需求和诉求,为人民群众谋利益、解难题。在社团的各项活动中,干部要积极参与为人民服务的实践活动,倾听人民的意见,帮助解决实际问题,不断增进人民对社团的信任和支持。同时,政治意识还要求干部密切关注社会热点和民生问题,主动参与社会公益事业,为实现社会主义现代化、共同富裕和美好生活贡献自己的力量。

(4)坚持正确的舆论导向。社团干部要认清宣传舆论工作的重要性和敏感性,自觉遵循党的新闻舆论工作方针,坚决贯彻中央重大决策部署,及时传达党的声音,引导舆论方向,维护国家形象和社团形象。干部要善于运用各类媒体平台,宣传社团的先进事迹和优秀成果,传播正能量,引导社会关注和支持社团的发展。同时,干部要坚决抵制虚假信息和有害思想的传播,加强网络安全意识,防范和应对舆论风险,确保社团的声誉和形象不受侵害。

综上所述,政治意识在社团干部角色中具有重要的体现,包括树立正确的世界观和价值观、坚决维护党的纪律和集中统一领导、坚持全心全意为人民服务的宗旨、坚持正确的舆论导向。只有具备高度的政治意识,社团干部才能够真正成为优秀的领导者和管理者,引领社团不断发展壮大,为实现社团的价值追求和目标不断努力奋斗。

(三)大局意识在角色中的体现

大局意识是社团干部在角色定位中不可或缺的要素,它涵盖了对社团发展、学校发展,乃至整个社会发展的全局性认知。

(1)社团干部要有全局意识,要站在社团发展的整体高度,审时度势,把握社团发展的大趋势。在日常工作中,社团干部要紧密关注社团的使命和愿景,着眼于社团发展的战略目标,科学规划发展方向,坚持问题导向,以全局的眼光看待和解决社团发展中的各种问题和困难。

(2)社团干部要有学校发展大局意识,紧密结合学校的发展目标和任务,主动融入学校的整体发展中,积极配合学校的各项工作,推动学校的教学科研、文化建设、人才培养等各项工作取得更加优异的成绩。社团作为学校教育教学的重要组成部分,社团干部要深刻认识到自己肩负着学校的重要使命,时刻把学校的发展和社团发展紧密结合,积极为学校的发展贡献自己的力量。

(3)社团干部要有社会发展大局意识,认识到社团的发展离不开社会的支持和认可,社团的发展必须与社会的需求相契合,服务社会的发展和进步。社团干部要加强对社会的调查研究,了解社会的发展动态和需求变化,积极引导社团服务社会,推动社团与社会各界开展更加紧密的交流与合作,不断提升社团的社会影响力和认知度。

(4)社团干部要有全局意识,善于从整体上思考问题,协调各方面的资源和利益,形成合力推动社团发展。在处理社团内部问题时,社团干部要充分考虑各方面的意见和建议,兼顾不同成员的需求,形成共识,团结一致,推动社团团结稳定,向着共同目标前进。

(5)社团干部要有战略大局意识,深入思考社团的长远发展规划和战略布局,不被眼前的成绩和困难迷惑,坚定信心,持之以恒地推进社团的发展。在制订社团发展战略和计划时,社团干部要充分考虑社团的内外环境,科学决策,务实行动,确保社团发展的可持续性和稳定性。

(6)社团干部要有责任担当的大局意识,不断提高自身综合素质,增强解决问题的能力,勇于挑重担,敢于担风险,勤于做表率,真正做到为社团的繁荣发展贡献自己的智慧和力量。

大局意识在社团干部角色中起着举足轻重的作用。只有具备全局性的认知和意识,社团干部才能更好地统筹规划社团发展,协调各方面资源,推动社团不断壮大发展,在自我管理中展现出强大的战斗力和凝聚力,为社团成员谋求更好的发展和福祉。

(四)服务意识在角色中的体现

服务意识是社团干部角色中至关重要的品质,它要求干部始终以集体利益为首,以服务他人、服务社团成员、服务社团发展为宗旨,倾心倾力为社团的发展和成员的成长提供优质服务。

（1）关注成员需求,积极满足其合理诉求。作为干部,要善于聆听成员的意见和建议,了解成员的需求和期望,将社团成员的利益放在首位,以实际行动回应成员的期待。在社团活动的策划和组织过程中,干部要因地制宜,根据成员的特点和兴趣,精心设计活动内容,确保每个成员都能够获得满足感和归属感。

（2）关心成员成长,提供专业指导和培训。干部要积极指导成员的学习和工作,帮助成员克服困难,提高专业水平和技能素养。在社团的日常管理中,干部要注重培养成员的领导才能和团队意识,鼓励成员发挥自身优势,参与决策和规划,共同推动社团的发展壮大。

（3）促进团队凝聚,创造和谐氛围。干部要善于团结成员,建立融洽的人际关系,增进团队凝聚力。在处理团队内部的矛盾和摩擦时,干部要以公正和包容的态度化解矛盾,倡导开放的沟通和坦诚的交流,共同维护团队的和谐稳定。

（4）关注社团形象,传递正能量。干部要树立正确的社团形象,注重社团的品牌建设和宣传推广。通过社交媒体、公众平台等多种渠道,宣传社团的文化特色和优势,积极传递社团正能量,吸引更多的人参与到社团活动中来。在公共场合代表社团出现时,干部要以崭新的形象示人,展现社团的活力和魅力。

（5）积极参与社会公益活动。社团干部要具有社会责任感,关注社会问题,积极参与公益活动,用实际行动回报社会。通过组织志愿活动、社会服务等形式,传递社团的价值观,激发成员的社会意识和公民意识。干部要引导成员关注社会的发展变化,关心弱势群体,通过自己的努力和付出,推动社会的进步和发展。

（6）重视用户体验,提供优质服务。社团的"用户"不仅包括成员,还包括社团的合作伙伴、赞助商和社会公众。干部要始终以用户需求为导向,关注用户的反馈和建议,不断改进工作方式和服务质量,提供更加优质、便捷的服务。干部要注重细节,关心用户的感受,以温暖的态度和高效的工作,赢得用户的信任和满意。

因此,服务意识在社团干部角色中具有重要的体现,包括关注成员需求、关心成员成长、促进团队凝聚、关注社团形象、积极参与社会公益活动以及重视用户体验。只有具备高度的服务意识,社团干部才能够真正成为社团成员信赖的领导者,推动社团不断向前,才能够实现社团的价值追求和目标。

（五）创新意识在角色中的体现

在当今快速变化的社会环境中,社团干部必须具备创新意识,敢于突破传统,勇于尝试新思路和新方法,不断开拓创新,推动社团不断发展壮大。

（1）挖掘潜能、勇于探索。社团干部要善于发现社团及其成员的潜力和优势,勇于尝试新的发展方向和项目。在面对问题和挑战时,社团干部要勇于探索解决问题的新途径,创新解决方案,推动社团的各项工作取得新的突破。

（2）推陈出新、持续创新。社团干部要善于在社团的管理和活动中推陈出新,不断更新社团的运作模式和活动内容,以适应时代的发展和成员的需求。干部要鼓励成员提出创新的想法和建议,激发成员的创造力和创新能力,共同打造具有特色和竞争力的社团品牌。

（3）拓展资源、实现共赢。社团干部要善于拓展社团的资源渠道,积极寻求合作机会,推动资源共享和互利共赢。社团干部要勇于与其他社团、学校、企业等建立合作关系,共同开展有意义的活动和项目,促进各自的发展。在资源整合中,干部要注重创新合作模式,突破传统的合作思维,实现资源的优化配置和高效利用。

（4）培养创新团队、激发创新活力。社团干部要注重培养创新团队,吸引具有创新意识的成员加入社团,激发团队的创新活力。干部要为成员提供创新学习的机会和平台,组织开展创新讲座、研讨会等活动,激发成员的创新思维和创造能力。在团队的日常管理中,干部要鼓励成员提出创新想法,并给予充分的支持和鼓励,营造积极向上的创新氛围。

（5）引领未来、迎接挑战。社团干部要树立远大的发展愿景,勇于引领社团走向未来。社团干部要关注社会发展的趋势和变化,及时预测未来的挑战和机遇,为社团的发展制定长远规划和战略。在面对挑战和困难时,干部要坚定信心,勇于迎接挑战,敢于创新,不断调整和优化工作策略,推动社团持续稳健发展。

（6）培养创新文化、营造创新氛围。社团干部要积极培养创新文化,营造支持创新氛围。干部要鼓励成员勇于表达自己的创新想法,促进成员之间的创新交流和分享。干部要宽容接纳失败,鼓励成员在实践中不断试错和探索,激发成员的创新激情和创造力。

在创新文化的培养中,社团干部要发挥示范带头作用,率先垂范,树立良好的榜样,鼓励全体成员共同参与到创新文化的大潮中。创新意识是社团干部的重要素养,只有具备了坚定的创新意识,社团干部才能在竞争激烈的大学生社团中脱颖而出,引领社团走向成功的道路,迎接未来的挑战。

（六）合作意识在角色中的体现

合作意识是社团干部的重要素养,在现代社会中越发彰显其重要性。作为社团干部,合作意识不仅仅意味着能够与他人和其他社团合作,更意味着能形成深入人心的精神态度和工作方法。

（1）团结协作、携手共进。社团干部要以团结协作为核心价值观,携手团队成员共同面对各种挑战。团结协作不仅体现为在日常工作中相互支持、共同进退,更体现为共同制订目标和规划,并通力合作实现。干部要激发团队成员的凝聚力和归属感,营造和谐的工作氛围,共同创造社团的美好未来。

（2）宽容包容、倾听他人。社团干部要保持谦虚谨慎的态度,尊重他人的意见和贡献,倾听社团成员的声音。干部要宽容包容不同观点和意见的存在,善于化解冲突,共同寻求最优解决方案。在合作过程中,干部要善于发现每个成员的优势和特长,充分发挥每个人的潜力,实现优势互补,达到事半功倍的效果。

（3）共享资源、优势互补。社团干部要鼓励成员之间资源共享，共同分享知识、技能和经验。干部要善于发现并发挥成员的优势，将各个成员的力量融合在一起，形成合力。通过合理规划和分配资源，实现资源优势互补，最大化地发挥资源的效用。

（4）跨界合作、拓展影响。社团干部要勇于拓展跨界合作，与其他社团、学校、社会组织等建立合作伙伴关系，拓宽社团的影响范围和资源渠道。干部要善于借鉴其他领域的成功经验，吸纳各方优势，推动社团的跨界发展。在跨界合作中，社团干部要具备协调沟通的能力，促进各方的理解和共识，共同为实现社团的发展目标而努力。①

（5）共创未来、共享成果。社团干部要与团队成员共同构想社团的未来发展蓝图，共享目标实现的成果。干部要善于激励成员为共同目标而努力，共同成就社团的辉煌。在共创未来的过程中，干部要引导团队成员充分发挥个人的才能，形成集体的创造力和创新力，共同推动社团朝着美好的愿景迈进。

（6）文化建设、凝聚共识。社团干部要引领建设一支具有积极向上、务实创新的合作文化队伍，倡导成员之间形成相互尊重、相互信任的氛围。干部要凝聚团队成员的共识，形成团结奋进的向心力和凝聚力。

在合作文化的建设中，干部要注重推崇先进的社团合作典型，树立榜样，引领全体成员向着共同目标前进。合作意识是社团干部角色中的不可或缺的品质，只有具备了卓越的合作意识，社团干部才能真正发挥团队的力量，凝聚众人的心力，为社团的蓬勃发展贡献自己的一份力量。

三、大学生社团工作的评价

（一）社团评价的概念及原则

评价，也称评估，即评定价值高低。教育部 2017 年发布的《高校思想政治工作质量提升工程实施纲要》，教育部等八部门 2020 年发布的《关于加快构建高校思想政治巩固体系的意见》，中共中央、国务院 2020 年发布的《深化新时代教育评价改革总体方案》、2021 年发布的《关于新时代加强和改进思想政治工作的意见》等文件都把评价考核机制列为评估高校思政教育质量的重要指标，而高校学生社团作为开展思想政治教育的重要阵地和重要分支，其规范化发展已成为高校校园文化建设的重要任务。

当前虽有学者已对社团评价、如何进行社团评价做出说明，大意相同，但对社团评价并没有一个统一的定义。美国学者格兰朗德认为，评价（学情分析）是为了确定学生达到教学目标的程度，收集、分析和解释信息的系统过程；学情分析包括对学生的定量描述和定性描述两方面。根据格兰朗德的观点，评价（学情分析）总是包括对测量结果需求程度的价值判

---

① 奚春锋.社区文化社团管理研究：以静安寺街道为例［D］.上海：华东师范大学，2010.

断。一个完整的学情分析将包括测量和非测量两种方案。我国已出版的关于社团建设的教材中也多运用格兰朗德的观点。本书在参考借鉴众多学者对评价概念的界定后，将社团评价定义为：依据特定目标和评价标准，对正在进行或是已经完成的社团活动，运用科学的评价方式进行全方位的评估考量，是在一定目标引导下的价值判断过程。

社团评价原则的论述是对评价指标体系构建和可行性操作方面的技术研究，它直接关系到质量评价指标体系构建的成败。社团评价指标体系具有以下四个原则。

1. 方向性原则

测评大学生社团工作的优劣、名次等级并不是评估的最终目标。社团评价时，不仅要重视"评"，更要体现"估"的重要性。要通过评估，引导社团成员认识当前的工作特色、工作困境，通过评估考核结果确定未来社团发展的方向和目标。

2. 科学性原则

坚持"公平、公正、公开"的评价原则是高校构建成熟社团评价指标体系的必然要求。社团工作评价指标体系应客观公正、来源可靠、真实可行、逻辑严谨合理，才能够准确反映评估对象的实际情况。

3. 系统性原则

社团工作评价指标体系应尽可能全面地反映社团工作状况，符合社团工作评价的目标内涵，应避免指标之间的重叠，评价目标与指标必须有机地联系起来组成一个层次分明的整体。我国大学生社团众多，类型多样。社团评估制度和系统的制定不是局部工作的简单相加，而是要充分考虑整体和局部关系、具体指标体系要素。具体来说，在构建社团评价体系时，将学校及社团的整体发展作为研究对象，分析系统的各个部分，进一步解构各部分可比性要素，进而构建全面统一、真实反映社团综合发展和日常事务的社团评价体系。

4. 可操作性原则

社团评价指标体系应是简易性与复杂性的统一，过于简单则不能反映评价对象的内涵，对结果的真实性产生影响；过于复杂则不利于评价工作的开展，在保证精度的前提下，为了利于应用，指标体系要难易适中。评价工作烦琐复杂，如果不能设计科学系统的评价指标体系，会增加社团评价的难度，甚至可能无法评估，最终成为无意义的指标。因此，制定的评价指标体系一定要科学具体、简单明了、可操作性强。

（二）大学生社团评价指标体系建立

系统科学的大学生社团评价指标体系是社团提升质量、有效改进活动的重要参考依据。通过多元化的综合评价体系，诊断活动出现的问题，纠正社团发展方向，激发社团成员积极性，促进社团持续良好发展。

1. 社团评价对象

在进入正式评价之前，我们首先要厘清评价对象，也就是评价者和被评价者。具体来看，评价者即评价主体，可以是个人也可以是由几人组成的评价小组。为保证评价过程的公平性,我们一般设置多级或者多个评价主体,如果只有一个评价主体,通常在评价过程中也有监督员在场。被评价者,顾名思义就是被评价的对象,可以是社团开展的活动,也可以是社团整体。

2. 社团评价方式

各大高校对大学生社团的评价方式呈现多元化特征。社团活动评价根据社团活动类型可以分为兴趣活动类评价、公益活动类评价、学术活动类评价、体育竞赛类评价等,不同的社团活动评价,其评价方向虽一致,但指标有差异;社团整体评价指标体系也不尽一致,有的侧重社团活动次数、参与度、影响力,有的聚焦在创新实践、特色品牌、组织建设方面。在评价手段层面,大学生社团评价大致可分为两类:一类是通过成果展示、汇报演出、个别访谈、小组座谈等方式进行多维度评价;另一类则是通过电子材料、问卷调查等方式进行量化考评。虽然我们的评价方式和评价手段不统一,但最终目的都是测量被评价者是否实现了预期目标,为持续发展和有效改进提供了参考依据。

3. 社团评价指标体系

高校对大学生社团的评价大多采用三级指标体系。一级指标大多从组织管理、财务管理、评价影响、活动开展、工作成效等方面出发;二级指标则从每个一级指标深度展开;三级指标是一、二级指标的体系化,凸显可操作性。

在参考德尔菲法、层次分析筛选法和各大高校的大学生社团评价指标体系的基础上,笔者在这里分享一个简易版大学生社团活动评价指标体系表,以供参考。

案例分享

在高校社团评价体系模块中,针对社团活动的开展,绵阳城市学院也制定出一套可行性的评价制度。量化考核评价方式不是对活动的"一刀切",在进行量化考核时,既要客观对待考核评分,也要肯定社团活动给学生带来的真实有益影响,保持理性,客观对待考核结果,从综合结果里看到优势与不足。对于具体开展的社团活动,因活动性质各有不同,我们也可以将社团活动简单地分为兴趣社团活动和专业社团活动,可参考以下两种方式分别对两类活动进行考核,见表5-5、表5-6。

表5-5 兴趣社团活动打分表

社团名称:		填写时间:	
	评分项目		分数
活动准备 (15分)	活动前及时通知社团管理部、实践部等相关单位(5分)		
	活动策划质量(8分)		
	活动前期场地布置(2分)		

评分项目		分数
活动宣传 (25分)	在社团内宣传(3分)	
	在学院范围内宣传(4分)	
	在学校媒体或社会媒体上宣传(8分)	
	在学校媒体或社会媒体上宣传(9分)	
	宣传活动的创意得分(1分)	
活动参与度 (10分)	参与人员在社员总数的1/3或2/3(5分)	
	参与人员达到或超过社员总数(5分)	
活动过程 (10分)	活动场面热烈、具有氛围感(2分)	
	活动过程中无人员退场情况(1分)	
	活动场面没有出现混乱、起哄现象(1分)	
	活动过程中互动效果(2分)	
	工作人员坚守岗位,实时负责(1分)	
	组织人员在活动过程中的调整和安排(1分)	
	活动现场秩序维持情况(1分)	
	活动后现场卫生情况(1分)	
活动影响力 (20分)	在学院内产生积极影响——院内报道(4分)	
	在校内产生积极影响——校内报道(6分)	
	在社会上产生积极影响——校外报道(10分)	
资金物品 (10分)	活动中物品使用情况(包括印象和购买物资)(5分)	
	购买物品与清单一致(3分)	
	活动后剩余物品处理情况(2分)	
外联活动(10分)	自行联系校外机构解决活动经费问题(10分)	
注:总分100分(<60分不及格,60~70分及格,>70~85分良好,>85分优秀)		
得分:	初评负责人:	
得分:	审核负责人:	

表5-6　专业社团活动打分表

社团名称				总分
活动时间、地点				
应到人数				
实到人数				
活动性质	专业活动	竞赛	4	
		教学	3	
		技能展示	2	
	专业活动	竞赛集中备赛	0.5	
	非专业活动	见面会、讨论会	1	
活动对象	社外		2	
	校外		1	
	社内		0	
集体活动参与人数	≥90%		4	
	80%～89%		3	
	70%～79%		2	
	60%～69%		1	
	<60%		0.5	
其他	指导教师到场		2	
	清洁卫生良好		1	
	授课人佩戴工作牌		0.5	
	活动完成后场地维护		0.5	
社长签字		教师签字		打分人员	

四、如何高效加入大学生社团

如何高效加入大学生社团？首先应该弄清楚影响大学生参与社团的各种因素。吕迎春通过对浙江F大学参与校级社团的2828名会员进行档案分析，发现不同经济状况的大学生在社团参与比例、性别、年级、专业、任职、类型和参与程度方面都存在显著差异。[1] 李荣婧认为大学生参与社团应遵守兴趣发展的规律，情境兴趣发生、情境兴趣维持、个体兴趣发生、个体兴趣发展这四大兴趣因素对大学生有着不同的影响。不同阶段的兴趣因素分别对大学生

---

① 吕迎春.贫困大学生社团参与现状调查[J].教育科学,2009,25(2):54-59.

参与社团起着吸引、维持、加深、坚定的作用,其中,个体兴趣完善阶段是参与社团的最高阶段,该阶段可以有效促进大学生自身价值的实现。[①] 章棋基认为大学生对学生社团的认知和自身的归属需求是其参与社团的主要动因,而尊重需求和自我实现需求的作用较弱。[②] 姚依倩采用正交设计与联合分析相结合的分析方法,模拟出各种社团类型,再通过问卷调查揭示出影响大学新生社团选择偏好的关键因素,与社团活动的举办频率、社团福利的发放频率、社长对社团的负责程度、活动内容的创新性与启发性等仅仅代表社团建设水平要素的因素相比,参与者自身兴趣仍然是最重要的影响因素[③]。

(一)如何选择大学生社团

1.了解社团背景、分类、规模等情况

先了解想加入的多个社团的发展和具体工作开展情况,可以主动向学长学姐交流;或者查找公众号,咨询辅导员、教师或者社团指导教师;或者直接在社团招新生的时候向社团的社长干部、骨干同学进行咨询,建议从多个维度打听,综合各方意见后再进行抉择。

询问的过程中,我们可以围绕以下几点内容展开。

(1)社团的类型。如社团是不是学术型、竞赛型、娱乐型、艺体型、思政型等。此外,还可以询问社团活动内容,如理论研究型社团是不是以理论探讨、技术交流、宣传科研为主要内容和目的的社团等。

(2)社团的规模、人员数量、发展时限。参考我国企业规模划分办法,对大学生社团进行规模划分,可分为微型社团、小型社团、中型社团、大型社团。微型社团是指成员少于10人,影响力较弱的社团;小型社团是指成员大于10人且不多于50人,影响力一般的社团;中型社团是指成员超过50人且不多于100人,有一定影响力的社团;大型社团是指成员超过100人,具有一定的文化传承影响力的优秀社团。

(3)社团发展的年限。如询问社团成立的时间,对比学校成立的时间一般来讲与学校并存且发展平稳的社团人员动态变化不大,社员舒适度较高;社团人数衰减或突然暴增一般都有特定因素出现,如潮流兴起、某个人物等因素,该类型的社团需要慎重考虑;如果是平稳增长,并且呈现平稳上升的趋势,说明该类型社团,正处于发展上升期,也可以考虑加入。

(4)社团内部管理。如社团是否有自己的制度或者公约和优秀的社团文化。一般来讲,规范的社团都需要有日常的考核和奖惩制度,便于管理干部同学掌握团队,从而更好地落实社团目标,制度中也会有进入社团的门槛要求、退出机制,参与者可以根据自己的情况进行参考。我们还可以查看核心社长、会长及干部同学情况,主动与他们进行交流。优秀的社团以自身的社团文化为主,即便内部有些许意见分歧,但在社团大文化背景下,也能进行调和

① 李荣婧.大学生社团参与兴趣心理分析[J].文教资料,2010(26):214-216.
② 章棋基.高等院校大学生社团参与动因的理论分析[J].开封教育学院学报,2016,36(1):176-177.
③ 姚依倩.基于联合分析的大学新生社团选择偏好的影响因素实证研究[J].教育观察,2020,9(26):58-61.

进步,内部人员较为和谐,团队执行力强。

(5)社团的成果。社团成果包括影音资料、活动策划方案、作品展示、文化氛围等,通过事实依据来看社团活动的质量和品质,好的成果资料展示胜过千万文字,通过这些资料痕迹,我们也可以更直观地感受到该社团的特色文化属性、活动的质量和品质、合作对象的能级实力、社团内部的管理能力,以及社团发展路径和计划方案,这些都是我们选择社团的重要依据和参考。

总之,从外部因素来看,我们选择社团时,可以优先选择规模大、存在历史悠久、活动品质高的社团,这样的社团能够最大限度地保证我们的时间不被浪费,且能获得优秀的朋友圈并锻炼自己的能力。最直观的也可以根据社团资料和社长的人格魅力看到社团的发展现状。当然,不是所有人都喜欢人多、要求高的社团,我们也可以选择小圈层、新出现的、小众的个性化社团,比如西语社这类较为小众的优质社团。

2. 从"我"出发,客观评价自我

在掌握社团的基本背景信息后,我们可以根据自己的情况选择适合自己的社团。多处文献表明,兴趣爱好是学生选择社团的首要因素,选择占比超过50%。因此选择社团需要先正确认识自己:自己的性格是什么样的?喜欢什么东西?偏好和特长又是什么?大部分同学都明确知道自己的喜好,或者是可以通过简单的罗列法、举例法、讨论法、排除法选择出自己喜欢的社团。

如果对自己的兴趣爱好不明确,或者不清晰、较为纠结时,可以通过"霍兰德职业兴趣测试"来检验和分析自己的情况,也可以使用"爱德华人格偏好"测验,甚至还可以选择现在多用于心理和职业选择测试的 MBTI 职业性格测试、24 种人格优势(VIA)等,通过职业测试、人格测试,借助科学的心理测试或者人格测试,辅助自己进行自我认知,从而做出正确的兴趣爱好选择。

当然,如果认为以上两种方法都不适合自己,也可以选择向朋友、教师、父母等可信赖的人进行求助和讨论,尤其是对自身较为了解或者有阅历的师长,他们可以根据对社会环境的感知、个人阅历、知识水平以及对主体人的了解和认识程度,结合多方面信息,整合给出一个更具针对性的建议和指导,借助他们的视角,侧面地为自己提供一个相对客观的参考。

3. 清楚社团与"我"的客观关系

基于以上社团和"我"的个人信息后,在选择社团时还应该注意两者之间的关系。进入大学后,大学生可自由支配的时间变多,课余生活变得丰富多彩,社团的活动也非常吸引人,但作为大学生应该明白,社团不属于专业课程,它是丰富学生校园生活的一种方式,是由兴趣爱好或者特长等为主形成的自发性学生活动组织,学生来到学校应该保持以学业为主的观念,尤其是对应的专业课,我们需要端正学习态度,认真学习。因此当学习与社团活动起冲突时,要把学习放在首要位置,切不可本末倒置。

除要明确"社团"和"学习"外,我们还要注意的是"社团"与"时间安排",选择社团时,

要明确自己所处的阶段,做好时间调配。大部分社团都会有聚集性活动甚至外联活动,这些活动从筹备到执行都需要花费大量的时间和精力,因此,在社团选择上,要明白自己的时间是否充裕,是否可以做出调整或者挤压出时间参与。

另外,有些社团,需要牺牲个人放假时间,如暑期社会实践、志愿者志愿活动等,在选择社团时,该类型社团对技术要求较低,但对时间要求较高,要结合自己的时间安排来进行选择。

4.端正自己的参与态度,纯正加入动机

在选择社团时,除上述选择方式外,还要对自己有所要求,端正自己加入社团的态度和思想。在选择社团时,应该抱有尊重、平等的心态,尊重社团干部同学,积极配合社团工作和活动,具备奉献精神,加入后要服从社团制度体系管理。有的社团社会资源较多,因此福利奖励较多,但每个成员的奖励分配方式不同,不可盲目攀比,或者心有不满进行谩骂、诽谤。不能抱着一时兴起、冲动等不负责任的心态加入社团,也不能抱着动机不纯的"商人"心态。

特别要注意的是,部分社团可能具有民族或地方文化属性,如彝族、回族地方老乡会等,在加入该类型社团时,需要提前了解该类社团文化特色,慎重选择,加入后要学会尊重他人的地方、文化习俗,避免与个人习俗、地方风俗等方面发生冲突。如果产生分歧,可以及时联系指导教师或者社长、干部同学进行退团。切忌在公开场合对个人或社团进行辱骂、批评、评判,或煽动群体同学对社团或社团成员进行言语攻击和嘲讽。

(二)选择社团的具体操作步骤

在做好社团背景情况了解以及自我客观评价之后,具体选择社团的时候应如何操作呢?

1.社团"摆摊",找准时间位置

社团招新被称为"社团纳新",其时间多数是每年9月中下旬,或者大一新生入校一周到两周内。纳新时间会根据新生军训时间进行调整,有的也会安排在军训期间。大部分社团在军训结束之后一周就已经完成了纳新的大部分工作。"社团纳新"信息发布渠道包括辅导员信息发布、学生会信息发布、协会负责部门海报张贴,以及校/院/社区团委微信、微博、抖音平台等。"社团纳新"期间,各个大学生社团都会统一时间进行集中宣传,由于社团数量较多,招新的地点多选择在宽敞的操场、空旷的广场或者主要的道路沿线,由校级社团管理部组织各社团搭建招新摊位点,根据统一划分、规范布局的原则,安排各社团进行统一招新。因此,想要进入社团,需要特别关注相关部门和平台发布的信息,以便及时地获取自己心仪的社团信息。

2.找到社团,主动了解

"社团纳新"是社团组织的一项重要活动,大部分社团都会使出浑身解数来吸引新生。如果在招新展会上遇见了自己想要加入的社团,要主动打招呼,并了解社团发展信息,这样既可以留下好的印象,也可以帮助自己确定该社团是不是自己想要加入的社团。了解的具体内容可以从以下几个方面入手。

（1）兴趣为先行考虑的重点，个人特长是重要的加分项。根据自己的兴趣爱好或者擅长的方向，大部分同学都可以找到自己喜欢或者适合的社团。

（2）个人规划是可参考的方向，明确进入社团目标。在大学，每位同学对于自己的规划和期望是不同的，如有的同学希望通过社团让自己的管理、组织能力得到提升，有的同学希望通过社团让自己提升自信等。这些都是以个人职业、学业规划为前提而进行的选择，可以作为大学生是否加入社团的重要参考。

（3）情感需求，社交扩圈也是重要的判断依据。有的同学期待加入社团后，能认识更多优秀的朋友，或者认识更多同圈层、同爱好的志同道合的知音。在现代学院中，单纯以情感需求为重点加入社团的情况也越发常见。

3. 提交申请，准备面试

一般来说，社团会提供一张加入社团的申请表，大学生也可以自己从官方网站上自行下载。在拿到这张表格后，大学生需要如实填写个人信息，同时还要重点填写自己的兴趣爱好及特长，还可以表明自己想要进入社团的积极态度。

新时代，大学生社团招新变得越来越正式，为了避免社团"人情味过重"，保证社团高质量发展，社团开始设置不同的面试环节，以便解决社团选人抉择的困境，也可以帮助精品社团保持自己社团成员的质量，降低流失率。

有些大学生选择参加多个社团，此时就要注意社团招新的时间。若是所选的社团都在同一时间段进行面试，可以主动与双边协商时间，或者只选择一个，并且要向其他的社团说明为什么没有到场，避免留下不良印象。

4. 放好心态，等待结果

社团一般会在纳新大会后的 2～3 天内发出结果通知，个别社团对于招聘的新人有一定的门槛要求，可能需要进行单独面试，所以时间会稍长。在等待期间，不要过于紧张，保持好自己的心态，不要过于焦虑。

也有同时投递多个社团都面试成功的情况，那么需要根据自身的情况进行抉择，是否都要参与，或者选择参与哪个。决定好后要及时与社团沟通，以免影响社团招新安排。

5. 认真对待，准备见面

社团一般会在纳新结果出来后组织一次见面会，见面会的内容大致包括自我介绍、社团了解、工作整体安排、近期工作要点。见面会上，大家需要展示自己的精神面貌，多交流，多沟通，让更多的社员同学彼此认识。见面会后，每位社员都会被分配到相应的组织部门，开展后续的活动，工作期间如果有社员想退出，应根据《社团退出机制管理办法》进行退社程序办理。

（三）社团面试的常见问题及过关技巧

对于有面试环节的社团来说，面试是选拔人才的重要手段，社团每位成员都必须重视，一批高质量的成员可以为社团的成长和发展带来质的飞跃，因此，面试环节不可轻视。

1.面试环节和注意事项

面试一般有面试前、面试中、面试后三部分。

面试前指前期的准备工作。社团在收到申请表后会进行整理和筛选,筛选结果由社团内部组织进行通知。通知内容一般包含人员信息核对、确认是否参与面试、面试的时间与地点、携带物品(通常可能是简历、作品等)、着装要求等。社团需要提前对面试者的申请表进行标注和划分,对面试者的情况要做到心中有数。面试通知要携带简历或作品的,面试者应提前根据要求准备好。

面试时,面试者应提前 15 分钟到达面试地点。面试当天应注意着装,尽量以正装参与面试,不穿不合身的服饰和过于暴露的服饰。在外貌上,做到整洁干净、大方得体。如果有服饰要求的,如汉服社团,应该按照要求着装。等待面试时根据工作人员指引在等待区静候,不要大声喧哗、奔走跑跳。

面试官宣布面试结束之后,面试者应该对面试官表示感谢,不要急于打听面试结果,应耐心等待。

2.面试常见问题

大学生社团面试时常见的问题如下。

(1)您好! 请做一下自我介绍。

问题解析:面试时,面试者都需要做自我介绍,以及回答"为什么想要加入该社团"等常规问题。面试者说完基本情况后,可以介绍自己的兴趣爱好或者特长优点。这一部分问题不难,重点在于考查面试者的语言组织能力。

(2)你有什么优点或特长,你刚刚说的优点或者特长可以具体讲一下吗?

问题解析:这个问题一般是上一个问题的延展,面试官希望了解拟进新社员的专长和技能。因此,面试者应全面、详细、有重点地将自身的技能、专长等核心竞争优势介绍清楚。

(3)你以前担任过什么职位?

问题解析:该问题用于对新社员进行能力划分,查看面试者是否有干部经历、能否作为干部培养对象。面试者可以结合初高中在班级担任的职位来进行回答。

(4)你曾经组织过什么活动吗?

问题解析:本问题表面上是询问面试者是否组织过活动,实质上含有隐藏问题"具体展开来说说"。面试者在回答该问题时,不仅要回答是与不是,更重要的是要回答活动组织的起因、经过、结果。面试者只需把整个经过说清楚就好。重点是故事的完整性,以及其中的细节。

(5)你对我们社团了解吗?

问题解析:该问题为态度测试问题,面试者在面试之前应该对社团做功课,清楚社团的基本信息,如果没有提前准备,需如实回答,切不可撒谎乱说。

(6)你对自己未来有什么规划吗?

问题解析:该问题为职业、学业规划问题,社团需要考虑未来和人员流动问题,如实回答自己的规划即可。

(7)假如现在有两个社团同时录用你,而你只能选择一个,你会怎么选择?

问题解析:该问题仍为态度测试问题,社团招新希望人员留下,但也要考虑意愿度。如果面试者留在该社团的意愿较强,可以直接给予肯定回复;如果意愿度一般则给一个较为模糊的答案。

3. 面试过关技巧

(1)面试整体表现要镇定。在面试过程中,由于面试经验过少,很多面试者都会产生紧张情绪。因此,面试前,面试者有必要写好面试稿,然后背诵,最后与同学一起进行模拟,一定要多加练习方可熟能生巧,面试时才更加自信、镇定,也容易给面试官留下处世稳重的印象。

(2)回答问题要"能听懂"会"解题"。无论面试官如何出题,面试的目的都是选拔社团需要的人才,因此,在面试时,面试者除了展示自己的优点和特长外,更要听懂面试官问题的重点,多想一下他问这个问题的目的是什么,然后有针对性地回答,让自己成为合适的人选。

(3)真诚永远是"必杀技"。无论是加入大学生社团还是参加其他组织,积极的人生态度可以让面试者更具吸引力。一个人能力再出众,但态度恶劣,拒绝团队协作,也无法与社团共成长,因此,在面试时,面试者应该拿自己的热情和积极向上的态度来面对。在选择成员时,真诚的态度是面试官最重视的要素之一。

(四)如何平衡学业和社团活动

大部分大学生在进入社团后,伴随社团工作、学业和其他工作任务加重,会进入一个"烦躁期",渐渐发现活动、工作越来越多。学习的时间却越来越少,在大一新生中,这类问题普遍存在。想要平衡学业和社团活动,学生需要做到以下几点。

1. 选择合适的、适量的社团

参加社团活动是大学生获取知识的一种方法,它通过学生自我管理、自我学习、自我服务,结合经验与实践、口述与传授的方式获得别人的知识和经验。因此,大学生参加社团活动是有必要的。但人的精力和时间是有限的,对于大学生来说,学习仍然是这个阶段的重要事项,不要因为参与社团过多而去压缩专业学习的时间。在选择时,正常情况下一个人参加一两个社团是较为合理的;如果精力较为旺盛,意愿度和工作效率较高的同学可以参加两三个社团,但如果作为社团核心干部,需要进行日常管理和活动策划执行或者伴随高年级的学业、前途有新方向,建议一人只参与一个社团或者直接退团。尤其是针对学业较为繁重的同学,不宜选择过多的社团。建议选择一些精品社团,少而精地参加,注意平衡社团活动和日常生活。大学生应参加自己真正感兴趣的并对提升自身素质有帮助的社团,这样才能有所收获。

2. 把学习放在第一位

大学生参加社团就是把学业看作第一位的同时提升个人综合实践能力。从学生工作到加入社团,大学生需要从多个方面提升素质,锻炼能力。大学生把自己在社团工作中提升的能力运用到学习中,再把学业中的收获引入社团工作中,这样不但不会影响学业,还会促进大学生学业水平的提升。所以当社团活动和学习发生冲突的时候,大学生可以与社团负责人商量,优先完成学业后再进行课余社团活动。

3. 制订合理的学习计划,提高学习效率

社团活动大部分在课余时间开展,但仍会占用一部分学习时间。大学生选择参加社团,想要做到学业、社团活动两不误,就需要运用科学方法,合理规划时间。从提高学习效率来讲,大学生可以通过如"包不离身、书不离包"的方式,利用好碎片化时间来进行学习;另外,学习时要学会建立自己的"安静圈",把手机调制成静音状态,或者设置一个闹钟,让自己可以在这个时间段高效学习。如果在复习周学业压力较大的情况下,可以通过"番茄工作法则"等科学的管理方法提高自己的学习、工作效率。

4. 做事先规划,分轻重缓急

实际上,大学生遇到的最痛苦的事之一便是既有社团活动,又需要学习的两难情况。面对这种情况,大学生应该用"时间四象限法则",分清楚事情的轻重缓急,划分出哪些是必须亲自去,哪些是可以找人代劳,哪些可以请假,哪些又不可以请假,然后根据分类进行合理安排。

(五)社团活动经验分享

案例一

1. 活动名称:"一封手写信"活动策划

2. 主办社团:翰墨书法社

3. 活动简介

岁末新年,人世匆匆,慢慢告别。过去的时光里,欣喜与伤悲同在,人间走马,岁月如歌,时间总能陶冶出别样的情绪和心境。来路的途中,父母亲的关爱、朋友的支持、师者的教诲……对于他们或是对过去的你、未来的你,那些欲说未说的话沉淀在心里,在一年的新旧交接之际,书法社特举办"一封手写信"活动,为你心中所想的人或事落笔抒情。

4. 活动目的及意义

为促进学院学风的建设,丰富学生课余生活,激发学生对于书写的热情,唤醒书写情怀,提高学生语言表达能力,传递文学书写精神,展现大学生风采和与时俱进、锐意进取的良好精神风貌,特举办"一封手写信"感恩节活动,让同学们在纸短情长之间表露最真挚的情感。通过此次活动希望能加强学生的写作及语言表达能力,同时写信过程也是对自我情感的一种表达,能帮助学生树立良好健康的精神状态,塑造有思想、有个性、全方位的思想特质。活动能拉近学生之间的关系,从而营造和谐的校园风气。

5. 经验分享

此次活动是以书法协会为主体的一次校园文化活动，希望通过手写信的形式，在继承和弘扬汉字美的同时，表达人和人之间的美好情愫。巧妙地将书法和情感结合起来，在现在"电脑打字"现象泛滥的今天，一份手写信变得格外珍贵，因此活动获得了同学们的喜爱和追捧。

在举办类似竞赛活动过程中，要尤其注意文字的原创性和内容的品质性，投稿内容绝对不能出现低俗、违反社会主义核心价值观且对他人存在人身攻击等的言语。在发布活动时，需要明确活动的文体、呈现形式、评定标准、评奖方式等，做到公平性和评价的统一性、严谨性。尤其是评定出的稿件，如果在评选上有分歧，可以通过社团内部投票，也可以通过指导教师或者专业教师意见进行评定。

该类型活动主要是在特定时间和特定目的下进行的，除了游戏本身的娱乐性外，需要注重游戏的含义设置；社团选择游戏项目时，要考虑个人和团队的关系；在活动开始前需要进行详细且周密的实验，考虑好时间和整个运动过程的执行情况，尽量选择安全性高、有趣的游戏类型，还要丰富类别，运动类、益智类都要有所涉及，丰富的种类更能帮助学生提升参与感。

案例二

1. 活动名称：校园趣味轮滑赛

2. 主办社团：花样年华轮滑社

3. 活动简介

轮滑是集减肥、娱乐、时尚、动感于一体的运动，包含技术、难度等。轮滑运动已成为一项风靡全国各大高校和地区的健身运动，很多大学生把这项运动看成青春和活力的象征，可充分展示当代大学生的风采。

4. 活动目的及意义

对轮滑社新鲜血液进行技术验收，了解新生在轮滑社里的学习情况与成果，选出精英分子，增强校内的轮滑交流，进一步提高本校乃至全绵阳的轮滑氛围。

呈现轮滑魅力，给新社员一个展示自我的平台，丰富课外文化生活，促进学生全面发展。通过轮滑活动，呈现大学生积极向上的青春活力，提高大学生身体素养，增进各轮滑爱好者之间的友情和对轮滑的兴趣。

5. 活动主题：滑出精彩，启动自由，展现魅力

6. 经验分享

类似轮滑等体育健身类社团活动，需要遵守既定的规则，但多数新成员可能不清楚，因此比赛前，社团要仔细耐心地讲解赛制，以免产生既定赛制上的误会。体育健身类社团尤其需要注意安全问题，在赛前要检查场地，通知参赛者检查好自己的设备和工

具。在赛事进行时,注意场地动态情况。赛事结束后,要密切注意参赛人员的状态,尤其是在赛事中受伤的同学,一定要让工作人员陪同就医,及时查看伤情。如果在赛事过程中有较严重的意外发生,则需要立刻拨打120,同时通知指导教师和辅导员协助处理后续工作。

建议该类型社团社员主动参与意外险购买或者医保购买以防万一,同时社团需要准备好安全责任书,明确安全责任,减少麻烦。

总　结

大学生参与社团活动,将有机会与其他志同道合的人一起合作、学习和成长,可以获得一些宝贵的经验和技能,因此,我们要更加珍惜在社团的学习机会,同时也要明白社团可以让我们学到以下几种经验能力。

(1)社交技能。社团活动是一个与不同人交流和合作的绝佳机会,有助于培养大学生的沟通、合作和团队工作技能。大学生应学会在团队中发挥自己的优势,同时也要学会倾听和尊重他人的意见。

(2)领导能力。参与社团活动能让大学生有机会在组织中扮演不同的角色,发展自己的领导技能。大学生可以尝试担任干事、团队领导或指导者的角色,并学习如何组织活动、管理资源和激发团队的潜力。这些经验将对大学生未来的领导职能和责任产生积极影响。

(3)时间管理能力。社团活动通常需要成员花费一定的时间和精力。同时参与多个活动时,社员需要学会如何合理安排时间,以免耽误学业或其他重要事务。通过社团活动,大学生可以提高自己的时间管理技能,学会制订计划、设定优先级,并有效地管理时间。学会时间管理会使大学生终身受益。

(4)团队合作能力。社团活动通常需要团队合作来达成目标。团队成员将学会如何与他人协作、分工合作以及面对挑战时如何解决问题。通过与他人合作,大学生可以发现自己在团队中的作用和价值,学会倾听他人的观点并互相支持。

(5)积累专业知识。参与特定领域的社团活动,如学术、科技、艺术等,可以让大学生深入了解该领域的专业知识和技能。大学生可以通过参与讲座、工作坊和相关项目来扩展自己的专业知识,并与志同道合的人共同学习和成长。

(6)丰富个人经历。参与社团活动可以为大学生的个人经历增添色彩。无论是参加报读文化活动、社区服务还是组织一场慈善活动,都可以展示大学生的兴趣、才能和参与度。这些经历将丰富大学生的简历,让自己在日后的学术或职业生涯中脱颖而出。

第四节　大学生在社团中的价值体现

大学生社团作为高校"第二课堂",坚持以习近平新时代中国特色社会主义思想为指导,坚持思想性、知识性、艺术性与多样性四者相统一的原则。高校依托社团活动,积极满足青年学生专业学习与身心锻炼、学术探索与社会实践的个性化需求,为大学生实现"自我教育、自我管理、自我服务、自我发展"提供支点。

大学生社团文化是大学文化在学生层面的体现,依托学校特色专业构建特色社团文化,能有效实现引导功能、选择功能、辐射功能与心理培育功能,通过打造社团文化的品牌,强化与学校办学特色的一致性,最终实现特色专业建设的延伸、学生专业素养的提升、区域文化发展的拓展、学生成长与发展的心理凝聚愿景。

一、大学生特色社团

特色包含独特、出色、个性化等含义,是指事物所具有的独特、美好形态或内在品质,表现出与其他同类事物不同的、特殊的、独具风格的自我优良之处,大学生特色社团是高校学生社团的重要分支,与非特色社团相比,社团专业背景特色明显,创业优势性强,在高校校园文化建设中具有重要意义。大学生特色社团也因其独特性,越来越受到高校及社会的关注。在大学生特色社团的发展中,要建立完善管理制度,建设专业指导教师、学生精英队伍,创新组织发展模式,研讨开发精品活动,挖掘整合各种资源,展示特色社团风采。

许多高校根据自身特色和服务探索人才发展模式,从学校特色社团着手推进学校文化育人模式。从整体来看,大学生特色社团是结合学校办学理念,依托德育、智育、体育、美育、劳育等方面而推出的具有创新性的实践服务平台。大学生特色社团具有以下特征。

(一)具有明显的专业特色

大学生社团一般由校级、院级两级社团构成,院级学生社团又分为特色社团和一般社团。特色社团具有明显的专业特色,需要具备一定的专业知识基础,因此无法向全校范围纳新。特色社团不限于专业社团,也可以是兴趣社团,如因高校大学生的个性化、特色化需求而涌现出的说唱社、汉服社、天文社等兴趣社团。特色社团具有更强的专业性和目的性,社团的成立往往围绕大学生的专业需求,以专业学科为依托,以特色活动为载体。例如,以传播与专业相关的知识信息,结合有关课题、社会现实问题进行研讨、交流并深入社会实际进行实践探索为主要目标的大学生社团,具有鲜明的与专业特色。专业型特色社团将专业教学和社团建设结合起来,使社团既服务于实践教学,又使实践教学反过来促进社团的进步,使教学改革和大学生素质教育都得到提升,既彰显实践教育特色,又彰显学生管理方面的特色。

(二)实践性强

大学生特色社团具有较强的实践性,尤其是学术类、科技类、艺术类的社团,都为其成员提供了广阔的实践舞台。大学生在活动中增长了知识,锻炼了能力。一些研究也证实了社团开展的活动,更加着眼于社团需求,实用性更强。特色社团在校企联合时举办的活动数量较多,合作形式多样,领域广泛。特色社团是实现知识、兴趣和技能转化的新舞台。组织参加各种大赛是学校实践教学不可忽视的环节,还是特色社团活动的重要载体,它不仅是对学生创新能力和实践技能的检验,也是对学校实践教学工作的检验。特色社团活动将有力地推动实践教学体系的改革,对于创建全国示范性院校、打造学校在人才培养和实践教学方面的优势,具有积极意义。

(三)指导教师多是专业教师

大学生特色社团以一定的"专业"为基础,因此决定了指导教师必须是专业教师。如大学生专业特色社团具有专业性强、易于实践的特点,借助专业社团来开展大学生创新创业教育可以为高校开展创新创业教育开辟新的天地。以专业社团为路径开展好大学生创新创业教育,就必须坚持走出去开展校企合作,强化以社会实践项目为导向,建立专业教师指导团队,才能彰显其专业优势,实现促进专业实践与社会实践的结合,进而推动创新创业课堂向外延展,促进高校教学与科研工作的发展,也有利于高校创新型和复合型人才的培养。大学生特色社团应由有相关专业背景的专职辅导员进行社团的事务性辅导和思想政治教育,同时设专业教师对社团的具体活动进行指导,提供专业知识方面的支持。

(四)社团成员少而精

大学生特色社团不像一些普及性的学生社团那样人数较多,它的规模小到几个人,大到十几个人,但不少人都是精英。特色社团作为课堂教学的补充,依据学生兴趣和能力而构建,社团从成立到运行及日常活动的开展都是在指导教师的带领下,由社长及成员内部自我组织开展活动,这种自主性极大地发挥了大学生自我教育、自我管理、自我发展的特性。特色社团为学生开展创新性活动提供了重要平台。

大学生特色社团要培育的不仅是大学生在社团管理及运营过程中的主体能力,更多的是培育大学生对于本专业的扩展性研究及实际操作的主体创新意识。

案例分享

关于绵阳城市学院社团指导教师管理办法

学生社团作为校园文化建设的重要载体和大学生素质教育的重要阵地,是学校教育事业的重要内容。为加强学校学生社团工作,规范管理,加强指导力量,推动学生社团健康、有序地发展,充分发挥学生社团在校园文化建设中的作用,根据《绵阳城市学院学生社团管理条例》及学校相关文件精神,特制定本办法。

第一章 总 则

第一条 本办法所称的学生社团是按《学生社团管理条例》成立的学生组织。

第二条　学生社团指导教师是指导学生社团开展各类活动、保证学生社团健康发展的教师,负责对学生社团进行思想教育、业务培训、组织建设的工作指导。指导教师工作是学生社团正规化建设的必备条件,是对全校学生开展素质教育的一个重要手段。

第二章　社团指导教师聘任

第三条　社团指导教师的聘任条件:

1. 忠诚党的教育事业,具有高度的责任心和奉献精神,品德高尚,关心学生成长;

2. 具有一定的学生工作经验,热爱学生社团工作;

3. 具有丰富的专业知识,尤其在社团发展所需专业领域内有一定造诣;

4. 愿意接受社团管理部门的监督管理;

5. 具有适应工作的健康体魄。

第四条　社团指导教师原则上从本院教师中选聘,其他情况以申请书的形式上交至校学生会社团管理部、教务处、人事处。

第五条　每个社团原则上配备一名指导教师。如社团会员较多或因其他特殊需要,可设两名指导教师。

第六条　社团指导教师选聘按照双向选择的原则,即社团聘教师,教师选社团,经双方达成一致后,经校学生会社团管理部审批,由学校统一聘用并颁发聘书。社团指导教师聘期为1年,《社团指导老师聘任审批表》应在校学生会社团管理部备案。社团指导教师的选聘工作原则上随社团年度注册工作一并完成。

第七条　社团指导教师如有变更,需要按照本章要求重新聘任。

第三章　社团指导教师工作职责

第八条　社团指导教师负责学生社团的思想政治工作,要把思想政治工作融于各种活动中,教育引导学生坚持四项基本原则,树立正确的世界观、人生观和价值观。

第九条　社团指导教师应积极参与学生社团的建设和管理,协助学生社团规划社团发展,并对学生社团负责人的更换提出建议。

第十条　社团指导教师有指导学生课外活动的职责,要积极参与、指导学生社团活动,保证社团活动的质量和活动效果,保证社团健康发展。

第十一条　社团指导教师指导学生课外活动时,有义务对学生人身安全负责。

第十二条　社团指导教师应定期开展社团培训指导工作,每学期指导次数不少于10次,每次不少于90分钟(45分钟1个课时),每学期组织学生社团开展符合其特点、促进学生社团发展、丰富校园文化生活的各类社团活动1次以上。

第十三条　社团指导教师应在每学期初向社团管理部门(学生会社团管理部)提交《社团培训指导计划》,经审核批准后,方可开展工作;在每学期末向社团管理部门(学生会社团管理部)提交本学期社团培训指导工作总结。

第四章 社团指导教师工作考核和奖惩

第十四条 社团指导教师由校学生会社团管理部负责考核。社团指导教师工作量由社团管理部门(学生会社团管理部)根据《社团培训指导计划》"社团指导教师日常工作登记表"和"社团指导教师学期考核登记表"进行审核统计,由社团指导教师确认后上报校学生会社团管理部。

第十五条 社团指导教师在培训指导活动开展前三天应填写"社团指导教师日常工作登记表",交校学生会社团管理部备案。未申报的培训指导活动视为未进行,不计入社团教师工作量。如因社团工作需要增加培训指导工作量的,以书面形式申报,经校学生会社团管理部批准后方可组织开展。

第十六条 社团指导教师工作量以课时为单位,具体标准按校学生会社团管理部及学校要求来定。指导津贴由校学生会社团管理部统计汇总后报各专业系,经教务处审核后与岗位绩效津贴一起发放。

第十七条 学校每年进行一次"优秀社团指导教师"评选,对工作出色、成绩显著社团指导教师进行表彰和颁发证书并报组织人事处备案。

第十八条 有以下情形之一的,校学生会社团管理部有权解聘社团指导教师:

1.社团指导教师没有履行本办法第三章规定的工作职责;

2.学生社团对指导教师不满意,且理由正当、事实无误;

3.社团指导教师不能胜任或不适合作社团指导工作。

如原社团指导教师经学校批准被解聘的,社团可以按照本办法第二章重新聘请指导教师。

第五章 附 则

第十九条 本办法解释权归绵阳城市学院学生会社团管理部。

第二十条 本办法自公布之日起实施。

二、大学生自我管理在特色社团中的运用

1. 大学生特色社团成为学生管理工作中思想政治教育的重要阵地

大学生特色社团拓展了学生管理工作思想政治教育的覆盖面。随着社会发展和高校社会化的进程加快,高校中原有的班级和年级界限被逐渐淡化,不同层次的学生依据相同的兴趣和爱好融合在一起,这就为大学生思想政治教育开辟了新的途径。在学生管理教育中,可以根据学生的不同特点,分层次进行政治理论教育、思想道德教育、科学文化教育和心理健康教育,将思想政治工作融入学生的成长成才过程中,充分发挥社团组织的教育引导作用,不断拓宽思想政治教育的覆盖面,提高广大学生思想政治觉悟、科学文化水平和心理健康素质。

大学生特色社团增强了学生管理工作中思想政治教育的吸引力和感染力。高校传统的思想政治教育局限在"第一课堂"教学,以"两课"教师为核心、以教室为主阵地、以"说教灌输"为主要方式。而大学生特色社团能够充分发挥"自我服务、自我教育、自我管理"的学生主动性,灵活地开展集思想性、知识性、趣味性于一体的活动,把学生共同的兴趣和积极性调动起来,增强大学生思想政治教育的吸引力和感染力。

大学生特色社团使学生管理工作在思想政治教育方面更有针对性和实效性。当前大学生个性张扬,呈现出需求多样性、多变性的特点,单靠学校组织的集体活动无法满足学生的多种需求。大学生特色社团利用自身的优势,通过大量灵活的、多方面的活动,使社团成员充分发挥特长把真实的自我表现出来,有利于教育工作者准确把握学生的思想动态和脉搏,调整工作思路,深入细致地做好思想政治教育工作,让思想政治教育工作更加贴近学生生活和实际,更有针对性和实效性。

2. 大学生特色社团成为学生管理工作的新载体

校园文化建设是学校实施素质教育和精神文明建设的重要组成部分,是学生成长成才的内在需要,更是推进学校学生管理工作的重要载体。在学生管理工作中,大学生特色社团作为广大学生中以共同的兴趣或自身需要为基础而自愿组成的群众性组织,开展的各种各样的社团活动,在很大程度上满足了学生的需要,已经成为学生管理工作的新载体。

大学生特色社团拓宽了学生管理工作的育人途径。在高等学校体制改革的背景下,每个学生都有更多的时间和范围选择自己的去向,或做自己喜欢的事,学生社团大大地满足了他们的要求。尤其是在年级、专业、班级等方面不断弱化的过程中,最直接、最常见的组织就是学生社团。通过一系列的特色社团活动,社团成员不但使自己的专长或能力得到发展,更重要的是将爱国主义、集体主义与社团活动的开展融为一体,枯燥的思想政治教育变得趣味十足。

大学生特色社团丰富了学生管理工作的活动领域。特色社团一般以讲座、沙龙、竞赛、参观访问、表演、社区服务、理论探讨等丰富的活动形式,吸引广大同学的参与,广大同学也可以根据自己的兴趣爱好、特长及专业特点等选择性参加。同时也可以通过举办各种专业性的学术报告会、座谈会、研讨会等,影响和激发学生科研学术兴趣。这些活动对学生的正确引导和积极影响与重要意义远超过了活动本身,扩展到了学生管理工作的不同领域。

大学生特色社团充分发挥了学生的主观能动性。社团活动的实践证明,种类繁多的学生社团不仅可以丰富学生的课余生活,众多学生社团成员自发、自愿的参与原则也可以体现广大同学的利益需求,几乎每位同学都能在自己喜欢的社团中找到自己的舞台,并在这个宽阔的舞台上展示自己、锻炼自己。这使学生由过去的被动管理变为主动自我管理,充分发挥了学生主观能动性。

当前,大学生特色社团已逐步成为学生管理工作的独特载体。在这种模式中,学生既是管理者,又是被管理者;学生在这种角色转换中可大大提高自我管理的积极性,增强自我约束力、自我管制能力,既"学到了知识",又"学会了做人"。

随着高等教育大众化时期的到来和高校教育教学改革的不断深入,大学生特色社团作为学生"自我教育、自我管理、自我服务"的群众组织,作为"第二课堂"的重要组成部分,越来越成为大学生培养综合素质、创新精神、展示自我的平台。随着高校学生事务管理的进一步完善和发展,以学生的学习和发展服务为根本宗旨的社团管理必将给大学生特色社团发展带来强大的生命力。

三、大学生特色社团案例分析

绵阳城市学院一直坚持"博学、笃行、严谨、创新"的精神文化,始终坚持把立德树人作为中心环节关爱学生、服务学生。学校秉承"崇尚创新、追求卓越、服务社会、爱护生命"的办学理念,提出具有学校特色的社团文化服务及社团组织管理模式,打造出文学类"应用文文学社"、舞蹈类"KDA 流行舞蹈社"、体育类"篮球社"、科技类"遥感技术与测绘协会"、心理类"心理协会社"等 60 余个特色社团,多次举办丰富多样且具有本校风采风貌的大学生社团活动。这些特色社团的成立,进一步提高了新时代大学生的自我管理能力和综合素质。

案例分享

案例一 文化艺术社团——音乐社

一、社团简介

绵阳城市学院音乐社成立于 2018 年,是一个比较"年轻"的社团。音乐社团是一个方便音乐爱好者交流、展现自我、表现才艺的校级社团,也是校园文化传播的一种形式。该社致力于培养同学们对音乐的爱好,同时兼顾学校的艺术表演任务,开展唱歌交流等一系列活动,在快乐中学习音乐,在学习音乐中取得更大进步,极大提升自我素养和人生魅力。社团成立之初共有 66 人,其中指导教师 1 人,社长、副社长各 1 名。音乐社团自成立以来举办了不少典型活动,如《莺啼燕语报新年》欣赏、歌唱大赛、绵城音乐节,获得了"社团优秀奖""最佳表演社团"等奖项,充分展现了青年大学生对音乐的态度与热爱。

二、社团成立初衷

音乐社是专为喜好声乐、器乐等多元化音乐的同学创建的。社团创建的初衷:一是为同学们提供良好的音乐交流环境和自我展现的机会,为青年大学生提升个人综合能力、丰富大学校园文化生活创造更多的机会;二是为对音乐有兴趣的同学提供交流场地并畅聊音乐想法,让自己对音乐的喜爱更进一步。

三、社团发展及展望

(一)完善社团制度,细化部门责任

宣传部:通过多种途径宣传社团活动,制作活动宣传海报,管理社团自媒体账户,负责社团活动摄影、视频后期剪辑。后勤部:租借活动场地、管理社团设备、准备活动前的部署、组织同学就位与退场。策划部:集思广益创办风味活动、撰写策划书、组织社团活动顺利开展。

(二)联动举办校园活动,强化社团宣传工作

音乐社每周定期举办一次社团歌唱活动,联动校内校外其他社团共享资源,共同合作开展特色活动,如已开展的咚咚咚社团联谊晚会、社团联谊野炊等;积极参加校园音乐活动、参与各大活动的开幕表演、自发组织具有自身社团特色的文娱活动;利用线上、线下等多种方式全面推广社团活动,扩大活动覆盖面,增强社团影响力,让更多同学了解认识音乐社,吸引更多志同道合的朋友加入,壮大社团队伍。

(三)注重专业实践服务,拓展社员学习能力

鼓励社员加入活动组织和策划,不仅让社员成为活动的参与者,也让他们成为活动的策划者,让他们既收获参与活动的喜悦又促进自己能力的提升。

四、社团发展的根本宗旨

以人为本,以趣为根,以乐结识知己。

五、社团活动案例——第二届绵城音乐节:你的热爱我来唱,咱的青春大合唱

(一)活动背景

随着新学期的到来,学生们对大学生活充满热情,校园里洋溢着青春气息。为了应援同学们喜欢的歌手和音乐,让课余生活更加丰富多彩,值得给校园学子的大学生活添上浓厚的一笔,因此绵阳城市学院音乐社特定举办线下大型音乐节——第二届绵城音乐节:你的热爱我来唱,咱的青春大合唱,秉持第一届绵城音乐节的初心,经过一年的优化,让同学们对热爱的歌手或歌曲在热情的夏至未至的傍晚再次彻底点燃。

(二)活动目的及意义

为了更好地贯彻党的教育方针,使绵阳城市学院学生在德育、智育、体育、美育、劳育等方面全面发展,进一步提高绵阳城市学院学生的艺术修养,丰富课余生活,为广大大学生提供一个特长展现的平台,特此举办第二届绵城音乐节大型线下活动。

通过本次文娱活动、营造一个积极向上的大学生活氛围,激发绵阳城市学院同学们对音乐的热爱;通过创建大学生喜爱的校园文化活动,让更多同学可以大胆追求自己喜爱的歌手或者歌曲和展现自我喜好;通过本次社团活动让更多的人利用这一平台结识志同道合的人。

(三)活动主题

你的热爱我来唱,咱的青春大合唱。

(四)活动单位

主办单位:绵阳城市学院学生会。

承办单位:绵阳城市学院音乐社。

（五）参与对象

绵阳城市学院安州校区全体师生。

（六）活动时间及地点

宣传时间:2023 年 5 月 4 日。

表演时间:

第一场:2023 年 5 月 19 日 18:30—21:00。

第二场:2023 年 5 月 20 日 17:00—21:00。

活动地点:绵阳城市学院安州校区一期操场(活动期间如遇下雨则改为演播大厅二楼)。

（七）活动开展

1. 活动准备阶段

（1）活动宣传:线上线下同时宣传,预计宣传时长为两周左右,由社团内部的宣传部对本次活动进行宣传并录制活动相关视频,吸引全校师生参与此次音乐节。

（2）前期报名:线上线下同时报名。

（3）投票筛选:根据同学的投票,在主办方提供的 50 名华语乐坛的歌星(如薛之谦、周杰伦、林俊杰等)中选出最喜欢的 6 名歌星进行应援。

（4）确定演出歌曲:根据同学的投票,在 6 名歌星中选出他们每个人脍炙人口的 4 首歌(总共 24 首歌曲),成为应援歌曲。

（5）确定校园领唱者:寻找这 4 首歌的校园演唱者,根据匹配和筛选,最后确定这 4 首歌的领唱者。

（6）确定形式:线下举办,根据应援歌星的应援顺序进行歌曲曲目的演绎;表演中间穿插小游戏活跃现场氛围。

2. 活动举办阶段

（1）人员安排情况:主持人(2 人)、场控组(6 人)、后勤组(10 人)、摄影组(5 人)。

（2）场地安排情况:活动场地为校园足球场(晴天)或者演播大厅二楼(雨天),活动开始前一个半小时布置好活动场地(表 5-7)。

表 5-7　活动举办安排表

时间	项目	内容
18:00—19:00	场地布置	节目展示场地入口处布置
		主持、表演人员化妆、换装等
		音响调试、音乐、摄影机、照相机准备
		灯光、投影、消防安全等会前准备情况检查
19:30—21:00	节目展示	由主持人宣布节目展示开始,进行社团节目表演
		节目展示表演结束,主持人总结
21:00—21:20	清理现场	清理打扫现场,清点物资,检查设备

3. 开场

工作人员安排观众落座并为大家发放应援用品,如鼓掌道具、横幅、海报等。由举办方联合其他社团,推出三四个节目作为开场表演,本社团表演歌唱节目(一首歌作为暖场节目,4分钟左右),接着由ADC舞蹈社团带来开场表演(舞蹈串烧或一支5分钟左右完整的舞蹈)。

4. 活动进行

开场结束后由主持人开始主持活动;工作人员维护好现场秩序;宣传部负责此次活动过程中的照片视频资料的拍摄;气氛组适时带动全场气氛,尽量避免尴尬冷场。活动中场,主持人可与观众互动小游戏。游戏结束后,继续进行音乐节活动表演。

5. 活动结束

活动结束后,各成员组织活动参与者有序退场。退场后,工作人员对活动场所进行卫生打扫,恢复活动场地原貌。

6. 活动后续阶段

活动结束后,由活动主办方对本次活动做出总结。通过小组讨论,研判本次活动结果是否达到预期目标,总结可学习、可改进的地方。同时,宣传部对此次活动中的拍摄材料进行整合,制作活动视频,并通过学校官网、微博、微信公众号等多个平台加强后期宣传,进一步扩大活动影响力。

(八)活动流程(表5-8)

表5-8 活动流程表

时间	事项
5月4日	进行宣传活动,邀请同学入群
5月5日	进行歌星主场投票
5月8日	进行曲目投票
5月10日	演绎者面试报名
5月11日	进行演绎者面试以及审核
5月12日	确定演绎者名单并且安排排练
5月13日	准备活动物资,以及提前借用场地及设备
5月17—18日	活动彩排
5月19—20日	开始活动

(九)学时奖励

1. 其余社团节目,4个学时/人(每个节目最多5人)。

2. 主持人4名,4个学时/人。

3.歌曲演绎者,4个学时/人。

4.优秀工作者2名,4个学时/人。

(十)经费预算(表5-9)

(十一)紧急预案

1.活动控制

比赛场地居于线下,活动负责人需要保证现场参与者的人身安全及场地完整,做好入场和疏散的秩序管理。

2.活动安全

负责活动的巡察工作人员管理活动现场秩序,关注每个安全隐患,有序疏散人员离场,防止踩踏事故发生。所有工作人员遇突发情况,应按应急预案做好应急处理,及时上报给音乐社负责人并协助处理。

表5-9　活动预算表

编号	费用项目	单价	数量	备注	总计/元
1	海报伴手礼	1元/张	24张		24
2	自制纪念门票	0.2元/张	120张		24
3	活动小礼物:零食盲盒	10元/个	6个		60
4	场地装饰LED小彩灯	20元/个	1个	由社团管理部提供	20
5	泡沫大荧光棒	0.7元/个	50个		35
6	舞台布置:圆形地毯2.2米,矮装饰栅栏3米	50元/套	1套		50
7	音响设备		1大2小		1
8	桌子		5张		1

案例二　兴趣爱好社团——浮华安州区配音社

一、社团简介

社团取名浮华安州区配音社。"浮华"是指表面豪华、动人,而实际内容空虚、无用;"安州区"是指城市学院的地理位置。

二、社团成立初衷

我们处于快速发展的社会经济时代,希望学生处在"浮华""多变"的时代里,能寻找到属于自己的快乐小天地,在配音的世界里展现自己,获得与同学一起配音的那份快乐和成就。社团通过开展一些校园活动,为绵阳城市学院的在校大学生建立一个培养配音兴趣爱好的平台,丰富大家的大学生活。

三、社团成立理由

随着新时代多样性发展,大学生个性明显,越来越多的小众爱好在同学们身边广泛传开。建立该社团是为了让有兴趣爱好的同学聚在一起,找到共同的话题,帮助同学在配音的时间里感受快乐,消除一些同学因找不到合适的平台展现自己而产生的顾虑,更好地发展自己的兴趣爱好。

四、社团发展及未来展望

完善社团制度。将社团分为三个部门:外勤部、财管部和技术部。外勤部,主要负责活动策划宣传,联系活动场所及活动物资的购买等。财管部,负责管理人员资料、各项活动考勤、招新工作、新社员的吸收和凝聚工作,以及社团经费的收纳和支出。技术部,负责教授配音技巧。

未来规划及展望:社团在有限的经费下,线上线下相结合,校内校外相联动,定期组织经典影视配音活动,丰富社团的活动;加强社团宣传工作,通过多渠道宣传,让更多的同学认识了解社团,吸引更多的同学加入,扩大活动覆盖面,增强社团影响力;拓展社员学习能力,鼓励社员加入活动组织和策划,不仅让社员成为活动的参与者,也让他们成为活动的策划者,以此提升学生的组织能力,以及感受参与活动的喜悦。

五、社团发展的宗旨与形式

宗旨:兴趣是最好的老师。

形式:以社团活动提高同学的凝聚力,更好地发展同学的兴趣爱好。

六、社团活动开展类别与形式

PPT 讲解配音技巧,线上线下皆可;线下举行配音活动,相互欣赏,学习技术。

七、社团案例分析——配制天下声音,悦享畅快人生

(一)活动背景

校园活动是在校大学生的文娱生活,为同学们提供一个提升自我的平台,给同学们一个多样化的人生体验;让学习生活不再枯燥乏味,减轻学习压力;丰富大学课余生活,提高大学生活热情,培养文学素养,以配音的形式表达自己的情绪。

(二)活动目的

通过此次活动,进一步丰富在校学生校园文化生活,展现我校学生朝气蓬勃、健康向上的精神风貌,培养当代大学生的创新和表现能力,加强同学间的文化交流,激发广大学生对艺术的热爱,推动校园精神文明建设。

(三)活动意义

1.丰富大学校园活动;

2.展示大学生风采,建立友谊桥梁;

3.提高大学生对配音的兴趣;

4.提升大学生配音爱好者的配音能力。

（四）活动主题

配制天下声音,悦享畅快人生。

（五）活动对象

绵阳城市学院安州校区、游仙校区全体学生。

（六）活动单位

主办单位:绵阳城市学院学生会。

承办单位:绵阳城市学院配音社。

协办单位:绵阳城市学院学生会社团管理部。

（七）活动时间

时间:2023 年 3 月 26 日 19:00—21:00。

（八）报名方式

报名地点:线上报名。

QQ 群名:配音活动;QQ 群号:××××××。

（九）活动过程

1. 线上进行拍戏对演;

2. 氛围组负责进行背景音乐等的安排;

3. 活动结束对参与人员进行点评;

4. 参与人员互相交流配音技巧。

（十）注意事项

维护网络环境安全,工作人员加强网络管理工作,群内如有人身攻击、非法违法网络语言等内容,一经发现取消其参赛及观赛资格。

（十一）紧急预案

1. 如遇突发情况,及时上报给配音社负责人并做好应急处理;

2. 如若出现网络故障,及时联系后台网信办负责人恢复。

案例三 专业学习社团——GIS 协会

一、社团简介

GIS 主要研究人们在应用计算机技术对地理信息进行处理、存储、提取以及管理和分析过程中面临的一系列基本问题。我国 GIS 的研究和开发已经步入初步繁荣阶段,在不久的将来必将成为高新技术产业中新的经济增长点,具有良好的就业前景。为此,GIS 协会致力于为社员夯实基础,将更多更前沿的 GIS 领域知识分享给全体社员,使广大社员深入了解 GIS,提高 GIS 开发和数据处理能力。

GIS 协会是绵阳城市学院现代技术学院的专业特色社团,成立于 2017 年,基于地理信息科学专业而诞生,现有两名指导教师。协会结合"3S"技术开展社团活动,主要承办的比赛有 GIS 技能大赛、虚拟仿真测图技能大赛等与地理信息科学专业相关竞赛,同时开设专业软件 ArcGIS 的授课,让同学们对专业软件的运用更加熟练,增强同学们对软件的学习兴趣,将自己所学专业特别是测绘工程、地理科学与技术、城乡规划等专业加以运用,为将来就业等打下坚实基础。

二、部门主要职责

(一)项目部

主要负责专业社团活动记录,确定每期社团授课主题,提供授课数据、资料,负责社团授课课程,收集每次授课成果,对期末授课成果进行汇总,同时以表格形式记录每次授课的签到情况。

(二)宣传部

负责每期动员大会前的资料准备,新闻稿的撰写、归档,宣传海报的设计,授课过程的摄影记录,社团因相关活动的宣传文案撰写、推文的撰写,协助社团招新工作等。

(三)策划部

撰写活动策划书,主持社团活动;同时负责奖品的选择与购买,活动奖状的相关申请等工作。

三、社团活动案例——追寻 GIS 奥秘,热爱永无止境

(一)活动背景

为了扩大专业特色社团的影响力,提高学院凝聚力,通过展现社团的特色,为具有技能潜力和渴望实践操作的同学们提供一个展示自己的平台,社团将推出一个面向学院各专业学子的 GIS 技能大赛。

(二)活动目的

本次活动旨在提高学生的学习运用和实践能力,充分展现学生的学习能力,增强师生之间相关专业知识的沟通与交流,提升和落实同学们的学习实践能力,走出课本将知识灵活运用于实际操作,同时也可以突出社团的专业特色。

(三)活动主题

追寻 GIS 奥秘,热爱永无止境

(四)活动时间及地点

时间:2023 年 4 月 22 日 18:00—21:00。

地点:绵阳城市学院(安州校区二期)博远 208。

(五)活动对象

绵阳城市学院现代工程学院全体在校学生。

(六)活动流程

1.宣传报名阶段(4 月 15—20 日)(表 5-10)

表 5-10　宣传安排表

阶段	宣传方式		具体内容
前期宣传	线上 宣传	微信 QQ	通过我院官方微信公众号或者 QQ 空间宣发,进行活动预告宣传。调动广大学子参加活动的积极性,加大活动推广力度,吸引更多学生参与本次活动
中期宣传	线上 宣传	微信 QQ	通过发布 QQ 空间推文、微信公众号等活动进行的实时报告,引导号召更多的建工学子参与和关注到本次活动
后期宣传	对活动进行回顾与整理,及时撰写新闻稿宣布活动的顺利开展		

2.具体流程准备阶段(4 月 16—26 日)

比赛时间:2023 年 4 月 22 日。

比赛地点:绵阳城市学院安州校区博远 208。

提交成果时间:2023 年 4 月 22 日。

3.注意事项

比赛期间不可交头接耳,否则判为作弊;超过规定时间提交的成果不予接受;不可盗取他人比赛成果,否则双方均被取消比赛资格;不得连接互联网,不得使用帮助文档,可以使用 SuperMap、QGIS 等 GIS 软件。

(七)活动单位

主办方:绵阳城市学院现代工程学院。

承办方:绵阳城市学院现代工程学院 GIS 协会社团,绵阳城市学院超图校园大使团队。

协办方:绵阳城市学院现代工程学院社团部。

(八)作品评选方式

1.比赛内容

参赛选手根据教师所出题目按要求在规定的时间内完成比赛。

2.作品评分标准

比赛结果满分为 100 分,各项指标要求如下。

(1)绵阳城市学院安州校区一期建筑和道路矢量化,每栋建筑的名称是否添加完整(15 分);

(2)投影是否正确转换(5 分);

(3)相关字段是否转化为时间字段(10 分);

(4)根据提供的建筑物照片,建立照片和建筑的链接,用户单击建筑物时能够看到建

筑物的实景照片(20分);

  (5)时间字段是否正确(年 月 日 时: 分: 秒)(10分);

  (6)制作台风轨迹图,用不同的符号表示台风不同时刻的等级(10分);

  (7)制作台风符号(10分);

  (8)制作台风移动轨迹动画(10分);

  (9)制作烟花台风影响城市分布图,并用不同符号表示影响程度(10分)。

  3.奖项设置

  (1)参赛人员:一等奖1名,二等奖2名,三等奖2名,优秀奖1名。

  (2)工作人员:优秀工作人员1名。

  (3)指导教师:优秀指导教师1名。

  (九)活动经费预算(表5-11)

表5-11 活动经费预算表

序号	经费出处	用途	备注	数量	单价/元
1	奖状	比赛奖励	申请	6张	1
2	U盘	比赛奖励	申请	3个	27
3	鼠标	比赛奖励	申请	1个	109
4	充电宝	比赛奖励	申请	2个	100

  (十)应急方案

  1.现场维持秩序人员立即到达相关岗位,采取相应的应对措施;参与活动的各部门和个人都应当服从现场维持秩序人员所做出的决定和命令。

  2.活动事故发生后,事件第一发现人应及时向活动负责人汇报,进行事件调查和现场处理的同时,如出现受伤人员,及时送往医院。

  3.活动组织者要维持现场秩序、采取疏散、隔离等措施,加强纪律管理。

第六章 大学生岗位体验实践

新一轮科技革命和产业变革深入发展,新产业、新业态、新技术都对人才提出了新的更高要求,而支撑实体经济创新发展的应用型人才也必然在我国人才体系中居于更加重要的地位。应用型人才的核心要求都体现在"用"字上,即学以致用,用于社会实践,以解决社会实践中的应用问题。随着时代的快速发展,以及数字技术、移动互联网、物联网、人工智能、区块链、大数据、云计算等技术的飞速发展,各种新事物层出不穷,颠覆和重塑着人类的生活方式,而智能办公也必将成为未来办公生活的重要发展趋势。办公技能作为职场最需要的硬技能之一,必然成为毕业生求职时用人单位的重要考查事项。本章以办公技能培养为主线,辅以职场礼仪讲授,通过办公软件与技能应用、资料收集与管理、职场礼仪与禁忌、会议组织与工作汇报四个维度,将理论知识的教学与实际操作结合起来,以实现学生理论知识与实践能力的同步提升,旨在培养具有自我创新能力、自我管理能力的多专多能应用型人才。

第一节 大学生在岗位体验实践中的职场基本技能

学生在学习办公软件的过程中,通过对理论知识的学习,培养自我管理的意识和提升实际操作能力从而增强竞争力,在自我管理的过程中体现自我价值,更好地实现高校学生的自我管理。

一、办公软件与技能应用

(一)办公软件在工作中的重要性

随着互联网以及信息技术的不断发展,为了使办公效率得到提升,各类自动化办公软件(Word、Excel、PowerPoint、WPS)应运而生,从政府部门到企业事业单位,从专业技术人员到普通百姓,无论是数据统计、会议记录,还是其他数字化办公任务,自动化办公软件都成为其重要办公工具。

微软官网的数据显示,普通人常用的 Office 水平,占据了 Office 软件功能的近5%。熟练掌握和使用办公软件是当今职场招聘人才的基本要求。巧用 Excel 可大幅提高工作效率;写 PowerPoint(PPT)就如同写文章,是表达能力的一种体现,而工作效率、表达能力是职场中判断一个人工作能力的重要依据。用 Word 做出的简历、论文、标书和工作总结,用 Excel 做出的数据报表,用 PPT 做出的年终汇报等质量的优劣,都是个人专业性、职业性的体现。

(二)办公软件的应用

1. Word 基本应用

如果说文字是语言的载体,Word 就是文字的载体。Word 作为一款功能强大的文字处理软件,在各个行业中都有广泛应用。熟练掌握 Word 意味着可以自如地进行文字排版、编辑及格式调整等操作。

(1)文字排版:在撰写报告或者编写文档时,需要对文字进行合理安排,使之美观易读。合适的字体、字号以及恰到好处的配色,让文档更具层次感和视觉效果;同时优美而清爽的排版也能赋予文档版面很高的审美价值,提升读者的阅读体验感。

(2)文字编辑:在文档编写过程中,我们可能需要对文字进行插入、删除、复制、粘贴等基本操作,进一步还需要编辑图片、图像、音频、动画等数据。熟练使用 Word 编辑功能可以让我们快速完成这些任务,提高工作效率。

(3)格式调整:格式的设置对于 Word 文档编辑尤其重要。在完成文档编辑后,我们还需对其进行格式调整,包括设置字体、页边距、行距、段落间距及字符样式等,以满足不同场合的要求。如 Word 可以生成"目录",构筑"大纲",在短时间内实现文档的编辑和修改,提升文档的质量与效果。

2. Excel 基本应用

Excel 是一款功能丰富的电子表格软件,可以用于处理大量数据和各种统计分析。Excel 可通过数据呈现出工作当中成果的分析和内在的联系。熟练掌握 Excel 意味着可以轻松地完成数据输入、函数公式应用及图表制作等任务,大学生掌握并应用 Excel 进行数据的处理,不仅可完成毕业设计中问卷的处理,还可以进行企业门店经营数据分析等。

(1)数据输入:在工作中,经常需要将大量数据输入电子表格中。通过熟练应用快捷键和批量填充功能,可以大大提高数据输入速度。

(2)函数公式应用:Excel 内置了众多实用的函数和公式,如求和、平均值、最大值、最小值等。熟练使用这些功能可快速解决各类运算问题,提高对数据的驾驭能力。

(3)图表制作:图表是图形化的数字,大众对图形信息的接受能力是高于对文字和数字的处理能力的,专业的图表更能展现制作者的专业素养。通过 Excel 图表功能,将汇总分析的数据以图形方式展示出来,能更直观地反映信息,让沟通更高效。

3. PowerPoint(PPT)基本应用

PowerPoint 是一款专业的演示文稿制作软件,广泛应用于会议、培训、教学等场合。PPT 可以让工作自动化,把工作变成一种创造。熟练掌握 PPT 意味着可以制作出精美且具有说服力的演示文稿并进行报告演示、答辩。

(1)让文字变得更加简洁。PPT 可将传统的文字转变成图表、图片及动画的形式来表达,让原本枯燥无味的会议变得充满乐趣,常用于职场汇报、产品发布会、项目演示、商务洽谈、公司宣传等,可以轻松、简单地让聆听者获取信息。

（2）让表达变得更具逻辑性。就像写作文一样，要有总的逻辑思路，才能提炼出纲领性的内容，才能很快让人明白和理解。PPT 由封面、目录、内容三部分组成，在阅读或者讲解的时候能够让他人清楚地了解其表达的目的和意图。

（3）变向锻炼了思维能力。通过合理安排页面元素，如文字、图片和图表等，可以使演示文稿更具吸引力，巧妙地通过动画、配色的组合为演示文稿锦上添花，增强观众对信息的接受度。

二、资料收集与管理

经济社会高速发展为信息化时代的到来奠定了物质基础。新时代，资料收集与管理能力已成为一项重要的学习、办公技能。我们每个人都必须具备获取信息、处理信息的能力。

教学上，新一轮教育革命已经开启，面对庞大的知识库，学生应快速有效地获取信息，并学会从中识别、区分、筛选和组合信息。因而教师应培养学生收集并整理资料的能力，而不同阶段的学生也有了相应的课程要求。如《普通高中语文课程标准》提出学生应"初步具备搜集和处理信息的能力"；《普通高中生物学课程标准（2017 年版 2020 年修订）》也对学生应当达到的能力目标做出了明确规定：能够利用多种媒体搜集生物学的信息，学会鉴别、选择、应用和分享信息。职业技术教育的根本目标是培养具有较强操作能力的技能型人才，学生的理论学习成绩不再是评价学生的唯一标准，懂技术、会操作、动手能力强，已经占据了职业学校教学目标的主体地位。因此广泛收集资料并进行合理管理存在于整个教学过程中。

工作中资料收集和管理同样显得非常重要。如办公室文书档案管理涉及的资料收集、整理工作对于行政单位工作效率以及工作质量的提升具有重要意义；高等院校档案的收集工作是我国现代档案管理工作中的重点，所收集资料的齐全、完整、规范等都影响到后期资料的利用和借鉴；高等院校教学资料工作搞得好与坏，是关系到教学、科研服务质量高低的关键。我国化学专家温元凯教授在大学时代，在遍查各种化学文献的基础上写出了有国际影响力的学术论文。可见，资料的收集、管理和建设非常重要。

（一）资料收集的意义

资料收集，就是总结、分析、解释与研究课题或论文相关的理论、思考、知识经验及前人的研究成果。收集资料并不是盲目地简单综合，或一揽子拿过来，而是要对已收集的资料进行批判性研究，取其精华。通过资料收集和整理，可以找到前人或他人研究的终点以及在终点所取得的成果，从而找到自己进行研究的起点。信息论认为收集资料的重要性体现在"有输入，才有输出"。通过资料收集和整理，可以了解到研究/课题的一些基本事实及思想，以及其他研究者的研究思路和研究方法，或者是借鉴别人的方法，或者是从别人的研究思路和研究方法中获得启示，发展、形成自己的新的研究思路和方法。

通常，在收集资料的同时，还要对资料进行分析、提炼，从中提取出对研究有用的信息和情报。当然，也可以在收集资料工作完毕之后，再对其进行分析。

（二）收集资料的种类

1. 文字资料

文字资料是以文字形式存在的,具有保存和利用价值的资料,主要包括档案资料、书报资料、网上信息和私人资料。

档案资料:档案大多是工作活动中形成的文字材料,大多数是独家拥有,包括五年计划、年度计划、年度工作总结、专项工作汇报或总结、阶段性工作汇报、专项调查报告、会议记录、有关决策文件、统计资料等。

书报资料:有关著作,报纸、杂志、电台、电视台的有关报道。

网上信息:网上有关的信息,取其可靠、合用的资料,同时注明出处。

私人资料:包括私人证件、文稿、笔记、日记、书信、未发表的诗文集、各类记录等,可补充档案资料的不足,或作佐证材料。

2. 口碑资料

口碑资料又称活资料,由人们通过口头转述的形式将历史上发生的事情流传下来,包括专项口碑记录、社会调查和民间传说。

专项口碑记录:察访当事人、知情人、历史见证人,收集和记录未曾形成文字记载的资料。

社会调查:某项专业档案资料不足,可进行专项社会调查,采访行内人士、专业人士,广泛收集意见,加以记录整理,形成专题调查报告。

民间传说:指文字不曾记载,可信而具有地方特色的歌谣、故事和传说。它往往可以提供具有传奇色彩和有价值的资料。

3. 图片资料

图片资料是历史真实见证的重要资料,能够真实地反映当地政治、经济、文化、社会、军事、自然、人物等场景和面貌,包括地图、各类事物发生变化的示意图、历史图片、现状图片、实物图片。图片资料是修志不可缺少的重要资料。

4. 音像资料

音像资料是单位或个人在各种社会活动中,通过拍照、摄录等手段形成的,具有保存价值的照片、光盘、碟片、录音带、缩微片、幻灯片、录像带、唱片、激光唱片、激光视盘等档案资料。它们是以感光材料或磁性材料等为载体,以影像和声音为主要反映方式的档案资料。随着科技的发展,一些重要的活动过程都会形成音像档案资料。

5. 实物资料

实物资料是那些以物质实体为载体,具有地方的史料价值,并能反映某一事件历史真实面貌的具有保存价值的特定的有形物品,包括实地勘测的档案资料、遗址、遗迹资料、文物、碑刻。

6.电子(网络)资料

随着网络技术的发展,网络信息成为人们重要的信息来源。在网络信息中,与地情相关的档案资料的信息数量逐步增长。目前,网络信息内涵丰富、外延广阔。

(三)资料收集原则及方法

1.资料收集原则

迅速地获得准确、完整、全面、系统、充分的情报是收集文献资料的总要求。迅速,要求收集的文献能够提供及时的情报;准确,要求收集的文献资料能够针对特定的需要;完整,要求收集的文献能够提供全面的情报,这就要求收集的文献资料具有全面性和系统性;全面,并非无所不包,而是要反映有关学科或有关课题的全貌,有助于揭示问题的本质;系统,就是要求收集的文献能反映有关内容来龙去脉的发展历程;充分,要求收集的文献资料具有多样性和较高的累积性。通过以下原则,可以达到收集文献资料的总要求。

(1)逆时性原则:也称回溯性原则,即在收集文献资料时,首先核查最近的8～10种参考资料。这是因为,这些资料是最新的,反映了该研究问题的当前思想动态;最新的参考资料中会有最新的参考文献目录,便于研究者从中了解从事相同或相似课题的其他成果。逆着时光"隧道"收集文献资料有助于我们全面把握该研究进程。

(2)全面性原则:查阅文献资料怎样才算是"足够"呢?文献数量的多少取决于查阅文献的目的。换言之,就是收集到的资料要能反映所研究问题的全貌,揭示其本质。

(3)选择性原则:从浩如烟海的资料中剔除无用的资料,挑选出有价值的资料。选择性与全面性并不是对立的,选择性是就文献资料的价值而言的,而全面性着重强调资料的内容是否能充分反映所研究问题的实质。

(4)直接性原则:收集的文献资料最好是原始文献。因为二、三级文献不能像一级文献那样提供研究者研究的全貌,它通常是针对特定需要加工而成的。

2.资料收集方法

(1)文献检索法。利用检索系统/工具搜索是获取文献信息的途径之一,通过在图书、期刊、档案、学术论文、国家文献系统等资料中进行搜索及挖掘,常用的检索网站有万方、知网、维普、SCI等。该方法检索途径多,资源更新快,适合检索复杂课题。

(2)问卷调查法。问卷调查是挖掘和收集事实的一种方式,分为纸质问卷调查和网络问卷调查。由于纸质问卷调查投入人力多,调查时间较长,分析与结果统计效率低,成本较高,随着信息技术的发展,网络问卷调查中的二维码问卷调查、小程序问卷调查应用更为普遍,目前国内部分网站可提供问卷设计、发放及结果分析服务,如问卷星、问卷网等。网络问卷调查突破了传统问卷调查中时间、环境、地域的限制,调查范围广,调查时间短,效率高。

(3)实地调研法。当文献搜索收集的二手资料无法满足研究目的时,就需要通过实地走访、调研、观察来取得第一手研究资料。通过实地调查取得的资料真实性高、深入性强、灵活性大。

在实际操作中,我们还可以按下面的方法进行资料收集。

(1)先普查后细查。先根据所收集资料的形式和来源,做好普查工作,编出资料目录,再依照资料目录做深入细致的查找、收集。为了能充分掌握资料,在收集时建议博采,在博采资料的同时,应注意精收。根据所研究的方向及课题,拟订其资料的征集计划。拟订时,应将其主要的主题资料、背景资料和考证资料的已知来源、线索、负责收集人、工作进度等一一明确。

(2)先内后外。先查阅本单位、本系统收藏的档案资料,后去外单位、外系统、档案馆、图书馆查阅,应避免盲目地去外单位收集资料。

(3)先文字后实物。先查文字资料,若文字记载不全,或有疑问,再进行实地考察。通过实地调查或专题调查,增加一些有价值的"活"的资料。

(4)先古后今,由远及近。当代历史资料极其丰富,知情者多,可以置后收集。

(5)先易后难。对于个别收集难度较大的资料,可以延缓进行,先收集那些省时省力、易查易找的资料,然后再集中力量解决难度较大的资料收集问题。

(6)先直接后间接。无论是文献资料,还是口述资料,都要先收集原始资料,即没有经过加工的资料。在确实无直接资料的情况下,再收集间接资料。

(四)资料收集的流程

资料收集的流程一般如图6-1所示。

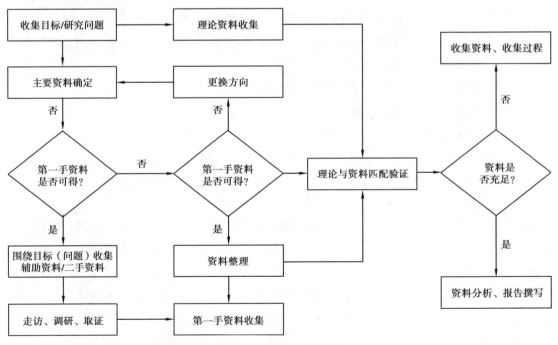

图6-1　资料收集的流程

在收集资料时,同样值得重视的是对资料的考证。大量的资料收集后,必须对其加以严格地鉴别与考证,力求准确无误。这个工作和收集资料是同步进行的,在收集的同时就要进行考证、鉴别,在考证、鉴别时又不断收集、补充。应认真做好资料考证工作,保证使用资料的准确性,做到不伪、不偏、不漏。

(五)资料的整理

1.资料整理的重要意义

资料的整理,是根据调查/研究目的,应用科学方法,对取得的各种原始资料进行审查、检验和分类汇总,使之系统化和条理化,从而集中、简明地反映调查/研究对象总体情况的工作过程。

(1)资料的整理是调查研究中十分重要的环节。通过问卷调查等方式收集来的资料,是零散的、不系统的,只能表明各被调查情况和反映事物的表面现象,不能反映调查对象的全貌及研究问题之间的内在联系。而且用此方式收集的资料难免出现虚假、参差不齐、回收率低等现象,只有经过加工整理,才能使资料条理化、简明化,确保资料的正确性和可靠性。

(2)有效的资料整理,可以大大提高调查资料的质量和使用价值。资料的整理过程是一个去粗取精、去伪存真、由此及彼、由表及里、综合提高的过程。它能有效提高信息资料的浓缩度、清晰度和准确性,从而大大提高资料的使用价值。

(3)资料的整理也是保存资料的客观要求。如实地调查得到的原始信息资料,不仅是当时被访者做出决策的客观依据,而且对今后研究同类问题具有重要参考价值。

2.资料整理的环节

资料的整理是从调查收集阶段到研究阶段必不可少的环节,资料整理的环节有分类、筛选、分析。

(1)资料分类。不同渠道、不同方法收集而来的资料应按来源、性质、主题进行分类汇总,将性质相同、同等条件上的资料归集在一起,也可根据收集时间、收集目的来归集,对资料进行分类分组,建立资料档案、资料卡片,便于查找的同时可做进一步的定性分析。

(2)资料筛选。将已分好层次、类别的资料进行筛选、考证,验证所收集资料与所研究问题的适用程度,同时进行补充、删减,以保证所收集资料的准确性及真实性。同时可将文字资料转化为数据形式,后期可对资料内容进行定量分析。

(3)资料分析。常用的资料分析方法有比较分析法、文献分析法。比较分析法是通过对研究资料的相似或相异程度进行分析考察,探索其规律性;文献分析法是通过收集、鉴别和整理对引用的文献进行文献综述。

三、会议组织与工作汇报

会议组织与工作汇报是新时代工作人员应该具备的一项最基本的工作能力,体现了一个人的思想方法和工作方法。

会议是一种常见的工作形式和手段,具有部署工作、树立典型、统一思想、鼓舞斗志等作用。因此,会议的组织历来受到高度重视。会议中,有时一些小细节被忽略,往往会给会议带来难以估量的影响。

工作汇报是各级机关和单位经常使用的一种应用文体,高质量的工作汇报不仅能体现汇报人的思想水平和工作能力,而且能赢得他人对汇报人工作的认可和支持。

(一)会议组织流程

1. 会前准备

(1)拟定会议议程:会议时间、地点、议题和参会人员范围。

(2)准备会议材料:领导讲话稿和主持人主持词的撰写。

(3)确定会议主持人:将会议议程和主持词提前送达。

(4)安排会议场所。

(5)下发会议通知:电话通知或书面通知应包含会议时间、会议地点、参会人员、会议议程、注意事项等。

2. 会场布置

(1)正式会议一般设立主席台,安排参会人员的座席并准备好领导的座位牌,在会议开始前排好座席及座位牌。

(2)对于安排好座席的会场,应将会议资料袋在会议前摆放在座席上。

(3)需要使用多媒体设备的,要在会议前安排调试投影设施、调音台、麦克风等器材。

(4)根据需要安排照相、摄像。

(5)准备会议签到表。

3. 会议进行

(1)做好会议记录,对参会人员的发言进行记录。特别是讨论性质的会议,记录内容会后须留存。

(2)注意维护会场秩序。

(3)督促搞好会议服务工作。

4. 会议记录整理

会议结束后,要及时整理好会议中的文字记录和图片、视频记录。

(1)整理好会议中的文字记录和图片、视频记录,进行备案。

(2)完成会议总结材料,材料内容应包括会议议程各项内容、主要人员发言材料、会议讨论内容和总结性结论。

(3)整理完成会议总结材料后报领导审批。

(4)得到领导审批之后将会议总结资料归档保存。

(二)会议准备注意事项

(1)在具备条件的前提下将参会人员的资料按人次准备好,注意区分参会人员的角色,如分成会议主持、参会领导、参会普通人员,资料按照人员角色分别准备。

（2）会议资料较多时，需要按照会议议程将会议资料按次序排放，最好装订成册，编好页码，方便参会人员阅读。

（3）正式的书面会议通知应包含简要的会议议程说明、参会人员、会议时间、会议地点等。

（4）书面会议通知应通过正式途径发送给参会人员，如有必要可另行电话通知参会人员。

（5）会议前的告知事项，如会议通知应提醒参会人员准备好相关的资料。

（6）注意安排好专职的会议记录员，对参会人员的发言进行记录，特别是讨论性质的会议，记录内容会后留底。

（7）会议期间的纪律和要求，如参会人员就座后提醒全部参会人员关闭手机或调成静音。

（8）会议时间较长时，可适当安排中途休息时间。

（三）工作汇报

1. 工作汇报中的常见问题

（1）主题不明确。汇报主题不明确，杂乱无章，没有汇报的主线和层次，叙事时，不得要领，不知所云，使听者无法清晰地了解汇报人所阐述的内容主题。

（2）重点不突出。汇报没抓住重点，汇报内容与主题无关或关系不大，在汇报中泛泛而谈，无法将重点讲清楚，造成汇报混乱。

（3）内容空泛。汇报内容偏离本职工作，或与部门工作、岗位工作无关，夸夸其谈，假话、大话、空话连篇。

（4）无具体建议和方案。未对工作做出本质的分析和总结，工作汇报浮于表面，缺乏有力的数据支撑和说服力。汇报中仅提出问题，没有提供问题的解决方案或者建设性意见。

2. 工作汇报技巧

（1）汇报前要准备充分。在正式汇报之前，要进行分类归纳，整理出汇报材料的要点并列出提纲，厘清汇报的思路及逻辑。

（2）汇报情况要掌握准确。掌握汇报情况是汇报工作的前提和基础，对全面或重要工作的汇报，要集体研究；对涉及其他部门分管的工作要事先沟通；把握不准的内容要广泛征求意见，把汇报情况掌握准确；不要越级汇报。

（3）汇报重点要突出。根据汇报要求结合工作实际，把汇报的重点把握准，用"第一，第二，第三……"来分类，用明确的语言表述清楚，避免冗长的汇报，同时见机调整。对汇报对象比较关注的问题做重点汇报。

（4）汇报形式要多样化。汇报时可以根据实际情况，采取多种形式相结合。如采用文字、图表讲解、多媒体与实地参观相结合等形式，增强汇报效果。

3.汇报原则

(1)精心准备。要写出汇报提纲或详细的书面报告,必要时可对报告内容做模拟练习,从时间控制,报告语言、逻辑框架等方面做好充分准备。

(2)实事求是。真实性是汇报的基本准则。汇报内容中的数据、信息、成果等应真实、准确、可靠,尊重客观事实,辩证地看待"报喜"与"报忧"。

(3)明确重点。汇报内容紧扣"主题",抓住汇报的目的及重点。以及下一步的重点工作计划。

(4)换位思考,在汇报困难时,要善于转换角色,站在全局的角度提出所要解决的困难和问题,既要符合内部需要,又要考虑现实可能性。

(5)及时汇报。工作到达里程碑节点、遇到困难、出现失误,出现意外等情况要及时汇报,以便管理层及时掌握进度,做出相应决策。

4.汇报方法

(1)日常工作汇报。KPT 法则:Keep,当前在做的工作以及在开展的项目描述;Problem,遇到的问题;Try,接下来的解决方案或新的尝试。通过这三个角度,反思工作流程和项目的现状与目标是否相背离,其核心目的就是起到反馈作用,让下次更好,即分析最近一次尝试(Try)过的结果。找出需要持续保持(Keep)的事项,然后列出需要改善的问题(Problem)和解决方案(Try)。KPT 法则的目标是把每个人在工作中感受到的发现转变为团队的发现,这个过程中的关注重点是工作过程和方法,而不是只看数字上的结果,从而提高生产效率,改进日常生产流程的管理。

(2)正式决策汇报。正式决策汇报包含四要素:事实、观点、建议、预测。汇报内容要尊重客观事实,重点事项要有细节汇报,并对所汇报的事实进行分析。得出结论:提出的建议要具体、明确,同时提出预测可能产生的结果和出现问题的应对方式。

四、职场礼仪与禁忌

职场礼仪是指人们在职场中应当遵守的礼仪规范。良好的礼仪能树立专业的职场形象,也是个人综合素质和修养的体现。在复杂的人际关系中,通过职场礼仪保持冷静,按照礼仪规范约束自己,建立良好的人际关系,从而促进职场和谐,提升自己的工作能力。

(一)握手礼仪

1.握手的顺序

男女之间。男士等女士先伸手。女士不伸手,则无握手之意,男士改用点头或鞠躬致意以示礼貌。宾主之间,主人应向客人先伸手,以示欢迎;长幼之间,年幼者要等年长者先伸手,以示尊重;上下级之间,下级要等上级先伸手,以示尊重。握手通常要用右手,保持一秒到三秒合适,握手的时候目视对方。微笑致意或是问好。

2. 握手禁忌

忌不摘手套捏手,忌交叉握手,忌左手握手,忌握手时面无表情或心不在焉,忌戴着墨镜、帽子握手,忌握手时用力过猛。

(二)交谈礼仪

在各种交际活动中,谈吐的礼仪礼节是最基础的。下面就简单介绍一下谈吐中需注意的问题:语言表达简洁明了。语速和语调适中,保持良好的姿势和眼神交流;注意礼貌用语,称呼要多用尊称、敬称,少用爱称、昵称、别称,尽量不要直呼其名。

交谈时避免使用冒犯性语言,不要涉及对方个人隐私、轻视或嘲笑别人的短板及弱点,交谈内容要使对方感到愉悦并感兴趣,要格调高雅、欢快轻松。发问要适时,切忌自吹自擂,交谈过程中身体适当前倾,耐心倾听并适时回应,不要轻易打断别人谈话。

1. 交谈原则

尊重对方,理解对方;态度诚恳,语言得体;待人平和,及时肯定;举止大方,语气柔和。

2. 交谈礼仪的交际用语(表6-1)

表6-1　谈吐礼仪的交际用语

场景	用语	场景	用语
初次见面	幸会	看望别人	拜访
好久不见	久违	等候别人	恭候
与人分别	告辞	麻烦别人	打扰
请人帮忙	烦请	托人办事	拜托
请人勿送	留步	他人指点	赐教
请人指教	请教	赞人见解	高见
请人解答	请问	求人原谅	包涵
求给方便	借光	老人年龄	高寿
对方来信	惠书	归还原物	奉还

3. 交谈中应注意的问题

(1)忌经常向人诉苦,包括个人经济、健康、工作情况,但对别人的问题不予关心,不感兴趣;

(2)忌唠唠叨叨,只谈论鸡毛蒜皮小事,或不断重复一些肤浅的话题;

(3)忌态度过分严肃,不苟言笑;

(4)忌言语单调,喜怒不形于色,情绪呆滞;

(5)忌缺乏投入感,悄然独立;

(6)忌反应过度,语气浮夸粗俗;

(7)忌以自我为中心;

(8)忌过分热衷于取得别人好感。

(三)介绍礼仪

介绍就基本方式而言,可分为自我介绍、介绍他人、被人介绍、集体介绍等。在作介绍的过程中,介绍者与被介绍者的态度都要热情、举止庄重大方。

1. 自我介绍

一边伸手握手,一边作自我介绍,主动打招呼,得到回应后再报出自己的姓名、身份、单位及其他有关情况,语气诚恳,仪态大方。

2. 介绍他人

"五先五后",即先幼后长,先男后女,先亲后疏,先上级后下级,先主后宾。介绍前,先了解双方有无结识意愿;介绍时,应简洁清楚,简要地介绍双方的职业、籍贯等情况,必要时可说明被介绍方与自己的关系,便于不相识的两个人相互交谈。

3. 被人介绍

被人介绍时,要正面对着对方,显示出想结识的诚意,若在会谈、会议等场合,不必起身,只略微欠身或点头致意。介绍完毕后,双方握手示意,微笑寒暄,如你好、请多指教、幸会、久仰等。

男士被介绍给女士时,男士应主动点头并稍稍欠身,等候女士的反应。按一般规矩,男士不用先伸手,如果女士伸出手来,男士便应立即伸手、轻轻点头就合乎礼貌了。

4. 集体介绍

双方都是集体,都是单位,讲究先把地位低的一方介绍给地位高的一方,再把地位高的一方介绍给另一方。

一方是集体,另一方是个人,就应遵循先把个人介绍给集体,不管个人地位多高、集体地位多低都要遵循这个规则。

(四)着装礼仪

服饰礼仪是人们在交往过程中为了相互表示尊重与友好,达到交往和谐而体现在服饰上的一种行为规范。服饰可展示个体内心对美的追求、体现自我的审美感受,可以提升一个人的气质,其最高境界是达到内在美与外在美的和谐统一。在社交活动中,人们可以通过服饰来判断一个人的身份地位和涵养。人际交往中,首先要掌握服饰打扮的礼仪规范和原则,用和谐、得体的穿着来展示自己的才华和美学修养,以获得更高的社交地位。

1. TOP 原则

着装要规范得体,就要牢记并严守 TOP 原则。TOP 原则是目前国际上公认的有关服饰礼仪的基本原则。T、O、P 分别是英语中 time、object、place 三个单词的首字母。T 代表时间,泛指早晚、季节、时代等;O 代表目的、目标、对象;P 代表地方、场所、位置、职位。TOP 原则指穿着打扮应当与当时的时间、所在的公共场合和地点相适应。在正式场所,男士主要着西装,女士则以裙装为主。

（1）着装要注意得体与整体美。服饰只有美而得体,才是符合礼仪要求的。各式时装鞋、休闲鞋不能与正式礼服相配。穿西服时一定要配颜色适宜的皮鞋,忌戴帽子。西服的衣裤兜内,忌塞得鼓鼓囊囊。

（2）参加社交活动,进入室内场所时,均应摘帽,脱掉大衣、风衣或雨衣等。男子在室内任何时候都不要戴帽子和手套,更不要戴墨镜。在室外遇有隆重仪式或迎送等礼节性场合,也不应佩戴墨镜。有眼病需戴有色眼镜时,最好应向客人或主人说明并表示歉意,或在握手、交谈时将眼镜摘下,离别时再戴上。

（3）正式场合不要穿短裤、超短裤、紧身裤、背心等,内衣背心、衬裙、袜口等不能露在外衣外面。宴会联欢时女士应穿裙子。女士穿旗袍时,开衩不可太高。公共场合只穿内衣是非常失礼的。而睡衣只适宜在卧室穿着。在家里或宾馆内接待来宾和客人时,不能光脚,更不能只穿内衣、睡衣、短裤。

2. 不同场合的穿着

（1）工作场合,穿着上要尽可能朴素、大方、整洁,注意与特定场合的气氛融和,整体上和谐,避免着奇装异服。正式场合,应正装出席,有职业着装要求的,应着职业装。

（2）喜庆场合,通常指的是各式晚会、舞会、节庆集会及婚礼活动等。在这种场合,可选择色彩明快、款式新颖的服装与气氛相协调。男士可着西装、夹克等,女士可穿长裙、连衣裙、旗袍等服装。

（3）庄重场合,指商务谈判、大型会议、出访迎宾以及其他各种隆重严肃的庆典活动等。无论是否有着装要求,穿着都应注重端庄和规范。男士可穿同色同质的中山装、西装,穿西装要系领带;女士可穿西装套裙、连衣裙、旗袍。

（4）悲伤场合,主要指的是探视危重病人、参加葬礼之类的活动。在这些场合要注重着装的色彩要求,应穿深色或素色的服装、鞋子,一般不化妆和佩戴装饰品。

（5）公共场合,指街市商店、车站码头、公园剧院等公众活动的场所。穿着以大方、方便、舒适为原则,男士注意不要身着背心、脚穿拖鞋上街,女士也不宜穿着过于暴露的衣裙。

3. 着装禁忌

（1）不整洁,不整,指不扣好衣服纽扣,或是不系好腰带、鞋带,或是内衣长于外衣,或是外套反着穿,或是帽子歪着戴,或是袖子和裤脚高高卷起,或是忘了拉上裤子拉链等。不洁,即衣领不洁、袖口不洁、胸前不洁、裤脚不洁、鞋子不洁等。

（2）不搭配,即不协调,衣着与环境、气氛不协调。不分场合,胡乱穿衣。如穿着睡衣睡裤逛大街,打着赤膊招摇过市,穿着花哨华丽的衣服走进庄严的会议室,穿着短裤背心参加高雅的音乐会等。

（3）不舒适,衣着不适合国情和民族的审美情趣,让人产生不舒服的感觉。如女性衣着过分暴露,学生衣着过分奢华、过分时髦,奇装异服等。

第二节　大学生在岗位体验实践中的综合能力需求

大学生要实现自我管理,必须掌握学习、思考和表达三项关键技能。在信息爆炸的现代社会,具备良好的应用写作能力和表达能力已经成为职场成功的重要因素。因此,大学生应该注重加强这些方面的学习和实践,不断提高自己的综合素质,以适应未来的职业发展和社会需求。

应用写作是一种基于特定目的的写作活动,重点在于针对特定情景和任务采取适当的行文方式。与学术、文学、研讨等类型的写作方式相比,应用写作具有显著的差异性。学术写作通常需要严谨的结构、准确的数据和深入的分析;文学写作则更注重情感表达和现实反映,是一种艺术创作。相比之下,应用写作是为实现特定目标而形成的文种,具有很强的实用性。应用文是我们经常用到的一种文体,如报告、简历、求职信、邀请函、策划书等。

表达能力是指能够将自己的意图准确无误地传达给别人的能力,主要包括口头、语言、动作、图表等多种方式。随着经济社会的发展,良好的表达能力已成为大学生求职必备的素质之一,它不仅关系到个人的职业发展,还关系到个人在社会生活中的成功和幸福。

因此,为了更好地适应未来的职业发展和社会需求,大学生应该注重培养自己的应用写作能力和表达能力,并不断提高自己的综合素质。只有不断提升这些技能,大学生才能更好地传达自己的想法、展示自己的能力,并在未来的职业生涯中获得成功。

一、应用写作概述

应用写作是为了解决社会生产和生活中的实际问题而进行的写作活动,应用写作能力对一个人的重要性不言而喻,它直接关系到一个人的工作效率和职业发展。

1.应用写作的沿革

随着文字的产生,写作活动应运而生。人类最早的写作是从解决各种实际需求出发的,即应用写作是为了处理各项公务或个人日常事务。与应用写作相对应的文体被称为应用文,应用文是人们在社会生活中为处理日常公私事务而使用的文章的统称。在人类社会历史进程中,应用文是最早出现的一种文体,应用文的使用非常广泛,几乎涉及各个领域、各个部门、各个阶段和每个人,如学术论文、公文、请假条等。应用文是生产、生活中使用频率最高的一种文体。

我国的应用文历史悠久,已有几千年的历史。自从殷墟甲骨文作为我国最早的文字产生以来,应用文就伴随着人类文明的进步而不断发展。在殷墟甲骨文中,我们可以找到关于奴隶社会世系、气候、征伐等公务活动的痕迹,这可以说是严格意义上的应用文。

春秋战国时期,应用文文种增多,使用范围扩大。当时的应用文主要有书、檄文、盟书、辞令四类,这些应用文的出现为后世的文学创作和公文写作奠定了基础。

秦汉时期,公文文体分类和格式已基本形成。在这一时期,出现了许多应用文的代表作品,如《谏逐客书》《论积贮疏》《与杨祖德书》《出师表》《陈情表》《与山巨源绝交书》等。这些作品为应用文的发展与进步做出了重要贡献。

隋唐宋时期,应用文日趋完备,应用写作处于"政事之先务"的主导地位。这一时期,应用文的发展达到了巅峰,对公务文书的格式形成了一系列的规章制度,如一文一事制度、公文用纸制度、公文拟制与誊写制度、公文贴黄和编号制度等,这些制度促进了公务文书的规范化,至今仍有着重要的影响。

元明清时期,应用文的发展渐趋稳定。这一时期,对隋唐以后的新文体的研究,对应用文的理论研究有了新的发现和贡献;同时,对公文和档案的分工更加明确。

随着社会的不断发展,古代应用文尊君抑臣、文风古板、格式陈腐、语言晦涩等弊端日益显露,封建应用文已经到了衰亡阶段。近现代以来,随着资产阶级革命和社会主义革命的进行,应用文也发生了深刻的变革:文种由多到少、由繁到简,文辞日趋浅显易懂。

中华人民共和国成立后,应用文从逐渐衰亡走向新生,其发展的势头逐渐迅猛,受到了党中央的高度重视。1951年,中央人民政府政务院颁布了《公文处理暂行办法》,把国家机关的公文定为7类12种;1981年,国务院办公厅发布的《国家行政机关公文处理暂行办法》正式规定了现行公文的种类、名称和格式……随着现代经济和科学技术的发展,应用文写作的手段也在更新,使用计算机进行现代应用文写作,已成为主要方式。

中国应用文的发展历程让我们看到了它的重要地位,这项"经国之大业,不朽之盛事"的技能,是人类智慧的结晶。文以载道,一篇优秀的文章可能会像投石入湖般激起千层涟漪,引发众声回响,从而激励和凝聚人心,引导人们共同营造一个清正的社会环境。同时,应用文作为信息传递的载体,作为管理国家、处理政务、传达信息、组织策划、推广成果、发展科学,以及在社会、思想交流中使用的重要工具,已经成为信息时代不可或缺的重要传播手段和工具。①

学习应用写作,也是提高我们职业与人文素质的重要内容,就如同作家叶圣陶先生所言:"大学毕业生不一定要能写小说、诗歌,但一定要能写工作和生活中实用的文章,而且非写得既通顺又扎实不可。"②对于大学生来说,能否写出思想正确、观点鲜明、文理通顺、结构完整、语言流畅并有一定文采的应用文,是我们必备的一项基本技能,也是现代化社会生活所提出的重要任务。应用文能够帮助大学生明确自己的思想,疏通逻辑观点,提升语言表达的能力,是锻炼大学生综合素养的一种有效手段,是大学生在学校期间应该重点掌握和学习的一种技能,对于日后能够快速地适应现代化社会大有裨益。

---

① 赵新战.对高职高专应用写作教学与专业结合的思考[J].教育与职业,2006(32):142-143.
② 叶圣陶.作文要道:同《写作》杂志编辑人员的谈话[J].中学语文,1981(6):31.

2.应用文的含义及特点

所谓应用文,是指人们为满足实际工作和生活需要而撰写的各种文章,如书信、通知、报告、计划、广告、说明书等,具有实用性、针对性、时效性、规范性、简洁性和条理性特点。

(1)实用性。应用文是为了解决实际问题或处理实际事务而撰写的,具有明确的目的性和实用性。应用文的撰写应以满足读者的需求和解决问题为目标,提供具体的指导和建议,以帮助读者更好地理解问题和采取行动。

(2)针对性。应用文是根据工作和生活的实际需要,针对特定的读者和场景进行撰写的,其内容和格式应符合读者的期望和需求,根据读者的特点进行个性化的定制和设计。

(3)时效性。应用文的撰写应符合当前的实际情况和背景,并具有一定的时效性。其内容应及时更新和调整,以适应当前的工作和生活需要,避免使用过时的信息。

(4)规范性。应用文的撰写应符合相关的法律、法规和政策,包括语言、内容和格式等都应遵循一定的规范和标准。避免使用不规范的语言。

(5)简洁性。应用文应尽量使用简单、通俗的语言和表达方式,避免冗长和复杂的表述,易于读者理解和阅读。

(6)条理性。应用文的撰写应遵循一定的顺序和结构,并根据实际情况进行合理的组织和安排,以保证文章条理清晰和逻辑性强,以便读者能够快速、准确地理解和掌握内容。

二、应用写作的立意和材料

应用文写作需遵循规范,但并不意味着其内容枯燥乏味。相反,写作立意的创意性和格式的规范性体现了写作内容和形式的统一性。内容指的是作者行文中体现其思想的各种要素的总和,而形式是将这些要素统一起来的内部组织结构和外在形态。形式呈现出多样性,其变换是为了更好地将内容统一起来。任何脱离形式的内容和没有内容的形式都是不存在的。

应用写作的两个基本要素是立意和材料,它们在应用写作中必须和谐统一。立意表达作者的观点,是应用文写作的精髓,起着决定性的主导作用;材料则作为支撑观点的重要部分,能够体现观点的逻辑思维,突出观点的鲜明性和真实有效性。这两个要素是学习应用文写作的关键,同时也体现了应用文写作的水平。

(一)应用写作的立意

1.应用写作立意的含义

"意",就是意旨、宗旨,指文章表达的中心思想或主题、主旨。古人认为,在落笔之前必须先确定文章的主旨,即"未落笔时,先需立意",并且"文以意为主"。应用文章和其他文章一样,主旨是其灵魂。主旨的表达必须依靠相应的手段,但首先应明确的是,主旨在文章的整个写作过程中起着决定性的作用。好的立意应该简明,用一两句话就能表达出作者的观点,并进一步用材料进行扩充与证明。在应用文写作中,主旨的确定十分重要。因为受到格式的限制,作者不能够像散文、小说等文体一样使用过多的修辞手法。同时应用文篇幅有限,若读者能够通过简洁的语言感受到主旨的精练表达,从而达到"言简意赅"的效果,便能实现应用文的写作目的。

2. 应用写作的立意过程

应用写作的立意过程就是作者基于生活实践的需要,经过理性的思考确立文章主旨,并将观点注入实际应用文体的过程。这个过程是一个复杂的思维过程,由"生活、作者和文章"三个环节组成。应用写作的立意的复杂性体现在立意的客观性、写作者的主观性、观念的时代性、事物发展的科学性等方面。

人们常说"灵感"一词,绘画需要灵感,作曲需要灵感,写作也需要灵感。应用文写作的立意过程好比灵感发酵的过程,写作是为了解决社会实践的需要,那么立意就相当于寻找解决问题的背后的逻辑和策略。为了规划好写作的立意过程,首先需要认真观察,获得灵感;其次需要足够的知识储备,运行灵感;最后将灵感呈现于大家可见的形式上,如严肃的红头文件、精美的信笺纸或者随时可编辑的电脑文档。可见,应用写作的立意包含事实的有效性和思维方式的复杂性。在应用写作立意过程中思维的复杂性主要体现在以下几个方面。

（1）立意的客观性:作者需要基于生活实践的需要进行立意,确保文章的主旨符合实际情况,具有客观性。

（2）写作者的主观性:作者在立意过程中会将自己的主观思想、情感和经验等注入文章,使得文章具有主观性和独特性。

（3）观念的时代性:随着时代的发展,观念也在不断变化,作者需要在立意过程中把握当下时代的观念,使得文章具有时代性。

（4）事物发展的科学性:作者需要在立意过程中遵循事物发展的规律和科学原则,确保文章的观点和见解具有科学性和可信度。

总之,应用写作的立意是一个复杂的思维过程,需要作者具备观察力、知识储备和灵感表达能力,同时还需要把握立意的客观性、写作者的主观性、观念的时代性和事物发展的科学性等方面,使得文章具有说服力和可读性。

3. 应用写作立意的要求和表达

应用写作立意的要求是正确、鲜明、集中。立意要正确,即观点、主旨要符合马克思主义的基本原则,符合党的四项基本原则,符合党和国家的重大路线、方针、政策,符合客观实际情况,符合事物本身和社会发展的规律;立意要鲜明,即作者的主张要明确、态度要明朗,泾渭分明;立意要集中,即主旨的提出和确立要单一,观点的表达要聚焦到事物的核心,要抓住事物的主要矛盾和矛盾的主要方面。写作立意的要求只是写作过程中的一个外在约束力,要使得立意能够做到正确、鲜明、集中,还需要在立意的表达上下些功夫。根据对立意内涵和要求的理解,掌握立意表达的技巧,我们需要遵循一些基本原则。

（1）确保文章的主题专一。这意味着我们应该围绕一个主题或主旨展开叙述,避免一文多主题。这样可以确保文章的主题或主旨清晰明确,避免混乱。一旦确定了主题,全文就应该为此主题服务,内容的输出应该围绕这个主题或主旨所呈现的关键词来进行论述。

(2)突出重点。好的应用文应该在表达上体现出重要语句的概括性,同时将表达重要观点的语句放在文章的"心脏"位置,使读者或审阅者能够迅速领悟。这样可以更有效地传达信息,达到表达交流的目的。

(3)体现核心。这里的核心指的是文章的中心思想,即突出作者观点的语句。在我们刚开始学习文章时,教师就强调了归纳全文中心思想的重要性。因此,在写作应用文时,我们应该注意体现核心观点,明确主题,这也是学习写作应用文的基本要点。

(二)应用写作的材料

1. 应用写作材料的含义

材料是作者为体现写作主旨,从现实生活和文献资料中收集到的一切有意义、有价值的能够反映某种社会现象、事实或真理的文字性资料。

材料一般可分为两类:一类是事实材料,指现实生活中客观存在的事物,如典型事例、基本情况、统计数字、报刊图片等;另一类是理论材料,指原理、观点、定理、定律、格言,以及党的方针、政策和国家的法律、法规等。理论材料重点解释事物的属性、发展以及变化形式,具有一定的引导性与权威性。

2. 应用写作材料的收集

(1)材料的选取来源于生活实践,故想要获得优质的材料,作者应该深入生活,仔细观察,用心体会。写作中涉及的人物、事件,以及时间、地点等都需具有一定的真实性,要细致地了解和调查事态发展的整个过程,发现其中的亮点之处,再以总结性的文字进行概括描述,而不能总是凭感觉去写作。

(2)相同材料呈现的差异在于作者对材料的应用,除了直接获取的材料外,还需要从各个途径获取已有的相关资料,用于对直接材料进行辅助与分析。综上所述,应用文材料的选取要具有价值性和真实性,收集的方法主要有观察法、体验法、调查研究法以及文献查阅法等。

3. 应用写作材料的选用

应用写作的重点在于突出观点,但观点的表明依赖材料的支撑,对于收集好的材料,做好分类规整后,确定最终在应用文中使用的材料应该遵循以下原则。

(1)有典型性。选取精美且具典型意义的材料,在反映事物本质的基础上,能够总结出普遍性规律,具有一定的说服力和支撑力。

(2)有真实性。材料选取的基本原则在于真实,使用材料是为了更好地表明作者对此事的观点并非凭空捏造,能够有理有据地支撑作者表达的观点,且材料经得住大众的推敲和时间的考验,否则材料的价值会失去意义。

(3)有新颖性。要不断更新自身的知识容量,随着经济和互联网的发展,选取的材料多使用新名词、新概念,在保证内容完整性的基础上,这样的应用文会充分激发人的猎奇心理,引起读者的极大兴趣。

但要注意一点,这种"新"并不是一味地追求潮流,否则就有哗众取宠的态势,而是在新发生的事件或新出台的政策上下功夫,发现材料的新价值。①

材料的选择要体现以上三点,再做好内容的充实性和结构的完整性,就能够清晰地表达出作者的思想观念。在准备好了有价值、有意义的材料之后,接下来就是对整个文章进行布局。

(1)结构上必须重点突出、层次清楚。所谓布局就是材料的安排问题,通过已被筛选的材料,按照立意加以调整,使之所放之处前后连通,恰到好处,从而组合成一个完整和谐的整体。应用文也有详略得当、重点突出、中心明确的要求。写作中,最能体现中心思想的材料要作为重点来写,篇幅也应相对长一些;那些起辅助作用的材料可写得简略一些,所占的篇幅也短一些,这样可在整体布局上做到协调统一。

(2)选择合适的表达方式。表达方式的不同往往决定着应用文写作的高度,好的表达方式更能在优质的材料上起到锦上添花的作用。一般在撰写应用文时,都是以叙述说明为主,其中,应用文的记叙以时间线为主,讲究事情发展的顺序性,多采用平铺直叙,再加上应用文要求的简明性,故而减少了过多细节的具体描述。此外,应用文的议论要求论点正确而鲜明,论据确凿而充实。而具体表达方式的处理要视文章体裁而定,有的侧重叙述,有的突出议论,有的强调说明。

三、表达能力与沟通技巧

表达能力与沟通技巧的重要性无法被低估。它们不仅是人际关系、职场成功和个人发展的关键因素,也是我们日常生活中不可或缺的一部分。有效的沟通和良好的表达方式是构建和谐人际交往的重要途径,不仅是一种职业需求,更是一种生存方式和本能反应。正如教育家卡特·罗吉思所言,如果我能够知道他表达了什么,如果我能知道他表达的动机是什么,如果我能知道他表达了以后的感受如何,那么我就敢信心十足地果敢断言,我已经充分了解了他,并能够有足够的力量影响并改变他。

有效沟通和良好表达对大学生的生活和学习至关重要。在学习中,与同学、老师进行有效的沟通可以促进相互理解,建立互助学习关系,提高学习效率。在生活中,与室友、家人保持沟通可以减少误解和冲突,保持良好的人际关系。在职场中,良好的表达能力和沟通技巧对个体成功至关重要,它们有助于个体获得更多的机会和成就、建立良好的工作关系、充分展示个人的自信与专业素养。同时,良好的表达能力和沟通技巧也是解决问题和管理冲突的关键,当个体能够清晰地表达问题、倾听他人观点、寻求共识和解决方案时,能够减少误解

---

① 冯云超.应用文写作训练中如何组织和选取材料[J].文理导航(上旬),2012(6):53-54.

和误会,让问题得以迅速解决,并避免冲突升级。

除此之外,良好的自我表达能力和沟通技巧还有助于个人发展和自我管理,使个体能够清晰地表达自己的需求、感受和目标,帮助他人更好地理解自己,并寻求个人成长和自我完善的机会,建立自信、塑造个人形象并实现个人目标。通过不断提升和发展这些能力,大学生可以更好地适应校园生活,实现自己的学习目标和个人发展目标。

(一)表达能力

1. 表达能力的概念

表达能力是指一个人能够清晰、准确地表达自己的观点、想法、感受和需求的能力。它涉及使用适当的语言和词汇,组织和展示信息,以及有效地传达自己的意图和情感。表达能力不限于口头表达,还可以通过书面形式、艺术创作、肢体语言等方式进行。表达能力不仅涉及将思想转化为语言,还需考虑他人的需求,以便能够更好地与他人进行沟通和交流。

现代社会的快速发展,需要大学生主动出击,通过自我表达,展现出自己优秀的一面,从而受到社会的认可。

2. 表达能力的重要性

拥有出色的表达能力,不仅会提升办事的效率,更能够使人与人之间的相处变得舒适。良好的表达能力在一定程度上可以决定一个人的发展潜力。它是一把能打开人与人之间沟通的大门钥匙,通过沟通与表达,主客体之间产生思想碰撞,获得心理共鸣。

出色的表达能力并不是与生俱来的,它需要个体在日常生活中通过理论的引导,不断地实践练习,不断地反思与总结,日积月累地逐步提升。

(1)让别人更了解自己。良好的表达能力使人们能够有效地表达自己的观点、需求和感受,同时使人们能够真实地展现自己的思想和情感。

语言是一门艺术,精确表达能让人准确获取信息,妙语连珠会让人感到轻松愉快。良好的表达能力使人们能够有效地表达自己的观点、需求和情感,易与他人产生共鸣;反之,如果一个人的表达能力差,逻辑不清晰,缺乏条理性,那么很可能使他人感到“厌烦”而不愿继续倾听下去,进而导致交流不畅。

(2)获取更多的机会。面对激烈的竞争压力时,大学生一方面要用专业知识充实自己,另一方面要培养自己巧妙的说话艺术,才可以更好地展现自己的优势,占据竞争的有利地位。大学生可通过灵活地使用语言,吸引观众的注意力,赢得更多的学习与工作机会。

(3)架起沟通的桥梁。沟通能体现语言的存在价值,艺术性的表达能力可以很轻松地架起人与人之间沟通的桥梁。《邹忌讽齐王纳谏》中,邹忌巧妙灵活运用语言合理地向齐王提出建议的方式值得我们学习。在日常生活和工作中,灵活地使用语言进行合理表达能搭建起人与人之间沟通的桥梁。

3. 如何提升表达能力

(1)锻炼胆量。表达的第一步就是要敢于说出来,需要克服内心的自卑和胆怯,跨越语言表达的心理障碍,不要怯场,不要畏首畏尾,应当尽可能多地创造发言和与他人交流的机会,不断锻炼自己的胆量。在讲话之前,有准备、有计划、有条理;讲话时自信大方,沉着冷静。都说"台上一分钟,台下十年功",表达能力的培养需要经常练习,才能熟能生巧。

（2）阅读和写作。阅读和写作一方面可以增加语言素材,提升自身的气质涵养;另一方面可以提高自己的语言能力,增加词汇储备,增强语言文字功底,从而更好地表达想法和观点。

（3）练习口语。与别人交流、演讲、作报告,有助于提升口头表达能力,能更清晰地表达出自己的思想。

（4）认真听取别人的意见和建议,发现自己的不足,扬长避短,进一步提升自己的表达能力。

（5）拓展知识领域。博采众长,学习新知识、接触新领域,不仅可以增加我们的见识和知识面,还可以提升我们的思维和思考方式,从而有助于更好地表达自己。

（6）反思自己的表达方式。客观清醒地认识自己,善于反思和总结,明确自身的表达弱点,有针对性地进行改进和提高。多反思,善总结,补不足,常进步。

（7）学习表达技巧。意思相近的语言采用不同的表达方式会给人带来不同的感受。表达技巧的学习方式多种多样,可以在相关书籍中汲取语言表达的方式、方法和技巧,也可以在与人交往中学习别人的说话艺术。

总之,良好的表达能力可以让大学生更好地与他人沟通,更好地获得他人的信任和支持,提高个体的社交能力和职业竞争力。为了培养良好的表达能力,大学生需要不断学习、经常锻炼和勤于反思。

（二）有效沟通

1. 有效沟通的概念

无论是在工作中,还是在日常生活中,与人沟通都必不可少。但何谓沟通,如何评价一场沟通的效果,怎样的沟通才算是有效呢,我们又该如何展开一场有效的沟通呢?

许慎在《说文解字》中对沟通有这样一段描述:"沟,水渎,广四尺,深四尺","通,达也"。其赋予沟通狭义的表述为"开沟使两水相互连通"。沟通更为广义的含义为两个或多个对象对某个或者某类事件、信息和意见建议的交流。简言之,沟通就是信息交流,指将某一信息如事件、意见、看法等以简洁明了的方式传达给沟通对象,使其接收到传达的内容。

我们在生活中经常遇到费时费力地与对方沟通交流,却达不到自己想要的效果的情况,这种现象被称为无效沟通。那又何谓有效沟通呢?有效沟通是指成功地把某一信息传递给沟通对象,并能够使沟通对象做出预期中回应的整个过程。

德国当代最重要的哲学家、社会理论家尤尔根·哈贝马斯曾提出过沟通有效性理论,认为沟通的最终结果是沟通双方要达成共识,必须有理想沟通情境和沟通有效性两个前提。其中,沟通有效性必须满足四个条件:一是通俗易懂性。一场有效的沟通必须建立在互相理解的基础上,即选择通俗易懂的语言和更容易让人接受的表达技巧,促进沟通双方的互相理解。二是真实性。沟通需要提供一个真实的陈述意向。三是真诚性。真诚是促使沟通双方敞开心扉、坦诚相待、保证沟通效果的基石。四是正确性。正确的话语、合理的表达往往使听者更易接受。

一场有效的沟通通常具备以下四个特性。

(1)对象特定性:特定的传递方和接受方。

(2)互动回应性:参与沟通双方需进行互动、相互给予回应。

(3)理解一致性:沟通双方对所交流内容的理解是一致的。

(4)结果公认性:有效沟通的结果是得到一个沟通双方都认可,并具有可操作性的结果。

值得注意的是,前两个特性是所有沟通活动都普遍存在的,广泛存在于一切沟通中,而只有同时满足以上四个特性,才能称为有效沟通。

2. 沟通的要素及过程

沟通过程有五个基本要素,分别是沟通的主体、客体、介体、环境、渠道。这 5 个沟通过程的基本要素功能和角色各不相同,其中沟通主体对其余四个基本要素具有选择和决定作用,在沟通过程中往往处于支配地位。

(1)沟通主体是指通过与沟通客体进行有目的的交流,从而对客体产生影响的一类人或者一个集体,如党组织、家庭成员、社会某一特定组织的集体等。

(2)沟通客体是指沟通对象,沟通对象有个体沟通对象和集体沟通对象。其中,集体沟通对象又包含正式群体和非正式群体两大类。

(3)沟通介体承载着沟通的内容与方法。它作为沟通主体与客体之间的媒介,维系沟通主体与客体间的联系,保证沟通过程的正常开展。

(4)沟通环境主要是指在进行沟通这一行为时所处的空间。根据空间的大小可分为社会整体环境和区域环境。社会整体环境影响着沟通主客体,如沟通者所处的环境的政治制度、道德标准、价值体系等;区域环境则相对较为狭小,主要是指个人所处的群落环境,如学校、单位、家庭等。

(5)沟通渠道的重要作用在于主体的表达途径。一方面,沟通渠道可以将主体表达的正确的思想价值观完整地传递给客体;另一方面,沟通渠道具有快速收集信息的能力,在进行沟通的过程中,迅速地反馈给沟通客体,全面提升了沟通的效率。沟通渠道具有多样性,包括座谈、邮件、海报、手势等。

3. 有效沟通的原则

人人都希望在沟通的过程中,达到预想的效果,不妨记住以下 11 条有效沟通的原则。

(1)给予沟通优先地位。重视沟通的人们会为沟通投入专门的时间。具体做法包括单独相处、关掉手机和网络以隔绝外界干扰。留出充分的时间和精力能够让参与沟通的人交换更多的信息,增加对彼此的了解。

（2）建立并保持眼神接触。在信息传播中，有声部分仅占38%的比例，词语占7%的比例，而由眼睛接收的信息占55%。看着对方的时候，能够传递出"我正在关注你们"的信息，也能够及时获取对方的非言语线索，包括眼神、面部表情、手势、身体姿势等。非言语沟通同样是不可或缺的部分。

（3）询问开放式问题。如果想了解对方对于某个问题的感受和想法，可以使用开放式问题，即"你怎么看待……""你对我有什么感觉"，以此鼓励对方表达更为丰富和开放的想法，而不必使用"你是不是……"的是否问题。

（4）使用回应性倾听。有效沟通需要良好的倾听，而回应性倾听是一个必要的技巧。这包括概括或重述对方所说的话，并注意对方的感受。"所以你对这件事的想法是……""你好像对我说的话感到不安，对吗？"这些表达能让对方体会到"我的叙述正在被认真倾听"，也给了对方一个机会，让其重新陈述那些没有被准确理解的感受。

（5）使用"我"作主语。以"我"开头说话而不是用"你"，这能让说话的内容集中于说话者的感受和思想，而不是将重点放在对对方的指责和批评上，后者更容易导致沟通过程中加重消极情绪。

（6）避免负面表达而谈论积极的一面。通过积极陈述来沟通彼此的想法，例如赞美和感谢，谨慎使用批评和反对。同时，把重点放在想要什么而非不想要什么。比如"请给我拿那个"，而不是说"我不要这个"。

（7）集中在核心问题本身。把话题集中在双方共同关心的核心事件上，而不是提起其他的无关事情。例如，如果有人提出与旅行无关的话题，我们可以委婉地提醒对方，说："我们正在讨论我们的旅行计划，能否回到正题上来？"这样可以帮助双方更好地聚焦于核心问题，并提高讨论的效率。

（8）制定解决措施。沟通是为了把事情做得更好，而非重复问题。为了避免讨论的问题再次发生，可以和对方一起决定："这件事如果再次发生了我们怎么应对比较好？"

（9）保持言语信息与非言语信息的一致性。一致信息是指言语和非言语行为相配合的行为。如果说着"好的，你是对的"，同时笑着拥抱对方，就是一致信息；如果说着"好的，你是对的"，同时摔门而去，所传达的是完全不同的信息，这会大大影响沟通的有效性。

（10）分享权力。人际关系中不满意的重要来源之一，就是权力的不平衡和权力方面的冲突。如果一个人越能感知到自己有权力，那么他/她在与对方谈话时就越容易成为主导者。所以有意愿分享权力是有效沟通中非常关键的一步。

（11）保持沟通持续进行。可能有一些话题是较难沟通的，容易令沟通过程中断。为了保证沟通持续进行，沟通的参与者可以将信息的分享放在核心地位，相互鼓励以保持这个过程的活力。

4. 有效沟通的技巧与策略

（1）察言观色，学会倾听。要注意观察他人的言行举止，正确判断他人的意图。人的表情和无意识的肢体语言能在一定程度上传递自己内心的喜怒哀乐,表明不同的心态和情绪。笑代表友善和愉悦,严肃代表有看法或意见。根据不同的情绪表达形式,对他人的脾气秉性进行简单的认知,再通过深入的交流沟通,获取与自己的共性和差异,以此对他人进行全面的认知。但值得注意的是,在沟通时,要保持注意力集中,在礼仪上,这是对他人的尊重;实际上更是为接下来进一步的沟通做铺垫,以提高沟通的效率。此外,还应适时做出恰当的回应,如点头、微笑、赞美,促进相互理解,并与对方产生共鸣。

(2)互相尊重,懂得赞美。在人际交往中,尊重与赞美是不可或缺的两大要素。首先,我们必须充分尊重他人,处处维护他人的尊严,设身处地地为他人着想。其次,适当的赞美也是必要的,它能给予他人肯定,提升他们的自信心,同时也能增进彼此的关系。学会正确地表达尊重与赞美可以帮助人们构建和谐的人际关系。

(3)选择合适的时机。良好高效的语言沟通需要有较为合适的时间安排。在沟通对象情绪稳定的时候,谈一些沉重棘手的问题,对方能够接受的程度会更大;相反,在沟通对象面临高压或者存在焦虑的情绪时,谈及复杂的问题,很容易引起冲突和矛盾,此时,就应该挑选一些愉快的话题来谈,既有助于舒缓对方的情绪,也能快速增进双方的感情。根据交谈对象不同的情绪选择不同的谈论话题,不仅是实现有效沟通的一种重要途径,也能让对方感受到自己被尊重。

(4)实事求是。在批评对方时,不能用"你从来什么家务也不做""你总是在这种简单问题上栽跟头"等夸张、歪曲、绝对的话语。对方可能会争辩"我不是从来""我不是总是",不仅对被指责之事矢口否认,而且可能指责另一方不讲道理,并在到底做过多少的"次数"上纠结以致转移了争辩的主要问题。

(5)学会换位思考,将心比心。有效沟通需要学会换位思考,对他人的情绪感同身受。站在对方角度和位置上看问题,将心比心,正确地理解对方的内心想法及内心世界,设身处地为对方分忧,并把这种理解传达给对方。

(6)不要把自己的想法强加给对方。"己所不欲,勿施于人",每个人都有每个人的想法,在沟通的过程中,既要"求同"也要"存异",在争取达成共识的过程中也需要尊重个性。有效沟通需要心平气和、头脑清醒地进行,而不是胡乱、武断地去臆测对方的心思并妄下结论。

(7)做好情绪管理。做好情绪管理是有效沟通的一个重要因素。高情商可以帮助说话者提高他们的沟通技巧,特别是在有效沟通的能力方面。此外,同理心、同情心和接受不同文化风俗、不同的沟通方式和表达情绪方式的能力也是情绪管理的重要组成部分。

四、报告与演讲

大学生学会撰写报告与演讲的重要性在于它们与应用写作和表达能力有密切联系,并且对大学生的未来职业和人生发展具有重要意义。

首先,学会撰写报告能够提高大学生的应用写作能力。撰写报告需要掌握一定的写作技巧,比如清晰的结构、恰当的语言表达和严谨的逻辑性。通过不断地练习和积累,大学生可以提高自己的写作技巧和表达能力,使自己的文章更加专业、规范。

其次,学会演讲能够提高大学生的表达能力。演讲是一种口头表达方式,需要大学生具备流畅的语言表达、清晰的思路和生动的演讲技巧。通过不断地练习和训练,大学生可以提高自己的演讲能力和表达能力,使自己更能够说服他人、感染听众,并有效地传达信息。

此外,学会报告与演讲还能够提高大学生的职业竞争力。在求职和职业发展过程中,大学生需要提交求职信、撰写项目报告、进行口头汇报和谈判等,这些都是基于报告和演讲技能的运用。具备优秀的报告和演讲能力,可以让大学生更加自信、流利、有条理地表达自己的观点和想法,从而在激烈的求职和职业竞争中脱颖而出。

学会撰写报告与演讲能够提高大学生的应用写作和表达能力,同时报告作为一种正式的文体,对于大学生来说也具有广泛的使用范围和实际意义。通过不断地练习和积累,大学生可以提升自己的职业竞争力,为未来的职业生涯做好准备。

(一)报告

报告是一种比较正式的应用文,使用范围广泛。报告的对象一般为上级领导,主要用于向上级汇报相关工作,反映在工作中遇到的困难和建议,答复上级机关提出的问题等。报告中的内容有着明确的目的性,应按照上级部署或工作计划进行分项汇报,每完成一项任务,一般都要向上级写报告,属于典型的上行文。报告写作的要点是要阐明工作中的基本情况、取得的经验、存在的问题以及今后的工作规划等。报告表达的形式有邮件传递以及现场汇报,一般根据所处的环境进行相应的选择,而报告最终的意义在于得到上级领导部门的指导。

1. 报告的类型

按照报告范围分类,报告可划分为两种:一是专题报告,二是综合报告。根据应用文写作的需要,报告需选择合适的行文类型。

专题报告的形式较为单一,针对发生的某个问题进行详细的说明,其中不掺杂额外的信息,以达到一事一报的行文特点和保证信息传递的迅速及时。如需说明后续的情况,则应再起一个专题,做一个单一的专题汇报。综合报告的形式恰好与专题报告相反,综合报告在于阐明情况的多样性和全面性,重在一文多事的行文特点。在向上级汇报本单位、本部门一个时期内的情况时,应分点列举,在报告中全面表现各个方面的综合情况。

为了更好地理解报告的使用场合,报告可根据文种的归属进行广义上的分类:一部分归属法定公文,主要包括《党政机关公文处理工作条例》《军队机关公文处理工作条例》所规定的报告这个文种;另一部分归属非法定公文部分,这部分的报告也称事务公文,包括调查报告、工作报告、情况报告、答复报告、报送报告、述职报告、审计报告、咨询报告、立案报告、评估报告等。① 其中常用的是调查报告与工作报告。

调查报告往往需要花费更多的精力去撰写,在开始撰写报告之前,需要进行实地调研收集可用信息,再将调查经过、情况、认识和结论用文字表达出来,用于反映事物的发展规律,并提出相应措施和建议,最终以一份完整的事务性报告文书呈递给直属上级。其中,报告的内容指向某项工作、某件事、某个问题深入细致的调查研究。②

工作报告是向上级机关或重要会议汇报工作情况的报告,主要用于说明工作进程、反映工作中存在的问题、总结工作中的经验教训。根据时间的限制,工作报告可分为月份报告、季度报告以及年份报告。为达到实际工作的要求,在作工作报告的时候需要采取以下技巧。

(1)态度要"诚"。态度决定一切。工作报告的性质与其他的报告不同,工作报告写作的频率较高,内容需要严谨,故而在作报告的时候不能总是想着应付领导,把作报告看成没有办法的事情。实际上,工作报告不仅是一份规范性任务,更是对自己劳动成果的尊重,是对自己负责的表现。只有在不断总结中,反思自己的不足,才能不断提高自己的水平和能力。

(2)报告概要要"明"。工作报告的内容需要简明扼要地表达清楚事情的要点。故而,列出主旨鲜明的概要很重要,对整个报告起到画龙点睛、提纲挈领的作用。由于作报告的对象是大领导,他们的时间有限,内容繁复且冗杂赘述会使得领导很难静下心来仔细阅读整篇工作报告。因此,概要能否非常明确地概括整个总结报告的核心内容就显得非常关键。在仔细检查报告内容时,需要明确:报告提交的对象;站在作报告对象的角度,把控报告的重点内容;概要内容分级逐条列出,并做出简要的说明。

(3)概括成绩要"实"。写工作报告的目的在于总结自己在一段时间内所做出的成绩,需要对自己取得的成绩做到高度完整的概括,要秉持实事求是的态度,不能夸大,所有的成绩都要经得起推敲。切忌为了表现自己,将日常分内工作夸大,或是贪功将别人的成绩据为己有,这是最基本的职业素质。只有实事求是地总结自己的成绩才能赢得领导、同事的尊重。只要做出了实在的成绩,大家就都能看得到,不需要长篇累牍。

2.报告的写作特点

掌握报告的写作特点,有助于更规范地呈现报告内容。报告的写作特点主要包括以下几点。

(1)内容的汇报性。报告,主要在于呈现汇报的过程。一切报告都是下级向上级机关或业务主管部门汇报工作,让上级机关掌握基本情况并及时对自己的工作进行指导,所以,汇报性是"报告"的一个重要特点。

(2)语言的陈述性。因为报告具有汇报性,是向上级讲述做了什么工作,或工作是怎样

---

① 杨梅,杨柏林.浅谈报告的适用范围和写作要求[J].应用写作,2005(11):13-15.
② 鞠文博.调查报告的写作技巧[J].秘书之友,2010(10):28-30.

做的,有什么情况、经验、体会,存在什么问题,今后有什么打算,对领导有什么意见、建议,所以报告的内容就决定了行文上大多是采用叙述方法,即陈述其事。在简明扼要地表达问题的同时,提高了工作效率。

（3）行文的单向性。法定报告一般是下级机关向上级机关行文,为上级机关进行宏观领导提供依据,一般不需要受文机关的批复,属于单向行文。

（4）成文的事后性。多数报告都是在事情做完或发生后,向上级机关做出汇报,是事后或事中行文。

（5）双向沟通性。报告虽不需要批复,却是下级机关以此取得上级机关的支持指导的桥梁;同时上级机关也能通过报告获得信息,了解下情,因此报告成为上级机关决策指导和协调工作的依据。

3. 作报告前的准备

为了呈现更好的现场效果,在作报告前需要做些准备工作,以保证作报告的顺利进行。最重要的是了解报告成员的组成,根据不同的人群做好报告内容的准备。如果是向领导作报告,着装应当整齐,报告内容应当严谨与准确;如果是培训专题报告,就要注意作报告时语言的通俗性和亲和性。针对报告的对象与可接受程度等基本情况对报告进行提前准备。

4. 作报告的技巧

报告是领导活动的一项重要内容,除在作报告前做好充足的准备外,还需要认真揣摩与掌握必要的技巧。作报告的技巧主要表现在以下几个方面。

首先,要重视角色意识。在作报告前,定位本人所处的角色以及观众中的角色组成,了解报告现场组成人员的基本情况,包括观众的年龄、学历、职务、职业及对报告内容的理解程度等,根据实际的情况对报告内容进行详略得当的调整。

其次,要讲好开场白。精彩的开头是作报告成功的一半。应用巧妙的开头,再加上充实的内容、简明的总结,那么这份报告就会非常完美。而好的开场白应做到两点:一是创造良好的气氛。可以采用情感代入的方式,寻找与大部分观众的共性,进而再开始阐述问题,让观众对报告者的角色认同,感受到大家都是自己人,进而拉近与观众的距离。例如,某位领导在作教师工作的指导报告中,一开始就说道:"各位同事大家好,我也是毕业于师范院校,当过几年的教师。"此时观众都会被他接下来的话所吸引,找到身份的认同感,提升他的报告内容的信服力。二是激发观众的兴趣。可以用幽默的故事开头,也可以用提问的方式吸引观众的注意力,除此之外,最常用的方式就是讲述与此次报告相关的亲身经历,发挥以"人"为中心的理念,而不是只讲一些空洞的理论内容。

再次,报告的主题要突出。根据专题报告的写作特点,遵循一文一事、一场报告只能有一个主题的原则,如果主题太多,重点不突出,容易混淆观众对事物本身的看法,出现蜻蜓点水、不深透的结果。因此,报告者必须紧紧围绕一个主题,把问题讲清楚讲深透,从而使报告重点突出,给观众留下深刻的印象。同时,作报告的人还应具有较高的政治理论水平和品德修养,这体现在作报告时所用言语的准确性上。当然,语言的精准并不是要表现出高大上的内容,而是需要用准确的语言讲出通俗易懂的话,让观众听得清晰明白才是报告的宗旨。要想表达准确,报告者就要对所表达的事物熟悉了解,做到概念准确、判断恰当、用词贴切。报告语言要通俗、丰富,是指除了少数较严肃的报告外,多数报告语言要力求口语化,选择一些观众喜闻乐道的词汇,既生动又活泼,让观众爱听、听得明白舒畅。

最后,展现报告的幽默风趣。除部分法定公文的报告外,事务性报告也可以使用幽默语言。在报告中选择恰当的事例,以幽默风趣的语言呈现,不仅有利于观众的理解,增强语言的感染力,而且能够极大地加强观众对报告内容的印象,冲淡报告者与观众之间的潜在隔阂。高雅的幽默,能够快速地掌控作报告的节奏,使观众通过笑声在不知不觉中接受你的观点。[①]

(二)演讲

演讲是一种面向公众进行的正式讲话,是演与讲的配合。演讲者在一个特定的时空环境中,以有声语言为主,辅以身体语言,就某一事件、某一问题向听众宣传思想、表明主张、表达观点、交流感情、提出倡议等,进而说服和鼓舞公众,得到他们的拥护和支持。[②] 演讲稿正是为此而写的书面文稿。现代社会各行各业都离不开演讲,而一篇富有感染力的演讲稿对演讲更起着举足轻重的作用。演讲者在演讲时可自由发挥的力度较大,可以单向思维、单独表达,但这并不意味着可以不讲规则、随意表述。[③]

1.演讲前的准备

我们常说,不打无准备的仗,机会是留给有准备的人的。对于演讲来说,为了确保演讲的成功,充分的准备是必不可少的。演讲属于现实活动范畴,演讲者可能会面临各种突发状况,比如设备故障、观众提问等。如果不做好充分的准备,即使有自由发挥的空间,也可能出现逻辑混乱等现象,导致演讲失败。因此,演讲前的准备工作就显得极为重要。只有做好了充分的准备,演讲者才能更加自信地面对观众,确保演讲的逻辑性和连贯性,从而取得成功。

(1)演讲稿的准备。写演讲稿也是应用写作中的一个重要类型。首先,演讲必须有一个清晰明确的主题,原则上与专题报告一致,一个演讲一个主题。其次,演讲稿不一定要落笔成文,但出色的演讲少不了事先认真地撰写提纲。一份主题突出、观点鲜明、层次清晰的提纲,是演讲必不可少的骨架。

提纲是为了帮助演讲者更加清晰地梳理演讲的内容。一场成功的演讲往往是演讲者在提纲的基础上根据现场的情况和自己的思路进行恰当的发挥,从而打动观众。如果条件允许,演讲者应进行必要的预先演练,提高语言的流畅度,提前发现问题并得到有效的解决。

---

① 练玉华.作报告的技巧[J].领导科学,1991(11):40.
② 张茹.职场中演讲礼仪的原则与技巧[J].企业导报,2014(9):177-178.
③ 马丽.浅析演讲的修辞原则与技巧[J].文学教育(下),2016(11):86.

（2）反复练习，注重形象。背演讲稿也许是一种必要的准备方式，通过不断地机械重复，加深对演讲内容的记忆和理解，虽说没有什么技巧可言，但至少能够保证演讲的顺利进行，而不至于出现"卡壳"的情况。演讲者是用整个身体在进行表演，反复练习的目标除了有声内容的流畅性，还包括面部表情、手势动作、身体姿态乃至一切可以理解的态势语言的完美配合。此外，演讲者一定要精心修饰仪表，细心选择服饰。服饰应以整洁、朴素、大方为原则。男士的服装一般以西装、青年装为宜。女士的穿戴不宜奇异、耀眼，过于艳丽的服饰容易分散观众的注意力。①

（3）日常积累。林肯曾说，"我相信，我若是无话可说时，就是经验再多、年龄再老，也不能免于难为情的"。这句话意义深刻，一场精彩的演讲必定经过无数次的打磨和充分的准备，即便是即兴演讲，也离不开平时的积累。大多数杰出的演讲者，在平时都具有多看、多想、多问、多记的好习惯，这是积累素材的必要环节。只要胸有千般竹，随处都能画出竹子的模样。因此，即使是即兴发挥的演讲，也能运筹帷幄，发挥出最佳的状态。

2. 演讲者遵循的原则

演讲虽然是一种随性的表达方式，但作为社会活动中的重要组成部分，演讲者必须展现谦恭、自信和真诚的态度。只有遵循这些原则，演讲者才能确保演讲具有影响力和有效性，从而达到预期的沟通效果。

（1）谦恭。尊重是礼仪的核心，也是马斯洛需求层次理论中的高级需求。任何人都不喜欢自大和颐指气使的人。在演讲中，听众不仅关注演讲的内容，还非常重视演讲者对他们的态度。因此，尊重听众对于演讲的成功至关重要。无论面对什么样的听众，演讲者都应该以尊重为前提，适时地向每位听众表达好感、敬意和尊重。如开场时的问候、致辞中的答谢、交流中的敬语、临别时的赠言等，这些细节均能体现对他人的尊重和自己谦恭的态度。

（2）自信。优秀的演讲者除了语言艺术的精湛表现，还需要展现出姿态的感染力和对舞台的自信。这需要演讲者能够自如地掌握面部表情，经常面带微笑，并勇于与每一位听众进行短暂的目光交流。在竞争性的演讲中，演讲者需要给自己积极的心理暗示，坚信自己能够大放光彩，并且不要因为谦恭而自卑或底气不足。

（3）真诚。演讲者通过语气、语调、声音等方面的变化，以真挚的情感表达内心的想法，这种行为不仅能够产生强烈的感染力，引发听众共鸣，而且能够营造良好的演讲氛围。这种情感表达方式是优秀的演讲者常用的手段，能够让听众感受到演讲者的真实心声和意愿，从而产生更深刻的印象和体验。

3. 演讲者语言的艺术

演讲是一种单向的言语表达活动，即使包含互动环节，其最终目标也是将演讲者的个人观点单向传达给听众。因此，为了让听众易于接受并且行动起来，演讲者需要使用通俗易

---

① 周莹.论演讲的语言表达技巧［J］.今古文创,2020(31):53-54.

懂、生动形象、富有感染力的语言,以吸引、激励、鼓舞和感召听众。只有这样,演讲才能实现其目的,让听众真正接受并行动起来。

首先,语言的通俗易懂至关重要。因为演讲材料是通过口头表达的,为了便于听众理解,演讲语言必须有中心语句、简洁明了。例如,爱因斯坦用通俗易懂的比喻来解释相对论的本质,对比在寒冷环境中等待女儿回家与在舒适环境中和女儿相处的同样 10 分钟,前者显得很漫长,后者则瞬间飞逝。虽然演讲内容涉及深奥的科学道理,但没有使用晦涩难懂的学术术语,因此听众易于接受。

除了通俗易懂,演讲语言还要活泼、形象、生动。为了增加演讲的趣味性、感染力,吸引观众的兴趣和方便听众理解,演讲者可以使用一些修辞手法来丰富演讲的内容,如比喻、排比、引用、对比等。但要注意避免低俗浅薄的语言,保持规范化的口头语言和大众化的质朴语言。如恩格斯的《在马克思墓前的讲话》,把马克思的"逝世"改成"睡着了",这样不仅形象地写出马克思逝世时从容安详的神态,还饱含了作者内心无限悲痛的感情。亚里士多德曾把演讲术称作"修辞术",可见修辞对于演讲的重要性。

4. 演讲的技巧

怎样才能吸引听众的注意力,做一场成功的演讲呢? 关键还需要在以下这些地方下功夫。

(1)标题。演讲稿在本质上属于议论文的范畴,但它在说理的同时,总是以某种精神鼓舞人,以真切的感情打动人。演讲稿、书信、倡议书等以前称为应用文体,现在高考称其为实用类文体。实用类文体的写作没有规定的固定模式,而标题往往是决定文稿写作成败最关键的部分。标题是文章的"眼睛",一个好的演讲稿标题能够从一开始就牢牢抓住听众的注意力和好奇心。标题必须点明主题,不能为了追求标新立异而设置空洞且与正文内容完全不符的标题,这样会让听众感觉演讲者在故弄玄虚,给听众留下不好的印象。

(2)善用修辞。演讲以讲为主,以演为辅,更加注重的是"说出来"。在表达的过程中,演讲者如果能用口语化的语言阐述较为深奥的理论与观点,不仅能够吸引观众的注意力,还能拉近与观众的距离,达到获得支持者的目的。在口语化的表达中,演讲者也可以应用排比、比喻的形式穿插一些巧妙的设问,在应用这些技巧时,要注意不能过度使用修辞手法以免让句子显得矫揉造作。多使用过渡句或者过渡段,可以让整个演讲更加流畅和连贯,常见的过渡段主要有以下几种形式:承上,总结前面文段论点的内容;启下,简明引出后一段的观点;承上启下,既有上段的总结,又有下段的观点。过渡段落应注重简明扼要地表明上下段的关系。

(3)字斟句酌。中国人对文字有着独特的审美,对于这种在群众集会上或会议上发表的演讲稿,必定是精心打磨、反复修改后才会呈现的。这一点集中表现在古代诗词中文字的使用上,例如,王安石在《泊船瓜洲》中写道"春风又绿江南岸",起初他发现该句中的"绿"字不妥,后一改再改,先后使用了"到""过""入""满"等字,最后为了照应下文的"明月何时照我还"又用回了"绿",这才有了我们现在的千古名句。演讲在遣词造句中也需要苦下功夫,用词的准确性和恰合性不仅能够让听众感受舒适,而且能体现演讲者的专业水平。

(4)节奏把控。演讲中声音的应用要有高有低、有详有略、有缓有急。欲要打动别人,必先打动自己。演讲中,演讲者要根据内容、情节和逻辑的发展变化,用中气、底气、丹田之气,进行音高、语速、语气的变化,适当应用停顿等控制节奏以突出重点。

(5)引经据典。演讲中,演讲者适当引用一两句名人名言或者一两个小典故,甚至是自创的用于自励自警的句子,能够让听众加深印象、增强对演讲者观点的记忆。

(6)照顾听众。演讲的对象始终是听众,听众的感受是对演讲者最好的评价。演讲者在演讲的时候一定要分清主次,不能只顾着做自己的舞台主角。有部分演讲者在演讲时激情澎湃,自我代入感太强,而忽略了听众的感受,进而毁掉了整个演讲。

(7)学习他人,重复他人。人类的进步都是站在前人的肩膀上取得的,故而有"活到老,学到老"的谚语。人生不设限,而人的认知能力总是有限的,力所不及的地方总是存在的,所以我们不断地学习新知、学习他人、重复他人。但是我们要聪明地重复、有所创造地重复,即在前人的理解上加入自己的思考,转化为自己的新知识。这就要求我们多读书,多积累;重视每次的演讲,精心准备;尽可能地利用机会反复演练、反复登台当众演说,这样我们就能够掌握演讲这门艺术。

案例分析

A 校毕业生就业意向调查报告

高校毕业生就业一直受到国家、各地方教育部门以及高校的高度重视,为此,国家出台了一系列保障高校毕业生就业创业的政策。2023 年春季,又迎来了高校毕业生的择业黄金期,为广泛推动稳就业政策进校园,着力提升毕业生就业工作取得实效,A 校在 2023 年 3—7 月陆续开展的校企合作的大型双选会现场对广大毕业生的就业意向进行了调研。

一、调研目的

高校毕业生就业是关系民生、社会稳定的重要因素,也是检验高校人才培养、全面推动学校教育教学高质量发展的一个重要评价指标。此次调研的目的是通过高校调查,了解 A 校毕业生对自己在校表现的总结、职业生涯的规划、就业创业政策的解读以及对于校企合作模式的满意程度和建议,进而通过信息的收集、整合、分析和归纳,为 A 校开展的毕业生就业工作提供一定的指导。通过分析毕业生的评价和择业意向,重点关注较多毕业生选择的就业意向,对人才培养方案进行改进和优化,保障高校毕业生的"不断链式"就业。

二、调研工作的方法和对象

本次调研我们主要采用如下方法。

（1）实地调查法：在 A 校火热进行的大型双选会现场进行调查，事先通过资料了解各大企业的用人需求，统计接收简历的数目和毕业生的投递类别；现场观察毕业生聚集、询问较多的企业；分析毕业生就业意向强烈的职业类型。

（2）访谈法：针对 A 校历年来的就业环境、各个专业的设置与发展、毕业生就业意向的类别，分别从各专业中随机挑选毕业生进行专题访谈，重点了解就业政策的落实以及就业意向的依据。

（3）问卷调查法：向全校毕业生发放《××学院就业意向调查问卷》。

此次发放调查问卷 1330 份，共收回调查问卷 1330 份，有效率为 100%。回收问卷中愿意就业的有 865 份，其中，选择台资企业的有 178 份，选择民营企业的有 510 份，选择合资企业的有 92 份，其他有 85 份；想要继续学习深造的有 103 份；选择考公考编的有 317份；无明确就业意向的有 45 份。

三、调研的内容

A 校的毕业生就业意向调查结果统计表明，65% 的毕业生选择在毕业之后进入企业工作；想要服务基层，进入国家政府机构的毕业生约占到 24%；只有约 3% 的学生对自己的就业无明显规划。

四、建议与意见

基于以上调查分析，在今后的工作中，A 校建议着重加强以下三个方面的工作，以开拓市场化、社会化的就业渠道，全面普及高校毕业生的就业政策，进而强化毕业生就业意向，提高人才资源的利用率。

（一）扩充就业容量，做好就业工作

大力激发企业吸纳就业活力。鼓励企业更多地走进校园，积极地吸纳大学生就业。根据不同学院的就业形势，在毕业学年初期提前组织开展就业冲刺计划，对全校毕业生的留筑就业、高品质就业、困难群体毕业生就业及毕业去向落实率等方面进行数据调查，同时根据上级最新下发的就业文件，对新学年的就业工作做好详细安排部署。要求相关单位要充分认清当前严峻的就业形势，夯实就业工作责任，多出实招并采取行之有效的工作办法，全员促就业。积极贯彻落实学校《毕业生就业创业质量提升行动方案》，及时地制定毕业生就业工作举措，"稳就业""保就业"，确保 A 校毕业生就业局势稳定。同时，二级学院作为就业工作主体，要加大"访企拓岗促就业行动"力度，千方百计扩大就业市场、拓展就业岗位；加大全员帮扶毕业生就业力度，尤其是困难群体毕业生，要做到"一生一策"，精准帮扶；要深入研究就业政策，用好用足就业政策和资源，全方位开辟就业通道，引导毕业生改变就业择业观念积极就业。另外，还要坚定目标，内挖潜力、外拓资源，做实做细毕业生就业指导，广泛拓展就业岗位，全力以赴做好 A 校毕业生的就业工作。

（二）加强政策宣传，做细服务保障

高校毕业生享有相应的创业就业补贴。分析 A 校所在地区的就业政策可知，创业每带动 1 个人就业，就能享有创业孵化项目补贴，故而应积极地引导学生创业带动就业。落实困难群体补贴，及时发放一次性求职创业补贴，同时，建设就业帮扶平台，设立残疾学生专项就业补贴。在毕业季来临之际，应加强就业指导服务，健全职业生涯教育体系，完善就业指导课程体系，推进职业生涯咨询（职业指导）工作室建设；做好就业政策的宣传解读，充分发挥毕业生的专业特长，积极引导毕业生到城乡社区就业。

调查结果显示，有 24% 的毕业生愿意去往基层服务。国家对基层服务的高校大学生，制定了一些特殊的政策。例如：乡镇机关事业单位在编在岗工作人员享受岗位补贴；在艰苦边远地区范围的县（市、区）机关事业单位工作的高校毕业生，可享受艰苦边远地区津贴；保障升学通道，如若在大学期间参加过"西部计划""三支一扶""特岗教师"等项目，服务期满、考核合格的学生同等情况优先录取；等等。在推进就业工作计划时，应加强对有相应求职意向的学生进行政策的解读与宣传，及时召开相应的座谈会、研讨会以及讲座等，做好就业保障服务，确保毕业生就业时能够获得充足的信息，能够提前做好求职的准备，从而增强毕业生积极的求职意向。

（三）强化供需对接，提升就业能力

"内外联动"促进对接。集中开展"服务促就业·筑梦赢未来"系列公共招聘活动，充分发挥 A 校所在省市的经济发展战略牵引作用，根据学院的建设要求主动邀请各州市的企业单位赴校招聘；紧贴青年生活习惯，创新开展"人才夜市"招聘活动。据统计，在每年 3—7 月的招聘活动中，A 校共开展线上线下招聘会 20 余次，每次参加的企业平均有 40 家，提供就业岗位 3000 余个。2023 年 6 月，A 校开展高校毕业生专场招聘活动 11 场，共促成 970 名毕业生达成就业意向。

在现场的调研过程中，我们发现毕业生在求职面谈时存在一定的问题，例如表达能力、自我形象的管理以及逻辑思维的展示等还是比较薄弱，因此，我们也深感加强学生自身能力的重要性，并且对于如何在求职中展现最好的自己进一步加强了教育培养。即从人才培养的整体观出发，整合各方面资源，成立专业的就业培训教研室；积极推动教育教学改革，突出表达沟通能力课程、形象管理与心理建设等指导课程的重要性，使学生在激烈的就业竞争环境下，能保持良好的心态，展示自己。同时，积极地引导学生进行职业生涯规划，帮助学生根据自身的气质类型做好职业定位，认清自我的职业目标，以免出现好高骛远或者人才资源浪费的现象；加强毕业生创业意识的培养及面试方法与技巧等的指导，帮助毕业生更好地实现就业。例如，多次开展模拟求职现场等活动，通过模拟，让学生感受现场氛围，得到专业教师的指导，锻炼自己的应变能力及心理适应能力等。

在调研过程中我们发现，大学生对于求职环境的变化十分敏感，小部分学生为此过度担心以致产生焦虑的情绪,再加上对自我的认知不清楚,怀疑自己的能力,无法正确地剖析自己,出现"躺平"、随大溜的状态。而积极地开展就业意向调查,能够帮助高校毕业生确立就业目标规划,推动毕业生的就业发展以及提前干预毕业生不良的就业状态。A校的这一项推进就业的举措是正确的,应该继续践行,且在未来的高效发展中,根据每年就业环境的变化,对调查的重难点进行调整和优化,以达到更好促进就业的目的。

第三节　大学生自主管理岗位体验实践内容展伸

学生自主从内涵上讲包含三层意思:一是"学生",指全体学生;二是"自主",指自己管理自己;三是"学生自主",指一种学习自主的过程。学生自主从本质上讲并不是学校内部管理改革的举措,也不是提升学生地位之需,而是为社会培养具有自主能力的公民奠定基础,是为未来社会自主作预备。[①] 学生自主管理岗位体验是推进学生自主工作的重要环节,它可以让学生更充分地了解学校管理的流程和要求,从而更好地参与到学校的管理中来。学生通过提升自我管理能力和责任感,增强社会实践能力,促进自我的全面发展。

大学生自主管理岗位体验是指大学生在协助教师处理学生日常事务及各种活动中的自主历练,是自我提升自律、自觉、自信意识和能力的过程。岗位体验可以让学生学会班级自主管理,能够有效提高学生的自我管理能力及自我管理水平。这种实践可实现让大学生"自治"的目标,让每个大学生都有主人翁意识和为班级奉献的精神,消除个别学生的"自私"心态,不再是"人人为我",而是"我为人人"。

大学生自主管理岗位体验是大学生进行自我管理教育与实践的重要途径,是培育大学生"三自"能力的重要一环。积极推行学生自主管理岗位体验有利于培养大学生的自我认知、自我供给、自我更新、自我约束、自我发展的力量,并使之不断地发育成长与壮大。[②]

一、寻找适合自己的岗位实践机会

通过对学生自主管理岗位的相关介绍,大学生对于自我管理教育与实践有了初步的了解,那么大学生应该如何在种类繁多的学生自主管理岗位中寻找贴合自身要求的岗位呢?

(一)明确自己的目标

确定实践目标是进行任何实践活动的重要步骤。它可以帮助体验者明确自己的目的和方向,避免在实践过程中迷失方向。

---

① 胡金平.陶行知的学生自治观及其现实意义[J].江西教育科研,2007(10):30-32.
② 刘志国.大学生自我教育、自我管理、自我服务能力的培育[J].黑龙江高教研究,2014(4):54-56.

1.明确自己的优势和长处

体验者需要明确自己的优势和长处。这关系到如何发挥自身的优势,找到适合自己的岗位。明确优势和长处有助于体验者更好地了解自己、把握机会,从而取得更大的成功。通过明确自己的优势和长处,体验者也可以发现自己的不足,从而有针对性地完善自己。

2.设定具体目标

一旦大学生明确了自己的优势和长处,就需要设定具体的实践目标,以便弄清楚自己想要通过自主管理岗位收获到什么。这些目标应该是明确、可衡量和可实现的。例如,如果体验者面临的问题是如何提升自己的管理能力,其实践目标是负责某一项具体文体活动的开展,那么体验者的实践岗位选择要向管理岗位倾斜。

3.设定时间表

为了确保能够实现自己的目标,体验者需要设定一个时间表,有助于跟踪自己的进度,并确保在规定的时间内完成目标。例如,如果体验者的实践目标计划在一个学期内完成,那么体验者可以将其分解为每周一个小目标,并在每周结束时检查自己的完成进度。

4.制订计划

一旦明确了目标,设定了时间表,体验者就需要制订一个具体的计划来实现目标。这可能包括收集必要的资源、制订工作计划与任务清单、及时反思与总结等。这个计划应该具体、可行,并考虑到可能出现的挑战和障碍。制订计划可以帮助体验者分解目标、明确步骤、把握时间、更好地安排工作、提高工作效率,从而高效地实现自己的目标。

5.监测和评估

体验者需要定期监测和评估自己的目标,这有助于了解自己的进度和效果,并根据需要调整计划和方法。例如,如果体验者发现自己在某一项工作中遇到困难,那么体验者可以调整工作方法或寻求教师和同学的帮助与支持。

总之,确定实践目标是进行任何实践活动的重要步骤。通过明确自己的优势和长处,设定具体目标、设定时间表、制订计划、监测和评估,体验者可以更好地实现自己的目标,并从岗位体验实践中获得成长和发展。

(二)选择适合自己的岗位

在种类繁多的岗位中,选择适合自己的岗位是至关重要的。因为只有在自己擅长和感兴趣的领域中,体验者才能更好地发挥自己的潜力,取得更大的成就,那么,该如何选择适合自己的岗位呢?

1.自我认知

体验者需要对自己有一个全面的认知,包括了解自己的兴趣爱好、擅长的技能以及人生目标,这些都是找到适合自己的岗位的前提条件。只有了解自己,体验者才能找到真正适合自己的岗位。

2. 自我需求

体验者需要考虑自我需求。自己的行动应该带有目的性,应知道自己通过自主管理岗位体验能够改善什么,能够收获到什么。例如,体验者不擅长人际交流,通过自主管理岗位与别的同学、教师及校领导打交道,会使自己的沟通协调能力得到提升。

3. 自我规划

体验者还需要对自己的人生规划进行考虑。选择一个适合自己的岗位,需要与自己的人生规划相结合。例如,如果体验者的人生目标是成为一名公务员,那么体验者可以考虑选择管理、公文写作相关领域的岗位。

总之,选择适合自己的实践岗位需要我们从自我认知、自我需求、自我规划等多个方面进行考虑。只有在真正了解自己的基础上,体验者才能做出更好的选择。同时,体验者还需要不断学习和提升自己的能力,以便在自己选择的岗位上取得更大的成就。

(三)了解所在部门的情况与需求

所在部门的情况与需求是每名学生在进行自主管理岗位选择前需要了解的重要内容。只有深入了解所在部门的情况与需求,体验者才能更好地开展岗位体验实践,为所在部门带来实际的帮助。下面我们将从三个方面阐述了解所在部门的情况与需求的重要性。

1. 了解所在部门的工作职责与业务范围

每个部门都有特定的工作职责和业务范围。了解所在部门的工作职责与业务范围,可以帮助岗位体验者更好地把握所在部门的工作内容和工作重点,从而更好地开展实践工作。了解所在部门的工作职责与业务范围,也可以帮助岗位体验者更好地完成自己的实践计划,使实践工作更具针对性和实效性。

2. 了解所在部门的人员构成与工作流程

每个部门都有特定的人员构成和工作流程。了解所在部门的人员构成,可以帮助岗位体验者更好地了解所在部门的组织结构和人员分工,从而更好地开展实践工作。了解所在部门的工作流程,可以帮助岗位体验者更好地适应所在部门的工作流程和工作规范。

3. 了解所在部门的发展目标与未来规划

每个部门都有特定的发展目标和未来规划。了解所在部门的发展目标与未来规划,可以帮助岗位体验者更好地为所在部门的发展方向和工作重点出谋划策,从而更好地开展实践工作,为所在部门的发展贡献力量。

总之,了解所在部门的情况与需求是每个岗位体验者都需要做好的重要工作。只有深入了解所在部门的情况与需求,才能更好地开展实践工作,为所在部门带来实际的帮助。

二、自我管理在岗位体验实践中的具体应用

(一)时间管理在岗位体验实践中的应用

在自主管理岗位体验实践中,时间管理不仅可以帮助体验者提高工作效率,还可以让体

验者合理地安排工作和学习,保持工作和学习之间的平衡。

1. 时间管理的重要性

在自主管理岗位体验实践中,时间管理可以帮助体验者更有效地完成任务,避免浪费时间。此外,时间管理还可以帮助体验者合理地安排工作和学习,确保我们有足够的时间来完成工作和享受生活。

2. 时间管理在岗位体验实践中的应用

(1)设定目标。设定目标可以让体验者明确努力的方向,并为实现目标制订计划。在设定目标时,体验者应该确保目标具有可衡量性和可实现性,并为实现目标制订详细的计划。

(2)制订计划。制订计划可以帮助体验者更清晰地了解自己的阶段任务。在制订计划时,体验者应该确保计划具有可行性,并为完成任务科学分配时间。

(3)优先级排序。优先级排序可以帮助体验者分清事情的轻重缓急,并为各项任务分配合适的时间。在优先级排序时,体验者应该根据任务的重要性和紧急性进行排序。

(4)跟踪进度。跟踪进度可以帮助体验者更清晰地了解自己的任务进度,并为完成任务及时更新和制订更合理的计划。因此,体验者应该定期检查任务进度,并及时调整计划。

(5)休息时间的安排。适时休息可以帮助体验者恢复精力,提高工作效率。在安排休息时间时,体验者应该确保有足够的休息时间,以保持最佳的工作状态。

时间管理倾向与生活质量关系的调查研究显示:时间管理倾向和生活质量之间存在显著相关关系,时间管理效能对躯体功能、心理功能和社会功能具有显著的预测作用。笔者了解到,时间管理不仅对学生的学业成绩具有显著的预测作用,而且与焦虑、抑郁等存在显著的负相关关系,而与自尊、主观幸福感等存在显著的正相关关系。[①]“时间就是效率”,时间管理在岗位体验实践中也有重要的作用,它影响着岗位实践的体验感与成就感,因此,体验者应该注意时间管理能力的培养。

(二)情绪管理在岗位体验实践中的应用

情绪管理是指个体通过认知、行为和生理等方式调节自己的情绪,使之保持在适当的水平和范围内,以促进自身的身心健康和社会适应能力。个体情绪管理能力是一种心理特征,是使人顺利实现情绪和情感活动所需的心理条件,并且包含内容、对象、操作、产品四个维度。[②] 在自主管理岗位体验实践中,情绪管理对学生的工作效率、人际关系和心理健康等方面都具有重要意义。

1. 情绪管理的重要性

在自主管理岗位体验实践中,体验者需要面对各种压力和挑战,如工作任务的繁重、突发紧急的工作任务、领导的要求等,这些都可能导致情绪的波动和困扰。如果体验者不能有

---

① 秦启文,张志杰.时间管理倾向与生活质量关系的调查研究[J].心理学探新,2002,22(4):55-59.
② 马向真,王章莹.论情绪管理的概念界定[J].东南大学学报(哲学社会科学版),2012,14(4):58-61,127.

效地管理自己的情绪,就可能会表现出消极的情绪,如焦虑、抑郁、烦躁等,这些情绪不仅会影响体验者的工作效率和人际关系,还可能对体验者的身心健康造成损害。因此,情绪管理对体验者的工作和生活都具有重要的意义。

2. 情绪管理的方法

情绪管理的方法有很多,包括认知调节、行为改变、生理调节等。下面将分别介绍这些方法的具体应用。

(1)认知调节。认知调节是指通过改变自己的思维方式和认知观念来调节情绪。在自主管理岗位体验实践中,体验者可以通过认知调节来缓解压力和负面情绪。例如,当面临工作压力时,可以通过改变自己的思维方式,将压力看作一种挑战和机遇,从而调节自己的情绪。

(2)行为改变。行为改变是指通过改变自己的行为来调节情绪。在自主管理岗位体验实践中,体验者可以通过行为改变来缓解压力和负面情绪。例如,当感到焦虑和紧张时,可以通过深呼吸、肌肉放松等方式来缓解情绪。

(3)生理调节。生理调节是指通过调节自己的生理状态来调节情绪。在自主管理岗位体验实践中,体验者可以通过生理调节来缓解压力和负面情绪。例如,当感到疲劳和困乏时,可以通过适当休息、运动等方式来调节生理状态。

3. 情绪管理在岗位体验实践中的应用

在工作场所中,情绪管理可以应用于各种岗位和工作环境中。下面将以客服人员为例,介绍情绪管理在岗位体验实践中的应用。

客服人员是指在企业的客户服务部门中,负责接听客户电话、回答客户问题、处理客户投诉等工作的员工。客服人员的工作环境相对封闭,需要长时间地面对客户的抱怨和投诉,容易出现情绪波动和困扰。因此,客服人员需要加强情绪管理,以保持良好的工作状态和服务质量。

在客服人员的情绪管理实践中,可以采取以下方法。

(1)认知调节。客服人员可以通过改变自己的思维方式和认知观念来调节情绪。例如,当客服人员面临客户的抱怨和投诉时,可以通过改变自己的思维方式,将这些问题看作客户的反馈和改进机会,从而调节自己的情绪。

(2)行为改变。客服人员可以通过改变自己的行为来调节情绪。例如,当客服人员感到焦虑和紧张时,可以通过深呼吸、肌肉放松等方式来缓解情绪。

(3)生理调节。客服人员可以通过调节自己的生理状态来调节情绪。例如,当客服人员感到疲劳和困乏时,可以通过适当休息、运动等方式来调节生理状态,从而缓解压力和负面情绪。

(4)合理安排工作时间。客服人员需要长时间地面对客户的抱怨和投诉,因此需要合理安排工作时间,以保持良好的情绪状态。例如,给予足够的休息时间,让客服人员能够得到充分的休息和放松。

（5）提供情绪支持。企业可以通过提供情绪支持来帮助客服人员管理情绪。例如，可以为客服人员提供心理咨询服务，帮助他们解决情绪问题。

（6）培训和教育。企业可以通过培训和教育来帮助客服人员提高情绪管理能力。例如，可以为客服人员提供情绪管理培训，帮助他们学习有效的情绪管理方法。

在自主管理岗位体验实践中，情绪管理对体验者的工作效率、人际关系和心理健康等方面都具有重要意义，可以采取认知调节、行为改变和生理调节等方法来缓解压力和负面情绪。

（三）能力提升在岗位体验实践中的应用

岗位体验实践作为提升个人能力的有效途径，受到了越来越多人的关注。通过在不同岗位上实践，个人可以积累丰富的经验、提高自身能力、为未来的职业发展打下坚实基础。下文将探讨如何在岗位体验实践中提升个人能力，主要是提升自我调适能力、沟通能力、团队协作能力和解决问题能力。

1. 自我调适能力

自我调适能力是指在面对工作压力和挑战时，能够保持积极心态，调整自己的情绪和行为，以应对不同的工作环境和要求。在岗位体验实践中，个人可以通过以下方式提升自我调适能力。

（1）学会情绪管理：在自主管理岗位体验实践中，难免会遇到不顺心的事情，学会情绪管理是提升自我调适能力的重要途径。可以通过深呼吸、冥想等方式调整情绪，避免情绪波动影响工作效率。

（2）培养积极心态：积极的心态能够帮助体验者更好地应对工作压力和挑战。可以通过参加正能量的活动、阅读积极向上的书籍等方式培养积极心态。

（3）调整工作方式：针对不同的工作环境和要求，及时调整自己的工作方式和节奏，以适应新的工作要求。

2. 沟通能力

沟通能力是指个人能够通过言语、文字、表达等方式与他人进行有效沟通的能力。在岗位体验实践中，体验者可以通过以下方式提升沟通能力。

（1）学会倾听：倾听是沟通的基础，学会倾听可以帮助体验者更好地理解他人的需求和意图。在自主管理岗位体验实践中，体验者要注意与他人的交流，认真倾听对方的观点和建议。

（2）表达清晰：清晰地表达能够帮助个人更好地传达自己的意图和信息。在自主管理岗位体验实践中，体验者要注意用简洁明了的语言表达自己的观点和建议。

（3）学会理解与包容：沟通不仅仅是传达信息，还需要学会理解与包容，懂得换位思考。在自主管理岗位体验实践中，体验者要学会与他人协商，达成共识，以推动工作的顺利进行。

3.团队协作能力

团队协作能力是指个人能够在团队中积极参与、相互协作、共同完成任务的能力。在岗位体验实践中,体验者可以通过以下方式提升团队协作能力。

(1)学会分享:分享是团队协作的基础,学会分享可以帮助体验者更好地融入团队,为团队创造价值。在自主管理岗位体验实践中,体验者要积极分享自己的经验和知识,为团队提供支持。

(2)学会尊重:尊重是团队协作的关键,学会尊重可以帮助体验者更好地与他人合作,避免产生冲突。在自主管理岗位体验实践中,体验者要尊重他人的观点和意见,尊重他人的权利和尊严。

(3)学会沟通:沟通是团队协作的核心,学会沟通可以帮助体验者更好地与他人协作,推动工作的顺利进行。在自主管理岗位体验实践中,体验者要学会与他人沟通,及时反馈信息,协调工作进度。

4.解决问题能力

解决问题能力是指个人在面对问题和挑战时,能够迅速采取有效措施解决问题的能力。在岗位体验实践中,体验者可以通过以下方式提升解决问题能力。

(1)培养逻辑思维:逻辑思维能够帮助体验者更好地分析问题,找到解决问题的方法。在工作中,体验者要学会分析问题,找出问题的根本原因,提出有效的解决方案。

(2)学会寻求帮助:解决问题往往需要借助他人的力量,学会寻求帮助可以帮助个人更好地解决问题。在自主管理岗位体验实践中,体验者要学会与他人合作,适时寻求他人的支持和帮助。

(3)学会调整心态:解决问题需要面对挑战和压力,学会调整心态可以帮助个人更好地应对问题。在自主管理岗位体验实践中,体验者要保持积极心态,相信自己能够克服困难、解决问题。

岗位体验是提升个人能力的有效途径,通过在不同岗位上实践,大学生可以不断积累经验,提高自身能力,为未来的职业发展打下坚实基础。

(四)人际关系处理在岗位体验实践中的应用

良好的人际关系是个人健康成长的基本条件,积极的人际关系会提高大学生的主观幸福感水平。[①] 在自主管理岗位体验实践中,人际关系的好坏往往直接影响到体验者的工作效率和工作成果。因此,学会处理人际关系是大学生进行自主管理岗位体验的必备素质。

1.人际关系处理在岗位体验实践中的重要性

(1)人际关系处理是职业素养的重要组成部分。职业素养是指职业人士应该具备的基本职业道德、职业能力和职业态度。其中,职业态度是指职业人士对自己的职业角色和职业

---

① 仝丽花,郑晓边.大学生人际关系团体心理辅导研究[J].中国学校卫生,2010,31(8):1019-1021.

责任的认同和尊重,以及对职业规范和职业纪律的遵守。而人际关系处理是职业态度的重要组成部分,是职业人士必须具备的基本职业素养。

(2)人际关系处理是职场竞争力的重要组成部分。在岗位体验实践中,体验者的职业能力和工作业绩是决定个人职业发展的关键因素。但是,除职业能力和工作业绩外,人际关系也是影响个人职业发展的重要因素。一个人在职场中的人际关系好坏往往会影响到他的工作机会和晋升机会等方面。因此,学会处理人际关系是提高个人竞争力的重要途径之一。

(3)人际关系处理是工作效率和工作成果的重要保证。在岗位体验实践中,个人的工作效率和工作成果往往是由团队合作和人际关系决定的。一个人在部门里如果能够与同事和上下级建立良好的人际关系,就能够更好地协调工作、提高工作效率、创造更好的工作成果;相反,如果一个人在部门中人际关系不好,就会影响到工作的开展和工作成果的创造。

2. 人际关系处理在岗位体验实践中的应用方法和技巧

(1)学会倾听和理解。在岗位体验实践中,学会倾听和理解是处理人际关系的基础。在与他人交流时,要认真倾听对方的观点和意见,理解对方的需求和感受。

(2)学会沟通和表达。在岗位体验实践中,学会沟通和表达是处理人际关系的关键。在与他人交流时,要清晰表达自己的观点和意见,同时也要尊重和理解对方的观点和意见。

(3)学会妥协和协调。在岗位体验实践中,学会妥协和协调是处理人际关系的重要技巧。在与他人交流时,要学会妥协和协调,避免过分坚持自己的观点和意见,同时也要尊重和理解对方的观点和意见。

(4)学会尊重他人。在岗位体验实践中,学会尊重他人是处理人际关系的基本原则。在与他人交流时,要尊重对方的职业能力和职业经验,同时也要尊重对方的个人生活和个人选择。

(5)学会自我调节和控制情绪。在岗位体验实践中,学会自我调节和控制情绪是处理人际关系的重要能力。在与他人交流时,要学会控制自己的情绪,避免因为情绪失控而影响人际关系。

(五)自我反思与总结在岗位体验实践中的应用

在岗位体验实践中,体验者需要在任课教师的指导下,完成一定的工作任务,并通过自我反思与总结,从中获得知识和技能。下面我们将探讨自我反思与总结在岗位体验实践中的应用,以提高实践教学的效果。

1. 自我反思与总结的重要性

(1)自我反思与总结有助于学生深入理解工作内容和要求。在岗位体验实践中,体验者需要完成一定的工作任务,这些任务往往是真实的工作任务的缩影。通过自我反思与总结,体验者可以更深入地理解工作内容和要求,从而更好地完成工作任务。

(2)自我反思与总结有助于学生发现自身的不足和问题。在岗位体验实践中,体验者可能会遇到各种问题和困难,通过自我反思与总结,体验者可以发现自身的不足和问题,并针对这些问题进行改进和提高。

（3）自我反思与总结有助于学生形成职业素养和实践能力。在岗位体验实践中,体验者需要遵守职业道德和规范,掌握实践技能和方法。通过自我反思与总结,体验者可以提升职业素养和实践能力,从而更好地胜任工作。

2. 自我反思与总结的有效应用

（1）明确反思与总结的目的和内容。在岗位体验实践中,体验者需要明确反思与总结的目的和内容。反思与总结的目的是从工作中学习和提高。反思与总结的内容包括工作任务的完成情况、工作中遇到的问题和困难、自身的不足和问题、改进和提高的措施等。

（2）有效利用反思与总结的时间和空间。在岗位体验实践中,体验者需要合理安排反思与总结的时间和空间。可以在每天工作结束后进行短暂的反思和总结,还可以在一段时间的工作结束后进行全面的反思和总结,还可以在教室或宿舍等安静的环境中进行反思和总结。

（3）多种形式开展反思与总结。在岗位体验实践中,体验者可以通过多种形式开展反思与总结,如记录工作日志、撰写工作总结、制作PPT、进行口头汇报等。这些形式可以帮助体验者更好地理解和掌握工作内容和要求,从而更好地完成工作任务和提高自身能力。

岗位体验实践是一种有效的实践教学方式,通过自我反思与总结,体验者可以更好地完成工作任务,发现自身的不足和问题,形成职业素养和实践能力。因此,教师应该引导体验者正确地进行自我反思与总结,以提高岗位体验实践的效果。

三、实践经验的总结与分享

（一）实践经验的记录与整理

实践经验是人们在实践中获得的知识和技能的总和,是个人成长和职业发展的重要基础。本节探讨了实践经验的记录与整理的重要性,并提出了一些方法和技巧,帮助体验者更好地记录和整理自己的实践经验。

1. 实践经验的重要性

实践经验是人们在实际工作和生活中获得的知识和技能,是个人成长和职业发展的重要基础。通过实践经验,人们可以更好地理解和应用所学的理论知识,提高自己的实践能力和工作效率。同时实践经验也是人们积累和传承知识、技能的重要途径。因此,记录和整理实践经验对个人和社会的发展都具有重要意义。

2. 实践经验的记录方法

（1）日记记录法。日记记录法是一种常见的实践经验记录方法,通过每天记录自己的工作和生活中的经历、感受和收获,可以帮助人们更好地回顾和总结自己的实践经验。并且,日记记录法也可以帮助人们培养良好的记录习惯,提高自己的记录能力和效率。

（2）电子记录法。随着科技的发展,电子记录法已经成为一种越来越流行的实践经验记录方法。使用电子设备如笔记本、手机、平板等,可以方便地记录和存储自己的实践经验。同时,电子记录法也可以帮助人们更好地组织和管理自己的记录,提高查找和使用的效率。

3. 实践经验的整理方法

(1)分类整理法:一种常见的实践经验整理方法,将自己的记录按照不同的主题或类别进行分类,可以帮助人们更好地理解和总结自己的实践经验以提高自己的知识和技能水平。

(2)归纳总结法:一种更高级的实践经验整理方法,通过对自己的记录进行归纳和总结,让自己得到更加深入和系统的实践经验,可以帮助人们更好地应用自己的实践经验以提高自己的实践能力和工作效率。

实践经验的记录与整理对个人和社会的发展都具有重要意义,可以帮助人们更好地整理自己的实践经验以提高自己的知识和技能水平。同时,记录和整理实践经验需要长期坚持和努力,才能取得更好的效果。

(二)实践经验的分析与思考

1. 实践经验的分析与思考的重要性

实践经验的分析与思考是一种重要的自我反思和提升的过程,可以帮助人们更深入地理解自己的行为和思考方式,从而更好地应对现实生活中的挑战和问题。

在实践中,我们可能会遇到各种各样的问题、困难和挑战,而通过对这些问题、困难和挑战的分析和思考,我们可以更好地理解自己的行为和思考方式、更好地应对这些挑战和问题。同时,我们还可以更好地理解学习和成长的本质,从而更好地学习和成长。

2. 如何进行实践经验的分析与思考

(1)我们需要对实践经验进行客观分析和思考。这意味着我们需要将自己的主观意见和想法放在一边,客观地观察和分析实践经验中的事实和细节。我们需要思考这个实践经验的背景、原因、过程、结果和影响等方面,从而更好地理解这个实践经验。

(2)我们需要深入探究实践经验中的问题和挑战,思考这些问题和挑战的根本原因和解决方案。我们需要思考自己在实践经验中的表现和错误,以及如何避免这些错误和提高自己的能力。

(3)我们需要思考实践经验对自己的未来和发展的影响,以及如何将实践经验应用到未来的生活和工作中。

(4)我们需要将自己的实践经验以及自己的思考和反思记录下来,包括实践经验的背景、原因、过程、结果和影响等细节,以及对实践经验的评价和建议等。

(5)我们需要与他人分享实践经验。通过分享,我们可以更好地理解实践经验,从而更好地把实践经验应用到未来的生活和工作中。

综上所述,我们应该积极地进行实践经验的分析与思考,从而更好地实现自我价值和成长。

（三）实践经验的分享与交流

实践经验是每个人在日常生活和工作中积累的知识和技能。它是通过亲身参与实践而获得的,具有很大的实际应用价值。如果我们将这些经验埋藏在心里,而不与他人分享和交流,那么这些经验将失去价值。

通过分享和交流实践经验,我们可以将自己的知识和技能传授给他人,帮助他们更好地理解和应用这些经验。同时,我们也可以吸取他人经验教训,从而提高自己的能力和水平。

实践经验的分享和交流有多种形式,包括个人交流、小组讨论、网络论坛、研讨会等。无论采用哪种形式,关键都是要建立一个开放、包容和互助的氛围,让每个人都能够自由地表达自己的观点和意见,同时也能够尊重和理解他人的观点和意见。在实践经验的分享和交流中,我们可以从以下几个方面获益。

(1)更好地理解和应用这些经验,从而提高自己的能力和水平。

(2)团队成员可以更好地理解彼此的需求和期望,从而增强团队的合作能力。

(3)认识更多的人,拓展自己的人际网络。

(4)让更多的人了解自己的专业知识和能力,提高自己的影响力。

（四）实践经验的应用与提升

实践经验是每个人都具备的宝贵财富,但如何将其应用于工作和生活中,以及如何进一步提升和优化实践经验,是我们需要思考和探讨的问题。

1. 如何认识和理解实践经验

实践经验是每个人在日常生活和工作中积累的经验和知识,是我们在实际工作中解决问题和取得成功的重要基础。

(1)实践经验是我们在实际工作中所积累的知识和经验。它不同于理论知识,更加注重实际操作和应用。

(2)实践经验是一种不断积累和发展的过程。我们需要不断地学习和实践,不断地总结和反思,才能不断提升实践经验。

(3)实践经验是一种个人的经验,是我们在自己的工作和生活中所积累的经验。

因此,每个人的实践经验都是独特的,需要我们根据自己的实际情况进行应用和发挥。

2. 如何将实践经验应用于工作和生活中

实践经验的应用是指将我们在实际工作和生活中所积累的经验与知识应用到解决实际问题中。以下是一些将实践经验应用于工作和生活的方法。

(1)总结和归纳:不断地总结和归纳自己的实践经验,将其提炼成一些规律性的知识和经验,以便更好地应用。

(2)分析和思考:对问题进行深入分析和思考,找出问题的根本原因和制订解决方案,避免简单地套用经验。

(3)学习和借鉴:不断地学习和借鉴别人的经验与知识,将其与自己的实践经验相结合,以便更好地解决问题。

3. 如何通过学习和反思来提升实践经验

实践经验的提升是将我们在实际工作和生活中所积累的经验与知识不断优化及深化的过程。以下是一些通过学习和反思来提升实践经验的方法。

（1）学习新知识：不断地学习新的知识和技能，以便更好地应对新的问题和挑战。

（2）反思和总结：不断地反思和总结自己的实践经验，找出其中的不足和问题，以便更好地优化和深化实践经验。

（3）交流和分享：通过与别人交流和分享自己的实践经验，更好地学习和借鉴别人的经验与知识。

4. 如何在实践中不断创新和优化实践经验

实践经验的创新和优化是将我们在实际工作和生活中所积累的经验与知识不断更新及升级的过程。以下是一些在实践中不断创新和优化的方法。

（1）创新思维，以更好地解决问题和发现新的机遇。

（2）不断地学习新的技能和知识，以更好地应对新的挑战和机遇。

（3）不断地反思和调整自己的实践经验，找出其中的不足和问题，以更好地优化和升级实践经验。

实践经验是一个人的宝贵财富，但如何将其应用于工作和生活，以及如何进一步提升和优化，是我们需要思考和探讨的问题。通过认识和理解实践经验，通过学习和反思来提升实践经验，以及在实践中不断创新和优化实践经验，我们可以更好地发挥实践经验的作用，为自己的工作和生活带来更多的价值和成就。

案例分析

绵阳城市学院学生服务中心
关于校园保洁服务项目的公开招标公告

为推进我校"三自教育改革"下的"铸魂""果育"计划，落实我校本科教学合格评估工作、加强学生指导与学生服务，提升学生自我管理能力，发挥学生自主作用，实现学生自我价值体现，践行劳动育人工作，绵阳城市学院学生服务中心受学校行政服务中心后勤管理处委托，为其拟采购的校园保洁项目进行校内公开招标。本次招标旨在锻炼和培养我校学生的创新创业能力和实践能力，故招标对象仅限校内非毕业班级在读学生。

欢迎符合条件的在校学生团队参加报名，家庭经济困难的学生优先考虑。

一、项目基本情况

1. 项目编号：MYCSXYXSFWZX-X-001；

2. 项目名称：校园保洁采购项目（游仙校区行政楼、艺术楼保洁）；

3. 项目类型：服务类；

4.预算金额:人民币××××元整(￥××××.00);

5.采购方式:校内询价,低价中标;

6.合同履行期限:合同签订后1年(实际进场时间以甲乙双方书面确认为准),不允许分包;

7.履约保证金:合同总价的5%(家庭经济困难学生免收)。

二、申请资格要求

1.非毕业班在读学生;

2.团队成员2名及以上;

3.吃苦耐劳、责任心强,能较好地完成项目涉及的各项工作。

三、采购需求

1.保洁区域、主要工作量及工作内容如下。

工作量	具体负责区域
行政楼 主要工作量	1—4楼走廊楼梯地面卫生打扫
	1—4楼8个卫生间卫生清理、垃圾清理
	1—4楼走廊窗户玻璃、玻璃门清洗
	1楼花园绿化维护、地面卫生打扫
	行政楼入口大门处楼梯卫生清理
艺术楼 主要工作量	1—3楼走廊地面卫生
	1—3楼6个卫生间清洁、垃圾清理
	1—3楼走廊玻璃、玻璃门清洗
	艺术楼入口楼梯卫生打扫
其他工作量	艺术楼301办公室
	行政楼404办公室
	行政楼405办公室
	行政楼4307办公室
	行政楼204办公室
	行政报告厅
	第一接待室(行102)
	视频会议室(行205)

2.保洁质量要求。

(1)地面。

①保洁区域每天要循环保洁,保证地面无烟头、杂物、纸屑,需要定时进行地面冲洗,随时清扫。

②公共区域的走廊、过道、楼梯、瓷砖或水泥地面,每个班必须循环拖地,定期消毒,要求无污物,无水渍和污渍,地面光亮;墙角、踢脚线及易发现的地方无积尘、杂物。

(2)洗手池、接水池、卫生间。

①每天早班、中班必须全面清理,清洁洗手池、接水池、大小便池、拖地池等,确保下水畅通。

②洗手间内的垃圾桶、纸篓要当天清理,保持桶内无垃圾、桶外地面洁净无杂物。

③及时补充便池樟脑球或其他防臭物,保证卫生间干净、整洁、无蚊蝇、无异味。

④镜面、墙面、金属等物品无水渍、无污渍,光亮并干燥。

⑤爱护公共设施,发现需维修事项及时上报后勤等相关科室。

⑥每月要对洗手间、卫生间瓷砖墙面进行卫生清洁处理。

(3)玻璃金属类。

①定期对区域内的玻璃进行擦拭或用清洁剂清理,每年至少清洗两次,要求无水渍、无污物、无尘土,达到玻璃光洁明亮。

②对不锈钢、铁艺及其他金属制成的装饰物、栏杆、指示牌、台架等用专业清洗剂擦亮,要求无锈痕、无污渍、无灰印等。

③各类金属擦拭时,必须按纹理进行,切勿使用硬物刮铲,以防破坏。

(4)综合类。

①保洁区内的垃圾桶要做到无灰尘、无污渍。

②保洁区内的各楼走廊、过道、卫生间、楼梯等公共场所无蜘蛛网,墙壁上的公共设施、文化设施无积尘。

③对保洁范围内公共区域定期做消毒处理,或用药物或用人力消杀,确保无蚊蝇及其他害虫。

(5)保洁区垃圾清运要求。

①每天分上午、下午对保洁区内垃圾清理两遍。

②上午在7:30之前清理完毕,下午在14:00之前清理完毕,如遇学校重大活动需调整清运时间的根据需要随时清理。

③严禁垃圾在运输过程中洒落造成二次污染。

④定期对垃圾箱内外进行清洗,每天不定时对垃圾桶外壁进行擦拭,确保清洁无污渍。5—10月每周清洗两遍,11月至次年4月每周清洗一遍。

⑤夏秋季对垃圾桶及周边每周进行一遍灭蚊蝇处理。

3.其他技术服务要求

(1)人员要求。

①身体健康,无传染性疾病。

②工作认真负责并定期接受培训。上岗时佩戴统一标志,仪容仪表规范整齐。

③文明工作,训练有素,言语规范,认真负责。

(2)人员配备及工作时间要求。

人员配备:学校上班时间段常驻值班日常保洁人员不少于1人,保洁人员的个人资料需在学校管理部门审核备案。

工作时间:结合学校的作息时间,做到与学校作息时间同步。学生放假期间,保洁区卫生由保洁公司负责保洁。

(3)工作纪律。

①中标人在服务期间要接受学校的领导和监督,遵守有关制度。

②遇到教职工和学生需要帮助时,应主动热情,虚心接受师生提出的合理化保洁建议。不允许出现工作人员与学校师生发生冲突事件。

③完成学校交办的一些临时指派工作任务。

④管理人员有较高的政治思想素养和业务水平,受过专门的培训。

⑤投标人所派管理服务人员必须恪守职责,遵守招标人的各项规章制度,服从管理。采购单位有权对管理服务人员进行具体的工作安排,并对工作进行监督检查,对不称职的管理服务人员采购单位有权要求调换。

⑥投标人必须服从学校主管部门管理。学校举行重大活动或发生突发情况时根据需要随时保洁。

(4)其他说明。

①学校不提供任何食宿,所有工作人员的住宿和工作期间的餐费问题由中标人自行解决。

②用于保洁服务管理的操作实施所用水电费用由采购人承担,但中标人应本着节俭的原则使用;保洁管理服务中所需低值易耗品、清洁用品、用具由采购人承担。平时定期维护擦拭门、窗、桌椅、地面,保持桌椅有序摆放,无遗留垃圾、纸屑等杂物。

③卫生间的保洁:在每节课上课后,进行一次循环保洁。

④垃圾必须每天及时清运出保洁区,不得有漏清、不清和清运不及时的情况发生,如遇特殊情况,要及时向校方说明情况,避免造成不必要的影响。

⑤学校寒暑假期间,不做工作安排;寒暑假具体放假时间参考学校放假通知。

⑥中标人所需用工要符合国家要求,并对其一切安全负责,如发生用工纠纷,由中标人自行承担全部责任。

四、验收

由采购人成立验收小组，月初对上月按照采购合同的约定对中标人履约情况进行验收。验收结束后，出具验收书，列明各项标准的验收情况及项目总体评价，由验收双方共同签署，作为报酬支付、合同续签的依据。

五、采购资金支付

1. 支付方式：银行转账。

2. 支付时间及条件：每月15日前支付上一个月的服务费（中标金额的10%）。

六、投标获取

1. 报名时间：2023年3月13日至17日；

2. 报名地点：绵阳城市学院游仙校区行政楼学生处；

3. 携带询价报名表（附件下载模板）、相关身份证明；

4. 查验相关资格后报名。

七、投标文件递交

投标文件应包含内容：

1. 项目报价表；

2. 参与询价团体质量服务承诺书（注上日期，负责人签字）；

3. 参与询价团体负责人身份证复印件；

4. 询价招标文件必须以密封的形式在骑缝处签字，如不按要求密封的，视为无效文件。

八、询价开标时间

2023年3月22日15:00（北京时间）。

九、询价开标地点

绵阳城市学院游仙校区行政楼学生处。

十、发布公告的媒介及时间

2023年3月10日于学生处网站上发布，查看现场时间：2023年3月13日10:00（北京时间）。

十一、联系方式

联系人：何老师　　　　联系电话：1730815××××

2023年3月10日

附件1

询价报名表

询价单位	绵阳城市学院学生服务中心学生处			
项目名称	校园保洁采购项目（游仙校区行政楼、艺术楼保洁）			
	负责人	联系电话	成员	联系电话
投标团队				
负责人是否参加现场询价				
投标人报价				
投标团队签字				

附件2

绵阳城市学院校园保洁项目考核表

姓名		工号（学号）		考核部门	
岗位		入职日期		考评日期	

员工自评（工作情况概述：总结、反思、计划）	
	员工（签字）： 年 月 日

评价与建议	
	学生处负责人（签字）： 年 月 日

月考核成绩	考评项目	分值	自评分	学生处评分
	工作态度	30		
	工作能力	30		
	工作效果	40		
	合计	100		

第四节　大学生岗位体验实践与自我管理素养提升

大学生自我管理可以视为与自我的关系管理,就是大学生对自己本身,对自己的目标、思想、心理和行为等进行的管理,自己把自己组织起来,自己管理自己,自己约束自己,自己激励自己,自己管理自己的事务,最终实现自我奋斗目标的一个过程。

大学生自我管理又称自我控制,是指利用大学生内在力量改变行为的策略,普遍应用在减少不良行为与增加好的行为的出现。自我管理注重的是一个人的自我教导及约束的力量,即行为的制约是透过内控的力量——自己,而非传统的外控力量如教师、家长。自我管理即能正确认识与评估自我,依据自身个性和潜质选择适合的发展方向,合理分配和使用时间与精力,为达成目标而持续努力。当代大学生应当努力提升自己的自我管理素养,加强培养领导力、发展创新思维与解决问题的能力,并积极建立自尊和自信,从而成为合格的社会主义事业接班人。

一、培养领导力

大学生是未来社会发展的中坚力量。现代大学培养大学生的领导力既是形势发展的需要,也是大学生自身成长的内在要求。

(一)领导力的概念

普遍意义上讲,领导力隶属管理学上的概念。但笔者认为,领导力并不只是领导者必备的能力素质,而是所有大学生都应该而且是必须具备的素质。学习能力是领导力的基石,是一切能力的起点;政治素养是领导力的灵魂,明晰的政治方向是领导力发展的内在精神;领导意识是领导力的内驱力,由内而外地表现出领导才能;情绪智力是领导力强弱的重要指标;人际关系与沟通能力是领导力的表现形式;自我管理能力是领导力的核心;创新能力是领导力发展的驱动力;团队合作能力是领导力形成的基础。高等院校需要更新高等教育培养人才观念,树立以培养大学生领导力为主的任务观,增强领导力培养的重视程度和投入力度,尊重大学生领导力发展中的多样性需求;丰富高校大学生领导力培养内容,如政治素养、实践能力、自我管理能力;创新高校大学生领导力培养方法,如根植高校校园文化,传播领导力培养理念;依托学生组织平台,探索领导力培养模式;依靠学生工作者引领,培养大学生领导力。

(二)当代大学生应必备的领导素质

1.思想政治素质

大学生作为新时代的接班人,不仅要树立正确的"三观",更重要的是要有鲜明的政治立场,要有为人民、为党、为国家奋斗终身的决心和崇高的理想信念,同时还应以全心全意为人民服务为最高目标。

2. 心理素质

心理素质主要是指个体所表现出来的情绪、情感、意志、能力、气质、性格等,良好的心理素质对于提升学生领导力来说至关重要,同时也可以有效提高团队管理、应对挑战和压力的能力。

3. 身体素质

经常锻炼,能够强身健体,保持身体健康。通过锻炼增强身体素质,学生可以提高身体的抵抗力,预防疾病,保持健康的体魄,只有具备良好的身体素质才能更好地学习、工作和生活。

4. 文化素质

文化素质是大学生最基本的素养。自古以来,大家都在强调"饱读诗书""博学多才",对现代化社会来说更是如此,大学生要在科技飞速发展的时代适应潮流,就必须具有良好的文化素质。作为高素质的领导者应该具备以下文化素质。

(1)扎实的专业知识:一方面,学校应开设丰富多样的课程,确保学生在各个学科领域都能获得全面的知识,课程内容应当紧密结合实际应用,并注重培养学生的理论基础、实践能力和问题解决技巧。另一方面,学生需要在实际情境中应用所学知识,以加深对专业知识的理解和掌握,锻炼自己的实际操作能力和问题解决能力。

(2)渊博的社会知识:鼓励学生广泛阅读和学习,通过阅读经典文学作品、哲学著作、历史故事等,提升学生的文化素养。学校可以设立阅读俱乐部、举办读书活动或提供有关文化和艺术的课程,以帮助学生培养良好的阅读习惯和知识积累。

(3)法律知识:现代社会是依法行政、依法管理的文明时代,大学生学习法律知识也是依法治国、治校的需要。

(三)培养大学生领导力的重要性

在大学校园中培养大学生的领导力对促进大学生个人发展,提升个人社交能力、增强问题解决能力和社会责任感都具有重要意义。这些能力的获得将为他们的职业生涯和未来的领导角色奠定基础,并为他们成为积极的社会主义建设者做好准备。

(1)培养学生个人能力:领导力的培养可以帮助学生发现自己的潜力和优势,并通过自我管理和目标设定来实现个人发展。领导者通常具有积极的态度、较强自信心和决策能力,而这些品质对职业生涯和个人成长至关重要。

(2)培养团队合作能力:领导力的培养有助于大学生提高团队合作能力和沟通能力。在学校、社团等开展的多种活动中,大学生需要与不同背景、不同能力的人共同协作。通过领导力培养和活动训练,他们能够学会有效地与他人合作,发挥团队成员的优势,协调团队活动,并达成共同的目标。

(3)培养解决问题的能力:在大学生活中,大学生会面临各种挑战和问题,如学术问题、社交问题和职业发展问题等。通过培养大学生的领导力可以帮助他们提升解决问题的能力,并在面对困难时保持冷静和正确应对。

（4）提升就业竞争力：领导力的培养对提高大学生的就业竞争力有积极的影响。在求职过程中，雇主往往更加看重具备领导潜质和能力的候选人。培养大学生的领导力可以帮助大学生提高自己的领导才能，增强自己在就业市场的吸引力，获得更多的工作机会。

（四）多层次培养学生的领导力

领导力是一种能力，它能够让学生在生活、学习、工作中更加清晰地传达信息，更好地协调其他人的行动，并让自己的创造性和创新性得到更好发挥。在学校和社会中都需要领导力，因此学生在大学时期的领导力的培养非常重要。

（1）加强学生人际交往能力的培养：领导者需要具备优秀的沟通能力和人际交往技巧。学生可以通过参加演讲训练、辩论比赛、团队合作项目等活动来锻炼和提高自己的沟通能力和人际交往能力。

（2）积极参加学校组织的沙龙交流活动：学生可以通过参加这些活动来学习领导技能和理论知识，以提升自己的领导力。

（3）积极参与班级、社团职位的竞选：班级、社团管理是培养领导力的理想平台。通过竞选并担任职位，学生可以参与班级或者学校管理，与教职员工合作，能够提升自己的领导力和组织能力。

（4）参与志愿服务活动：参与志愿服务活动有助于学生培养领导素质和社会责任感。通过参与志愿服务活动，学生能够发展自己的组织能力和管理能力，同时能在参与解决问题的过程中获得满足感和成就感。

（5）寻求导师或指导者的指导：寻求有经验的领导者或指导者的帮助和指导，可以帮助学生更好地了解领导力的要点和实践方法。导师不仅可以提供宝贵的建议，还可以为学生提供参与实践项目的机会或与专业组织进行联络。

（6）培养自我反思和学习能力：领导者需要不断反思和学习，才能不断提升自己的领导力。学生可以主动寻找反馈，接受批评并改进自己的不足之处，同时通过阅读专业书籍、参加研讨会和学术讲座等方式继续学习和更新自己的知识。

案例分析

绵阳城市学院建能 2018(01) 班是一个激情飞扬、活力四射、团结友爱的集体，全班 18 个同学虽来自五湖四海、性格各异，但他们都秉承"同心山成玉，协力土变金"的精神紧紧地团结在一起。

在新生运动会中，张×× 同学报名参加女子 800 米比赛，大家非常担心她比赛期间的身体状况，所以在比赛前一周，班上同学轮流每天早晚陪她训练，陪她聊天放松，希望她以最好的身体和心理状态进入比赛。比赛前一天，团支书组建了后勤保障队伍，准备了放松肌肉用的筋膜枪，准备了低血糖用的葡萄糖，还准备了一个超大躺椅；班长组织了班上其他同学到操场给她加油助威。随着一声枪响，张×× 在班上同学的关切下第一个冲出起跑线，体育委员也及时跟随她的脚步在旁边陪跑,为她保驾护航,同学们纷纷掏出手机记录她在操场上的飒爽英姿。在建能2018(01)班同学的加油助威声中,张××同学沉浸在一个仿佛只有她和班级同学存在的世界里,迎着冬季的寒风,保持着均匀而又平稳的呼吸,在大家的注视下率先迈过终点线。那一瞬间,操场上爆发出雷鸣般的狂欢声,大家都在为张××同学喝彩。虽然她头上的汗水,此刻就像暴雨一般流下,洒在那富有激情的跑道上,但她的脸上流露出的是灿烂而又幸福的笑容。最后,后勤保障队伍一窝蜂冲上去,将她搀扶到休息区,有条不紊地对她进行赛后放松。

建能2018(01)班同学一直坚信"团结产生力量,凝聚诞生希望",他们在这种精神的驱使下,用青春与汗水在绵阳城市学院这片热土上谱写人生辉煌的诗篇!

二、发展创新思维

习近平总书记在党的二十大报告中明确提出要坚持创新在我国现代化建设全局中的核心地位,并强调领导干部要不断提高创新思维能力。实际上,习近平总书记在党的十九大和十九届历次全会以及中央党校举办的省部级主要领导干部专题研讨班的重要讲话中,也曾经多次强调创新的重要性,谆谆教诲领导干部必须培养创新思维。

创新思维是指一种能够打破传统思维模式和常规观念的思考方式和思维方式。它强调通过重新组合、重新连接和重新解释已有的知识、经验和信息,找到新的解决方案,创造新的价值,解决问题和应对挑战。

(一)创新思维的含义及其分类

思维是指人类在头脑中进行思考、分析、推理和判断的过程。它是我们对信息、经验和感知的处理方式,涉及思考、记忆、注意力和推理等认知能力的应用。思维包含一系列的活动和过程,如概念形成、问题解决、决策制定和创造性思维等。它可以通过语言、图像、符号和直觉等方式表达和实现。思维是人类独有的认知能力,能够让我们理解周围的世界,分析和解决问题,做出决策和规划未来。思维的含义可以根据不同的观点和学科而有所不同。在心理学中,思维被研究为一种心理过程,包括感知、记忆、思考、推理和问题解决等。在哲学中,思维被探讨为一种关于真理、意义和存在的思考和推理能力。在认知科学和神经科学领域,思维也是一个重要的研究课题,探索人类大脑中思维的机制和神经基础。

按照思维的性质和结果进行划分,人的思维也可以简单地分为两类,即常规思维和创新思维。常规思维又叫再现性思维,是指思维结果不具有新颖性的思维,一般是基于利用已有的知识或使用现成的方案和程序进行的一种重复性思维。创新思维是指思维的结果具有明显新颖性的思维,或者说是产生新思想的思维活动。

按照这一简单的分类标准,任何人对某一事物和现象的分析、对某一事件的处理、对某一方案的设想等,所采取的思维方法不是创新思维就是常规思维,二者必居其一。

（二）创新思维的具体特征

创新思维强调通过重新组合、重新连接和重新解释已有的知识、经验和信息，找到新的解决方案、创造新的价值。它通常包括以下几个方面的特征。

（1）客观性。客观性是创新思维的最基本、最重要的特征。

虽然创新思维是人们在观察、实验的基础上形成的理性的思维活动，但是它不是凭空臆造出来的，更不是形而上学思维的产物，而是通过总结、汲取、揭示、反映、应用辩证思维方法得出的，即用整体的、动态的观点看待社会发展所获得的成果。它贯穿科学思维探究的全过程。

（2）前瞻性。创新思维倾向于突破既有的观念和惯性思维，在寻求新的问题解决方案和创意时，不拘泥于传统的做法，而是寻找新的途径和可能性。

（3）多元性。创新思维涉及多个领域、多个学科的知识和观点，能够将不同领域的思维模式和概念进行融合，形成创新的见解和解决方案。

（4）实践导向性。创新思维不会停留在理论和想法层面，更强调实践和行动，将创意转化为实际的解决方案并产生实际的影响。

（5）求异性。立新求异是创新思维的重要标志。无论是发明创造、行政管理、商贸经营，还是科学研究、文艺创作，都不能拘泥于传统，不能迷信权威，不能盲从众人，应该力求在时间、空间、观念及方法上另辟蹊径、别具一格。

（6）风险性。创新思维需要承担一定的风险和不确定性，敢于尝试和冒险，接受失败和挑战，从中吸取教训并不断改进。

（三）创新思维的重要性

创新思维对于个人的发展和组织的成功至关重要。

（1）思维可以帮助个人在面对复杂问题和挑战时，找到独特的解决方法，迎接激烈的竞争环境。

（2）创新思维帮助我们发现超越传统问题的解决方式。它鼓励我们从不同的角度看待问题，挑战现有的假设和约束，并提供创造性的解决方案。创新思维的关键是不断追问为什么、如何改进，并尝试突破传统思维的边界。

（3）思维是创新的基础和驱动力。它使我们从传统的思维模式中解放出来，积极探索和尝试新的观点、方法和技术。创新思维可激发个人、组织和社会的创新活力，推动科技发展、商业变革和社会进步。创新思维需要跨越不同的文化、价值观和思维方式。多元文化环境能够提供不同的视角和经验，促进思维的碰撞和交流。通过融合多元文化的思维，我们能够拓宽思维的边界，激发创新的火花。

随着科技的迅猛发展和应用，创新思维在技术领域的重要性日益凸显。创新思维能够帮助我们将技术与实际需求结合，发现新的应用场景，推动科技进步和创新发展。

（4）思维倡导跨学科的合作和融合。通过将不同学科的知识和方法相互交叉，能够产生更丰富和综合的解决方案,并且跨学科融合能够打破学科之间的壁垒,激发创新思维的想象力和创造力。

创新思维需要我们勇于承担风险和接受失败。创新思维往往涉及尝试新的观点、方法和业务模式,可能面临不确定性和犯错的风险。然而,只有敢于冒险并接受失败,才能真正开启创新思维的可能性。

创新思维不排斥一步一步的逻辑推导与分析,但它往往表现为对推理步骤的省略或跨越,正是这种省略或跨越,使创新思维过程中的某些思维活动难以详细描述,以至于在其中起作用的直觉、灵感等思维活动,有时就带有神秘的色彩。

总之,发展创新思维与解决问题的能力对于个人、组织和社会都具有重要的价值。它不仅对专业能力提升有益,也符合人才强国战略的实施需求。在追求创新思维的过程中,我们应该持有开放的心态,勇于尝试和接受失败。创新不是一帆风顺的,可能会面临许多挑战和失败。然而,只有通过不断尝试和接受失败,我们才能得到宝贵的经验和教训,不断向前迈进,并取得成功。

三、建立积极的自尊和自信

党的十八大报告明确要求:培育自尊自信、理性平和、积极向上的社会心态。大学生心态培育和整个国家的社会心态培育一样,具有同质性和共时性的特点,重点是培育以自尊自信、理性平和、积极向上为统领和旨归的大学生阳光心态。

自尊是一个人对自己价值和尊严的认知和感受。它是建立在内心的对自己的肯定。与自尊不同,自信是一个人对自己能力和应对挑战的信心。它建立在实际经验和能力的基础上,是对自己能力的合理评估。

自尊和自信之间有着双向的影响。良好的自尊可以促进自信的建立,而自信的增强也会反过来加强自尊。这种正向循环对个人的成长和幸福至关重要。

自尊和自信是两个紧密相关但又有本质区别的概念。自尊是对自己价值和尊严的认知和感受,而自信是相信自己能够应对挑战和取得成功的信念。

当代大学生自尊和自信的培育具有显著重要性和必要性,需要全面深入地探索其实现路径。

(一)确认个人价值与自尊心

确认个人价值和建立健康的自尊心是提升自信和树立积极心态的重要途径。我们应接受自己的过去和现在,并理解每个人都有优点和不足之处;承认自己的独特性和价值,不要自我否定或与他人进行不必要的比较;尊重自己的感受、需要和愿望,并努力满足它们;设定合理的目标和期望,以进一步增强对自己的重视和尊重;培养一种积极、支持性的内部对话方式;关注自己的成就和优点,并对自己的错误和失误保持宽容和理解;用积极的语言对待自己,给自己鼓励和肯定;思考自己的价值观和目标,并努力与之保持一致;了解你所追求的是什么,以及你对自己和他人的期望是什么;给自己足够的休息和放松时间,培养良好的自我关爱和自我照顾习惯;关注自己的身体健康、心理健康和情绪状态,以增强自尊心和个人价值感;与他人建立积极的互动和支持网络,寻求支持和理解;与亲密的朋友、家人或专业人士分享自己的感受和困扰,以获得建设性的反馈和支持;发展个人兴趣和爱好,并努力追求自己的激情和兴趣;通过学习、体验和成长来增强对自己的认可和自尊感。请记住,个人价值和自尊心的培养是一种长期的内化过程,需要持续地努力和自我关注。通过实践上述建议,并持续积极投入自我发展和成长,就可以逐渐建立起健康的自尊心和正确认知个人价值。

进入大学后,大学生开始更深入地思考自己是谁、自己的价值和人生目标是什么,以及自己在世界上的角色。他们通过思考自己的优点、才华和价值观,逐渐认识到自己的独特性,并逐渐学会接纳自己的过去、错误和不完美之处,并将其作为成长和学习的机会。他们认识到决定自己价值的不只是成功和完美,更重要的是对自己的接纳和爱护。他们开始在学业、职业规划、社交关系和个人发展等方面自主决策,并对自己的决定负责。通过自主决策,他们逐渐建立起对自己的信任和肯定。他们通过追求个人目标和克服困难来实现成就感和自尊心的提升。他们努力争取好成绩、参与社团活动、参加实习或志愿工作,并在这个过程中克服障碍和挑战,每一次的成功和突破都进一步强化他们对个人价值的认知。他们开始寻找与自己志同道合的人群,通过与朋友、同学或导师交流,互相支持和激励,建立良好的社交关系。

通过意识到自己的独特价值、接纳自己的过去、自主决策、追求成就、迎接挑战,以及建立支持性社交关系,大学生可以逐渐巩固自己的个人价值感和自尊心,实现更好的自我认知和发展。

(二)学会积极肯定自己的成就与潜力

学会积极肯定自己的成就和潜力是培养自信和积极心态的有效途径。定期记录你的成就和里程碑,无论是大的成功还是小的成功,都值得被认可和肯定。同时,可以帮助你回顾和欣赏自己的进步,提醒自己挖掘潜力和能力。专注个人的成长和进步,不要过分关注与他人的比较。每个人的成长速度和路径都是不同的,通过关注自己的进展来培养积极的自我认同感。当别人对你的成就和努力给予赞美时,接受并感谢他们的反馈,充分认识实现成就所需付出的努力。不要轻视他人的赞美,而是用它来鼓励和肯定自己的努力。培养积极的内部对话,并学会表达对自己的支持和鼓励。面对挑战时给予自己积极的情感支持,相信自己的能力和潜力。正确设定具有挑战性和可量化的目标,以激发自己的潜力,并不断提高对自己潜力的认知。培养积极思维的习惯,将关注点放在自己的优势和积极方面。摒弃消极的自我评价和负面的想法,以积极的态度看待自己的成就和潜力。持续学习和追求个人发展可以帮助你发现更多的潜力和机会。① 充实自己的知识和技能,通过不断学习和成长来推动自己的进步。记住,学会积极肯定自己的成就和潜力是一个长期的过程,并需要持续地努力和自我提高。通过实践上述建议,并给予自己时间和空间去发现、欣赏和肯定自己的成就和潜力,可以逐渐增强自信和保持积极上进的心态。

当代大学生学会积极肯定自己的成就与潜力,有助于在学术、社交、领导或其他领域取得一些成就。这些成就包括获得好的成绩、参与学术研究、在社团担任重要职位、参与志愿活动或赢得比赛等。他们通过反思这些成就,增强对自己的积极评价。

他们会给予自己积极的自我认可,关注和强调自己的优点、优势,鼓励自己、赞美自己,并为自己的进步感到自豪。他们还会与朋友、家人、导师或教授分享他们的成功经历,并接受他人的肯定和鼓励。他们通过设定和达成目标,增强对自己潜力的认知和信心,并推动自己不断成长和进步。

通过积极肯定自己的成就与潜力,大学生可以建立积极的自我形象,并在学业和生活中保持充足的动力和积极的心态。这有助于大学生培养自信心和自尊心,推动个人发展,并为未来的职业生涯做好准备。

(三)接受反馈与批评并持续成长

接受反馈与批评并持续成长是提高个人能力实现综合发展的重要方法之一。大学生应以开放的心态接受反馈和批评,承认自己可能存在的不足,并愿意接受他人的意见和建议。在接受反馈和批评时,应认真聆听对方的观点,并试图理解他们的意图,避免抵触或立即做出回应。大学生应将反馈和批评视为成长的机会,而不是将其视为个人攻击或对自己价值的质疑,并从中寻找具有建设性的信息,以便更好地了解自己的问题所在和有待改进的方面。在接受反馈和批评后,进行自我反思和分析,通过回顾情境和自己的行为,思考如何改进和应对类似的情况,以便不断成长和提升。根据接受的反馈和批评,制订具体的行动计划来改进自己,可以设定可行的目标,并采取行动来实现这些目标,同时持续跟踪和评估自己的进展,并做出必要的调整。如果遇到难以处理的反馈或批评,寻求他人的指导和支持是很重要的,可以与信任的导师、同学或朋友交流、分享,并寻求他们的建议和帮助。记住,接受反馈和批评是一种积极的态度和个人成长的机会。通过养成开放的心态,倾听和理解他人的观点,进行自我反思和制订行动计划,能够不断成长和提升自己。最重要的是自己应保持积极的态度,相信自己的潜力,并持续努力追求个人发展。

在学习生活中,大学生可能会出现失误或出错的情况,而这些情况常常需要他们接受他人的反馈与批评。大学生对此应进行自我反思,通过回顾自己的行为、表现和决策,可以发现可能出现的问题和改进的方向。这种自我反思包括思考自己的意图、行动和影响,以及他人的观点和意见。大学生应根据反思结果积极寻找改进的方法,探索可行的解决方案,并尝

---

① 赵连东.大学生可持续发展能力培养的思考[J].淮阴工学院学报,2018,27(6):81-85.

试不同的方法和策略来完善自己的行为和表现。大学生可以通过主动学习新的技能、调整行为模式等方式来努力提高自己,包括积极参与课堂学习、寻求导师和教授的建议、主动寻找反馈机会、加入学习团队或合作项目。大学生经常会面临挫折、挑战和反复尝试的情况,这时,坚忍的意志和灵活的应对能力变得至关重要。通过保持积极心态、及时调整情绪和寻求支持,可以帮助大学生提高应对能力。

总而言之,接受反馈与批评并持续成长是大学生活的一个重要内容。这需要大学生以开放的态度接受反馈与批评,并进行自我反思和探索改进方法,以提高自己的技能、知识水平,以及健全自己的人格。

(四)克服挑战

每个人实现成长和发展都需要不断克服挑战。而大学生活对学生来说是一个新的阶段,充满了各种挑战。在大学里,学生会发现课程内容学习更深入、学术要求更高。他们需要理解抽象概念,独立进行研究和写作,应对时间管理的压力,还会面临结交新朋友、适应不同文化和价值观带来的挑战。他们可能会感到孤独、不适应新环境,并因此面临焦虑、沮丧、压力过大和自我怀疑等情绪挑战。

这些挑战并非孤立存在,学生在大学生活中可能会同时面临多个挑战。无论是何种挑战,我们都要采取积极的心态来面对,相信自己有能力克服困难,并相信每个挑战都是一个学习和成长的机会。

面对挑战,我们需要设定明确和具体的目标,并对其进行分解,逐步解决。不要害怕寻求帮助和支持,与朋友、家人、同学或专业人士分享你的挑战,并争取他们的支持和建议。与他人合作或与团队合作可以帮助你共同面对困难,并找到更好的解决方案。积极探索新的思维方式,参加培训课程、阅读相关书籍和文章,不断提升自己的思维能力。针对挑战,采用系统性的方法分析问题,并探索各种可能性,积极寻求解决方案。面对挑战时,应保持坚持不懈的态度。虽然可能会出现挫折和失败,但仍要继续努力,相信自己的能力,持之以恒地朝着目标前进。从每次挫折中吸取经验教训,并调整自己的方法和策略。在克服挑战的过程中,保持良好的自我关爱,给自己适当的休息时间,保持身心健康。认识到自己的边界和限制,并学会在必要时调整计划和目标。每个人面对挑战时都会遇到困难和挫折,但这正是成长的机会。

案例分享

绵阳城市学院学生工作助理中心招聘公告

亲爱的同学们:

绵阳城市学院学生工作助理中心(以下简称中心)是在绵阳城市学院学生工作处的领导下,以实现学生"自我教育、自我管理和自我价值体现"为目标开展学生工作的校级学生组织,是学校联系学生的桥梁和纽带。为进一步加强干部队伍建设,为广大在校同学提供

一个展示才华、锻炼自我的平台,中心决定面向全校公开招聘各部门干部。现将具体事宜通知如下:

一、招聘条件

思想进步、守正创新;勤奋好学,乐于奉献;热爱学生工作;组织管理能力和语言文字表达能力较强;服从安排,工作主动;作风正派,严于律己;在广大学生中能起到模范带头作用,具有影响力、感召力;密切联系同学,广泛团结同学,自觉接受监督,善于批评与自我批评,具有良好的群众基础。

二、招聘对象

2021 级、2022 级全体在校在籍学生。

三、招聘部门及人数

部门	职务	数量	对应级别
学工助理中心	主任	1	校学生会主席
	副主任	4	校学生会副主席
办公室	主任	1	校学生会各部门正副部长
	副主任	2	
活动部	部长	1	校学生会各部门正副部长
	副部长	2	
宣传部	部长	1	
	副部长	2	
事务部	部长	1	
	副部长	2	

四、招聘程序

在招新时间内,申请人将申请表交游仙校区行政楼一楼 106 室胡老师处、安州校区中心楼 805 唐老师处。初步筛选之后,进行面试,面试合格后经审核通过者方可进入中心工作。

1.填写申请表报名。

2.面试。

(1)简单自我介绍及工作设想(3~5 分钟)。

(2)应聘者回答评委问题。

(3)对应聘者某些方面能力有特殊要求的部门,可进行现场测试。

3.审核、公布确定干部名单。

五、招聘时间及地点

报名时间：即日起至 2023 年 5 月 31 日。

面试时间及地点：待定。

希望各班广泛宣传，同学们积极响应，为组建一个更团结、更有战斗力、更严谨、更负责、更务实的学生组织，为更好地为绵阳城市学院全体师生服务而共同努力。

附件 1：绵阳城市学院学工助理中心机构设置及各部门工作职责

附件 2：绵阳城市学院学生工作处学工助理中心招新报名表

附件 1

绵阳城市学院学工助理中心机构设置及各部门工作职责

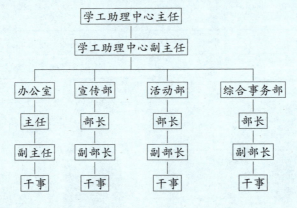

一、办公室职责

1.负责中心日常会议的策划安排和记录工作、值班安排以及来访接待等工作。

2.牵头起草中心工作计划、工作总结、会议纪要、汇报材料等，负责日常文件的及时处理，包括收集、记录、传达、反馈、整理、存档等保证中心文件运转准确、及时。

3.牵头制定修订中心各项规章制度，组织中心干部学习培训，加强队伍建设，统筹开展中心人事建档、工作考核、换届选举、监督检查等具体工作。

4.负责中心日常事务的协调和管理工作，负责中心物资管理工作，包括物资的维护、保管和发放，建立并严格执行对物资领用的登记审批制度。

5.负责对外沟通交流、对外拓展合作并协调中心各部门工作，强化中心工作过程管理。

6.负责中心其他日常事务工作。

二、宣传部职责

1.具体落实学生工作处在开展工作、系统活动、组织会议等方面文字、图片材料的采集、撰写以及发布等工作。

2.负责中心各项活动展板、海报的制作，以及有关学生工作的新闻和活动宣传报道工作。

3.统筹中心宣传片、宣传活动、工作花絮等相关影像的拍摄、剪辑工作，协调中心干部做好意识形态工作，负责中心宣传工作的内容建设。

4. 为中心活动提供宣传创意、图文设计,强化过程宣传,统筹协调中心新媒体建设与管理。

5. 完成学生工作处和中心交办的其他宣传工作。

三、活动部职责

1. 牵头起草中心日常活动计划,报相关负责领导审批。

2. 以开展活动为中心,负责中心各项活动的策划,制定详细的策划书。

3. 根据活动策划,负责中心各项活动的组织安排、具体实施。

4. 根据活动开展情况,做好中心各项活动的总结工作。

5. 配合中心完成其他相关工作。

四、综合事务部职责

1. 辅助开展学生日常事务管理工作,包括学生档案的接收整理、统计核对、归类分发,学生证的办理等。

2. 辅助开展"国家三金"(国家奖学金、国家励志奖学金、国家助学金)和助学贷款相关工作,协助资助系统信息的录入和维护以及资助育人与评优评奖工作。

3. 辅助开展学生思想教育工作,包括理想信念教育、防范电信诈骗宣传教育、学风教育、诚信教育等,对各学院、生活社区开展学生思想政治教育工作的落实情况进行检查,做好监督反馈工作,加强规范化、制度化建设。

4. 在学生工作处领导下,督查反馈各班级综合素质测评工作开展情况。

5. 配合中心完成其他相关工作。

附件2

绵阳城市学院学生工作处学工助理中心招新报名表

姓名		民族		出生年月		照片
班级		学号		联系方式		
政治面貌		学分绩点		现任职务		
应聘岗位					是否服从调剂	是□
						否□
个人简介						
兴趣爱好	□书法　□绘画　□主持　□摄影摄像　□阅读写作　□演讲 □手工艺　□手工创意发明　□办公软件　□社交　□计算机技术 □运动　□动画制作　□志愿活动　□视频剪辑　□其他					
目标规划	个人					
	部门					